U0165966

三大特色

● 一讀就懂的親職教育入門知識
● 文字敘述淺顯易懂、提綱挈領
● 圖表形式快速理解、加強記憶

圖解

親職教育

邱珍琬 著

閱讀文字

理解內容

觀看圖表

五南圖書出版公司 印行

作者的話

　　五南圖書出版公司的陳念祖副總編要我將「親職教育」以圖文書方式呈現，我相信這樣的做法會將親職教育做更言簡意賅的說明與描繪，因此就以原先出版的《親職教育》為基礎，在內容裡增添了家庭溝通與數位時代親職相關的議題，希望可以補之前版本之不足。

　　親職教育是社會與學校教育的基礎，我們許多為人處事的態度及能力之養成，是從家庭教育開始，而家庭教育的根本就是親職教育。一般大學院校將親職教育列為通識課程，然而需要將哪些內容列入？而內容又需要配合時代與時俱進，的確不容易，況且親職教育也深受環境脈絡與時代的影響，像是科技電腦的進步、價值觀紊亂的衝擊，還有全球競爭的壓力等，在在都衝擊著親職工作的理念與實務。

本書目錄

第 **3** 章　不同發展階段的親職教育重點

本書目錄

本書目錄

第 ❿ 章　親職教育計畫與執行方法

第 **1** 章

現代親職的挑戰

●●●●●●●●●●●●●●●●●●●● 章節體系架構 ▼

●●●●●●●●●●●●●●●●●●●●●●●●

Unit 1-1
為何需要親職教育（一）

許多在社會上出現的問題，媒體報導中總不免要把問題追溯到家庭或是學校教育，特別是父母親的親職工作稱職與否，都會受到質疑；許多教育專家也認為，孩子的偏差或是犯罪行為，多半源自於家庭（黃富源、鄧煌發，1998；Conger, Rueter, & Conger, 1994; Klein & Forehand, 1997; Yoshikawa, 1994）。當然家庭因素只是其中之一，也有許多良善盡職的父母養出了不良孩子，但是一般社會大眾仍然會理所當然地把責任歸咎為家庭與父母的因素。鄭捷在台北捷運殺死及傷害多人、台大畢業生張彥文砍殺女友四十一刀、台科大張姓同學潑酸及攻擊謝姓友人然後自戕，一個家庭出現不肖孩子，最痛苦的莫過於親生父母親。

儘管許多犯罪學上的研究發現，「家庭因素」——尤其是親職教養問題，在犯罪家庭中似乎很普遍，但是我們也忽略了在同一家庭與環境下成長的「正常」甚或是出類拔萃的那些孩子！這些所謂的「正常人」又是如何擺脫環境的濡染與影響，活出自己不一樣的人生呢？親職教養工作，除了將環境與個人因素考量在內之外，還有其他相關因素也要仔細評估，因此本書也會將不同心理諮商學派運用在親職教育上的觀點，作呈現與說明。

現代的親職受到大環境變化（如數位科技、價值觀的改變、少子化等）的衝擊，已經是「計畫趕不上變化」，如何在這樣的氛圍中建立良善的家庭與親子關係，讓孩子的成長過程不會受到扭曲與過載（overload），的確是親職教育面對的最大挑戰。我們的父母親、絕

大多數的夫妻，在結婚之前或之後，甚至有了孩子之後，沒有接觸過任何正式的親職教育，也順理成章地做了父母，而且大多數邊做邊學也做得不錯。到底親職教育的功能在哪裡？為什麼需要？是為了「防範未然」做準備，還是在發生問題之後希望可以有補救之法？

在美國，有不少在社區與學校開設關於親職教育的課程，其對象是即將結婚或是成為父母的男女性，在國中階段的家政課程也讓男女同學為一組，擔任照顧嬰兒的責任；也有是因為想要讓自己的親職工作做得更好的家長來參加，這是屬於積極面。而社會福利機構在發現有所謂的「不適任」家長時，為了顧及孩子的福祉，會對家長施行強迫的親職教育與補救，許多是課堂上的講習，還有實際生活的訓練與照料，效果見仁見智。另外，有針對若干特別需要輔導的家長，做一對一的親職訓練與諮商服務。

我國施行的親職教育也有多種模式，少年法庭有一項與親職教育有關的法令：針對非行少年或是虞犯少年的家長，施以親職講座二到八小時。親職教育有事前預防或發展性的，也有事後修正與治療的，然而只是單向對父母或是教養人的教育或協助還是不足，得要配合整體環境的正向影響，以及對於受教養的族群適性教育與管教，方能竟其功。

為何需要親職教育？

未來父母的準備教育。	培育對社稷國家有用公民。
相關資訊的獲得，增長父母實力。	防範未然及修補錯誤。
促進親子關係與家庭和諧。	減少社會成本的支出。

親職教育進行方式（節錄）

納入正式課程（如高中家政、大學通識教育）。

演說（請教育或親職專家演講）、訪問或座談（或以媒體、數位傳輸方式傳播）。

親子共讀（社區或學校邀請親子配對方式進行）。

社區親職（子）課程或活動。

放映電影或影片並做討論。

家長組成自助團體，定期或不定期聚會（如罕見疾病家長）。

醫院或療養院針對病患（與家屬）所做的教育或訓練課程。

家長參與學校或社區機構舉辦之親職（諮商）團體。

家長或照顧人以個別方式尋求諮商或諮詢服務。

法院針對受虐兒或偏差行為孩童的家長所實施的親職教育（含括法律）。

 知識補充站 ⋯⋯⋯⋯⋯⋯⋯⋯⋯

「親職教育」是成人教育的一部分，針對父母為對象，以增進父母管教子女的知識能力與改善親子關係為目標，由正式或非正式的學校親職專家所開設的終身學習課程（林家興，2007，p. 2）。

Unit 1-2
為何需要親職教育（二）

我國在國中之前的教育機構（包括學校）多少都有親職相關教育的實施，許多是以專家演說為主，輔以「親子共學」的項目，只是許多學校在舉辦類似活動時，最憂心參與家長不多（或是真正有需要的沒來），也因此祭出了許多誘因（像是用餐、烤肉或是抽獎、孩子加分），希望可以讓家長多多參與，讓親職功能更能發揮。

然而以學校為主辦單位、鼓勵家長參與的傳統方式，目前已經「退流行了」。儘管在高雄與台北都會區，這樣的演說方式還能吸引許多民眾參與，但是偏鄉地區、交通或家長工作之故，家長未能積極參與（有些是因為尚有年幼孩子無法攜子參與）。時代在進步，若能夠妥善運用網路與科技方式搭配親職教育措施，甚至創發更多元的實施方式及提供資源，相信更能增進效能。

在大學開設的親職教育課程，基本上是做預防與準備的教育工作，除了希望可以讓學生在成立自己家庭之前有一些概念，讓擔任教育工作者與家長接觸之時，可以達成更好的親師合作、為孩子謀求更佳福利。當然目前因為網路發達，許多資訊唾手可得，這些資訊並不等於知識，多半只是家長自身的心得或經驗分享。

然而本質上親職教育還是以實徵研究為基礎的知識系統，不少專家、學者會針對親職教育的各個主題與層面做推廣或演說，兼顧預防與治療兩方面。不過親職教育的不普及，通常是沒有延續性（一次或數次）、沒有組織系統的周延計畫與執行，甚至不能達到想要的修正與協助目的，也未針對不同家長真正議題或需求作籌劃，的確也是需要努力的方向。

少子化的現代，加上科技網路的便捷，更增加親職工作的挑戰度，如何拿捏愛與管教之間的平衡，的確需要智慧。親職工作要做得完善、竟其功，應該是整個相關單位系統性地組織、配合的團隊工作，而不是父母或教育者，或者是單一計畫或零散活動而已！此外，父母或是教養者的「求助能力」是很重要的，可以藉由「諮詢」教師或是專家，甚至必要時全家一起參與諮商治療，都可以是很好的資源。

另外，由於目前資訊流通方便迅速，獨缺系統性的交換與統整，家長之間可以透過聚會或是團體（如父母團體），交換心得經驗、商討對策，這樣的支持團體或聚會，不僅讓做家長的不覺得孤單無助，也可以增加自己的一些親職資訊與技能（增能或賦能），對自己的親職能力更具信心。

國之本在家，倘若親職工作發揮功能，不僅減少了許多流離失所的孩子，也因為孩子在愛中成長，對自己嶄露自信與能力，進而對整個國家與社會自然是有能量的生產力。

現代親職教育的挑戰

▶ 少子化造成家長愛與管教之間的平衡。

▶ 少子化更加重孩子自我中心的價值觀，造成缺乏同理心、未能與人合作、得失心太重等偏差。

▶ 網路科技發達，造成家長與科技之間的拔河。

▶ 成人與教育系統不是資訊的唯一來源。

▶ 資訊過多或爆炸，造成真假知識不分（更需判斷力的養成）。

▶ 經濟衰退與工作的可替代性增加（如人工智慧），家長需要身兼多份工作才能維持生計，自然影響親子共處時間。

▶ 全球競爭的結果，為了讓孩子更具競爭力與能力，不讓孩子輸在起跑點上，家長必須放手讓孩子去學習更多技能。

▶ 科技資訊的發達，造成傳統知識權威的喪失，孩子的學習是以「下載」與「卸載」為主，不再重視傳統的學習與努力，也造成親子兩代間價值觀的迥異。

▶ 親職外放（如保母、安親、補習班）與經濟衰退趨勢，相對造成親子相處時間減少、管教無力。

不同學派對兒童問題的看法

學派	看法
現實學派	社會沒有滿足兒童的需求，因此兒童在學校和生活中受挫，無法在學業與行為上茁壯。Glasser提出五種反映和延伸馬斯洛的需求理論：生存與繁殖的需求、歸屬與愛的需求、獲得權力的需求、自由的需求與快樂的需求。
阿德勒學派	相信兒童用嘗試錯誤的方法來滿足需求。建議成人檢視不良行為的目的，並引導朝向較滿意的結果發展。
行為學派	兒童課業和行為的問題導致錯誤的學習。兒童從不良示範的增強，學習到不適當的方法。透過「反學習」與「消除」不適當的模式，並學習更適當的行為，幫助兒童成功。

（Henderson & Thompson, 2011/2015, p. 2-2）

Unit 1-3
多元家庭的挑戰

圖解親職教育

006

現今社會大環境的變動，間接影響到許多家庭的結構與過程，也衝擊親職教育許多面向。大環境的變化包括有不同家庭型態、性別角色改變、文化多樣化與社經地位的懸殊、不同與擴張的家庭生命週期（Walsh, 1998, p. 26），可以觀察到的現象有離婚率增加、單親或未婚家庭增多、不同型態家庭組合（如頂客族、雙收入或雙生涯家庭、隔代教養、通勤家庭、繼親、再婚家庭、同居或同志家庭）等的出現。以前的許多研究會針對家庭的「結構」問題，做影響子女或是親職問題方面的探討，彷彿一般的結論是結構不完整（所謂的「破碎家庭」）就容易出現一些問題，然而隨著不同結構家庭的陸續增加，甚至成為主流家庭模式時，許多家庭成員也學會了因應之道。當然政府與教育相關機構，就必須拿出有效的因應策略。

許多家庭結構因為時代變遷、個人自由度增加，不再嚴守傳統一父一母的家庭型態，以往對於「完整家庭」結構的迷思，也需要做一些檢討。雖然「完整家庭」的理想還根植在一般人腦海裡〔缺乏雙親或是單親家庭的孩子，覺得自己與人不同、內心有空洞與難言的沮喪和失落（私人對話──隔代教養訪談心得，2002）〕，然而許多因素的摻雜，「完整家庭」已經不是一個「必須」或「必然」。許多人為了「維持」一個完整家庭的形象，相對地也必須犧牲許多，甚至造成更多的傷害。家庭結構或許不完整，但是只要親職功能可以發揮，就可以是「健全」家庭，不會對下一代有不良影響。許多「結構不完整」家庭中的家長，知道家庭有這個建構上的缺陷，反而更加努力、盡心親職工作，這也是值得嘉許的。

隨著社會變遷，婚姻和親密互動的不同方式陸續出現，家庭組合呈現多樣化，除了傳統的父母子女核心家庭、三代同堂的延伸家庭外，無子女、同居、單親、繼親、同性等不同形式所組成的家庭也開始出現。多元家庭型態（alternative family types）是秉持著尊重因不同性傾向、種族、婚姻關係、家庭規模、家庭結構等所建構的家庭。也就是只要能發揮家庭功能，教養出健康有用的公民，家庭結構或形式其實不是最重要的。然而目前我國要讓多元家庭成案，卻遭遇諸多困難。以美國來說，同性婚姻的立法也造成全國人民意見的撕裂，雖然目前許多州已經相繼立法，贊成同性婚姻或其公民權，但未來還是有許多障礙有待克服。

以下單元會針對幾種現代家庭類型與其親職做初步探討，雖未含括所有形式，但也說明了環境變遷下家庭結構與其親職的更迭現況。

小博士解說

家庭結構的完整當然是一個家庭的先決條件，然而最重要的不是結構完整與否，而在於家庭功能的發揮程度。家庭中每個人是不是在自己的位子上能夠展現能力、發揮功能，讓孩子得到照護與愛，在安全的氛圍下成長，發展出對自己有信心及具備能力，養成良好的自律習慣，成為對社會有貢獻的人。

家庭模式（節錄）

家庭結構與模式	說明
雙親家庭	配偶與子女組成的核心家庭。
單親家庭	配偶之一離異或死亡後，與子女組成的家庭。
繼親（再婚）家庭	配偶之一或兩位經歷離異／死亡後再度組成之家庭，可能分別帶各自的子女進入家庭，或再生育共同的孩子。
頂客家庭（double income, no kids, DINK）	配偶雙收入、無子女。
同居家庭	配偶無結婚之名，但是一起居住，也可能有自己的孩子。
同性家庭	配偶為同性別組成之家庭。
隔代教養家庭	祖孫組成之家庭，父母之一或許同住。
通勤家庭	配偶平日在外地工作、分居兩地，或是孩子平日由他人照護，只有週末或假期一家人才相聚。

隔代教養的原因（主要是因為雙親不能適當履行親職）

雙親之一死亡（或瀕死）	拋棄	入獄
嗑藥	失業	漠視或虐待孩子
心理疾病	離婚率增高	未婚媽媽
愛滋病所遺留下的孤兒	立法上的改變	

 知識補充站 •

隔代教養家庭基本上是經濟弱勢者，倘若經濟上與照顧責任有人分攤與協助，情況就較佳。然而「隔一代、隔一層」，畢竟祖輩的角色及責任與親輩不同，才是親職教養最大的挑戰。

Unit 1-4
多元家庭的挑戰——「隔代教養」家庭（一）

圖解親職教育

008

一、「隔代教養」家庭

隔代教養或是由祖輩擔任教養工作的方式，已經成為目前親職外放（如安親班或保母）的一種新趨勢。而近年來祖孫家庭的遽增，不只反映出隔代教養家庭已不是原住民族群的專擅（簡文元，1998；陳建志，1998），隨著家庭結構出現改變（如離婚率高、未婚生子）及經濟現況的變動（如父母在外地工作或失業）（陳麗欣、翁福元、許維素、林志忠，2000a/b；邱珍琬，2002a/2002b/2002c），類似以祖輩為主要教養人的情況已成為家庭組織的一種模式。

我國隔代教養的家庭數，依據陳麗欣等（2000）的估計約在4%至7%之間，而在美國社會中，此類祖孫家庭約莫有5%至10%，其中尤以非裔美國家庭占多數（Fuller-Thomson, Minkler, & Driver, 1997; Pinson-Millburn, Fabian, Schlossberg, & Pyle, 1996; Roe, Minkler, & Barnwell, 1994; Woodworth, 1996）。這與非裔家庭多以女性為戶長，以及藉助延伸家庭協助撫養下一代的傳統有關。這樣的東西方家庭趨勢，主要是因為父母親不在——也就是「遺漏的一代」（skipped generation）（Bryson & Casper, 1999, cited in Fuller-Thomson & Minkler, 2000, p. 3）所造成的結果。

隔代教養的孩童年齡層自出生到十歲以上不等，照顧時間相當長，其中多數孩童是自出生就與祖輩同住（李玉冠，2000；邱珍琬，2002a/2002b/2002c；黃佳儀，2003；Woodworth, 1996; Fuller-Thomson et al., 1997），尤其是台灣南部縣市。

二、我國隔代教養現況

隔代教養成因諸多（李玉冠，2000；邱珍琬，2002a/2002b；陳麗欣等，2000；黃佳儀，2003），其中以父母在外地工作的子女有較好的生活適應（黃正吉，1998；吳佳蓉，2002；黃佳儀，2003）。隔代教養模式雖然絕大多數是不得已的安排，以「家庭保存」（family preservation）的觀點來看，隔代教養主要是為了孩子的福祉、避免孩童因為特殊父母因素（即不能履行親職）而必須安排到其他社會福利機構，所做的最好安置（Connealy & DeRoos, 2000）。

國內對隔代教養的初步調查，發現是父系祖父母承擔教養責任者居大多數（邱珍琬，2002a），與美國地區的調查結果不同（母系祖父母），主要是因為美國夫妻離異之後，孩子的監護權多半歸由母親（年幼者尤然）（Matthew & Sprey, 1984）。固然不少隔代教養家庭並不是只有祖孫兩代同居，而是有父母親其中一人也在同一居處（American Association of Retired Persons, 1997, cited in Strom & Strom, 2000）。我國則是有延伸家庭成員同住，但是基本上教養責任還是由祖父母承擔（邱珍琬，2002a）。

隔代教養主要是因為父母失職、或是家庭結構變化下的結果，因此必須做另外的安排。而祖父母就成為最便捷，也是名正言順的替代親職。這些隔代教養的時間多數是自孫輩出生就開始，時間可能很長，美國以母系祖輩擔任教養人居多，我國則是以父系祖輩擔任教養工作，主要是立法情況與文化的差異。

隔代（狹義：祖孫家庭）教養因素

父母離異或在外地工作	雙親失職
父母之一嗑藥或入獄	無他人擔任親職工作
父母失蹤或失聯	未婚而生下之子女（父母另組家庭）
喪親	

隔代教養孫輩面臨的挑戰

挑戰	表現
情緒	如失落、焦慮、罪惡感。
行為	如社交孤立、出現行為偏差或學業上的問題。
認知	如認為自己是多餘、祖父母的負擔、對自我期許較低。

 知識補充站 ••••••••••••••••••••••

　　孫輩由孩子父母雙方之一的祖輩教養，似乎也有文化的因素。我國多是父親方的祖輩教養，主要是因為是自己血脈，不忍其「流落在外」；美國則是由母方的祖輩教養較多，因為若孩子年幼時父母離異，法律上判給母親撫養較多。

Unit 1-5
多元家庭的挑戰——「隔代教養」家庭（二）

010

三、隔代教養中的祖孫關係

現存的隔代教養文獻將焦點放在對祖輩與孫輩方面的影響，對於孫輩的相關研究也多半呈現負面教養結果，如情緒上的反應，像是孩子覺得自己是被拋棄、有失落、丟臉、罪惡感、孤立，認為自己成為祖父母生活的重擔，也可能會有發展上的遲滯、情緒與精神徵狀上的異常（如焦慮、憂鬱、重創後遺症）（Strom & Strom, 2000）、行為或課業上出現問題（陳麗欣等，2000），或是較沒有成就動機與適當資源、對於自身的期許與生涯發展有限（邱珍琬，2002b），因此可能會淪為社會刻板印象下的犧牲者（Pinson-Millburn et al., 1996; Saltzman & Pakan, 1996）或凝聚為負面「標籤」。

Riley（1990）發現，許多「接收」家庭功能失常孩子的祖母前來求助，祖孫雙方對於孩子家長的缺席都覺得遺憾、悔恨，孩子自視甚低、祖母認為自己的親職工作失敗，代間出現許多誤解、行為設限問題、挫折感、氣憤，甚至將父母的問題（嗑藥、不在身邊、入獄）列為家庭祕密。祖孫彼此的關係也因為祖母認為自己無能處理孫兒出現的偏差行為，而衝突增加。

國內王鍾和、郭俊豪（1998）以國中生為調查對象，發現隔代教養家庭中仍以父系祖父母影響最大。祖孫之間較多爭執，較常一起做家事與購物。教養模式中若能多對孫輩做反應，祖孫關係會較佳，教養方式以「管教—反應」一項最能預測祖孫關係（郭俊豪，1998），說明了隔代教養的管教方式要能切合被教養人的需要，而孫輩的對應模式也會影響管教效果。

Sprey與Matthews（1982, cited in Myers & Perrin, 1993）的研究指出，祖父母通常與較年幼的孫輩關係較佳、與較為年長的孫輩關係較差，但是他們是以一般祖父母為研究對象。

邱珍琬（2002b）的研究也發現隔代教養的類似趨勢，這也提醒我們必須將教養人與被教養人的發展與需求列入考量。此外，還說明了隨著孫輩漸漸成長，其在自主性、獨立與隱私權方面的需求，可能與祖輩擔心其受外面環境或同儕惡習影響相衝突（邱珍琬，2003；Musil, Schrader, & Mutikani, 2000），這些衝突當然也影響了祖孫關係。

Creasey與Kaliher（1994）對年齡不同孩子的祖孫關係作研究，發現對於年齡愈小的孫輩，祖輩在「陪伴」、提供「工具性協助」、彼此「親密度」、受到孫輩「崇拜」、對彼此「關係滿意度」與「同盟關係」上得分顯著較高，而在「照顧」（nurturance）方面則明顯發現孫女比較能感受到祖父母的照顧關愛，然而這個研究不是單獨針對隔代教養的祖孫關係作探討重點。

祖輩參與協助的家庭模式（節錄）

▶ 雙親與祖輩同住，孩子白天由祖輩照顧。

▶ 孩子白天由雙親帶來祖輩家中照顧，晚上下班後帶回。

▶ 孩子週間（週一到週五）由祖輩照顧，週末由雙親接回家。

▶ 雙親在外地工作，孩子基本上由祖輩照顧，雙親在長假期時才會回來與孩子團聚。

▶ 雙親因為工作緣故，不能接孩子上下學，於是由祖輩代理接送，在雙親回家前由祖輩照顧。

▶ 雙親與祖輩住得很近，每晚會回祖輩家用晚餐，孩子也會先至祖輩家做功課、等雙親接回家。

隔代教養家庭模式

隔代教養家庭模式	說明	祖輩需求
代位父母	父母不在／親職功能喪失；或父母在世但長期離家，親職功能幾乎喪失。	「要人照顧、要錢度日」。
補位父母	父母在家，但親職功能微弱；或父母在世但長期缺席，偶爾維繫部分的親職功能。	需要解決教養上的代間衝突，減緩照顧負荷。
接棒父母	父母在家，且發揮親職功能，但過多角色衝突，因此需要外在支持。	需要解決教養上的代間衝突，減緩照顧負荷。

（依據標準：以父母輩「是否健在、是否出現在家中」，以及父母輩的「親職功能健全程度」區分出三種隔代教養家庭。）

（整理自王舒芸，2015）

 知識補充站 ••

　　隔代教養是目前國人認為較放心的方式，畢竟有血緣關係、較信得過自己人。然而許多的研究都是針對隔代教養的問題，較少看到其優勢。

Unit 1-6
多元家庭的挑戰──「隔代教養」家庭（三）

圖解親職教育

012

四、隔代教養的優勢

隔代教養的祖父母其功能可以是替代不適任父母、擔負起親職責任，或是減輕父母親職工作負擔，或成為孫輩的角色模範。祖父母對於自己的貢獻與能力有信心，促進代間的和諧與親密，提供孫輩較多的陪伴與安全感，孫輩也會因為不想辜負祖父母的用心而在學業與行為表現上都較為負責自主（陳麗欣等，2000；Emick & Hayslip, 1996, cited in Giarrusso, Silverstein, & Feng, 2000; Kornhaber & Woodward, 1981; Wilson, 1986; Wilson, Tolson, Hinton, & Kiernan, 1990）。

對負責教養工作的祖父母而言，對教養經驗有滿足感、自信、有能力、體會到孫輩的關愛、感覺生命有目標、生活有重心，也很驕傲自己可以提供孫輩安全穩定的持續照顧（邱珍琬，2002b；Baird, John, & Hayslip, 2000; Burton, 1992; Gatz, Benston, & Blum, 1990, cited in Bowers & Myers, 1999; Kelly & Damato, 1995; O'Reilly & Morrison, 1993），甚至會因此而戒除一些不良的健康習慣（Minkler & Roe, 1993）。

五、隔代教養的挑戰

在面對的挑戰或問題上，隔代教養最常出現祖輩體能上的負擔，祖孫語言溝通與價值觀的衝突，管教態度與技巧的不當，以及文化刺激不足、資源封閉等（陳麗欣等，2000）。勞工階級出身的祖輩，對於所擔任的祖職角色很滿意，只是需要更多新的資訊與角色相關的學習，祖母多半認為自己比配偶在祖輩角色上更成功、對孫輩的影響較大，但是也同時感受到較大的挫敗感（Watson & Koblinsky, 1997）。擔任教養責任的祖父母在社會支持、祖職角色的滿意度、親職角色壓力與生活受挫的程度，都明顯高於未擔任教養責任的祖父母（Emick & Hayslip, 1999）。

由於隔代教養主要都是家庭結構變動的不利結果，因此祖輩所承受的不僅是經濟、親職責任（包括管教方式與代間價值差異）上的壓力，更多的是心理（與孫輩之間關係、兒女不能執行親職責任）與社會期待（下一代行為與教養成果）下的重重負擔（邱珍琬，2002a/b）；也因為額外的親職工作，祖父母必須相對地犧牲自己的需求與自由，感受到負荷過重的責任與罪惡感，擔心自己健康狀況與對孫輩的教養問題，情緒上容易有失望、生氣反應，或是怪人責己，社交關係較孤立，甚至懷疑自己的能力（邱珍琬，2002a/b/c；Baird et al., 2000; Burton, 1992; Kelly & Damato, 1995; Ehrle & Day, 1994; Minkler & Roe, 1993; Pinson-Millburn et al., 1996; Saltzman & Pakan, 1996）。

教養孫輩若數目更多，或是祖孫關係原本疏遠者，壓力自然更大（Giarrusso et al., 2000），常常感受到生理與情緒上被掏空的疲憊感（Kleiner, Hertzog, & Yarg, 1998, Towle, 1997, cited in Musil et al., 2000），尤其是在祖輩自身沒有經驗的事物上，也容易與孫輩起衝突（Boksay, 1998, cited in Musil et al., 2000）。

頂客家庭（double income, no kids, DINK）反映的社會現象

1 個人主義抬頭，結婚是兩個人結合而形成的家庭，推翻了傳統上認為家庭應該是為了繁衍後代的觀念。

2 對於下一代的來臨與生存的現實條件有更多考量，甚至不認為孩子的生活條件比自己這一代更佳。

3 教養孩子的費用與心力需要更多，除了可能會影響到目前的生活，對於孩子的前景也不抱樂觀。

4 婚姻關係的穩定性減少，也讓夫妻有危機意識，因為有了孩子的婚姻，在婚姻面臨危機或破裂時，處理起來會更為棘手。

5 沒有傳統「養兒防老」的觀念，對於養兒育女的期待有不同以往的變化。

家有慢性病兒研究結果

研究結果	說明
牽涉到的問題	包括經濟、醫療、照護、就學或學習等。
家人感受	家人與患者都覺得生活的不確定性太多，包括長期的預後情況、痛苦的醫療歷程、持續需要醫療照護、重複的介入處遇、一直存在的病徵，甚至是身體與發展上的遲滯，更造成心理疾病、生活品質受到影響、婚姻問題、社會孤立等。
影響層面	個人內在、人際關係與社會－生態（如婚姻關係與家庭功能、社經地位等）的適應要素。
罹患慢性病的孩子	在心理適應上展現了更彈性的結果，並無明顯的心理困擾出現。
家庭成員	儘管家庭成員必須要調適彼此的關係、因應家中有病人的生活方式、面對財務上的壓力等，這些並無礙於親職的品質；家中有慢性病人也凝聚了家人情感，增進配偶間的關係。

（邱珍琬整理）

013

Unit 1-7
多元家庭的挑戰——「隔代教養」和單親家庭

圖解親職教育

014

一、隔代教養

　　許多研究都是以主要照顧人——祖母——為研究對象，發現這些祖母較之母親感受到更沉重的親職壓力（Musil, 1998）。Joslin（2000）還特別提醒隔代教養祖輩可能因為職責所在，而壓抑或掩飾了自己情緒問題的徵狀；對於孫輩的學業要求，祖輩常常認為不能發揮督促或協助功能，肇因是本身能力不足與經濟因素不允許（邱珍琬，2003；Strom & Strom, 2000）。與一般不必負責教養重任的祖父母相形之下，容易產生角色衝突（管教角色與慈愛祖輩）（Johnson, 1988）。

　　隔代教養家庭仰賴延伸家庭的協助居多，但是這些協助也會有時告罄（邱珍琬，2002a/b/c; Burton, Dilworth-Anderson, & Meriwether-de Vries, 1995），這個結果反映在經濟衰退下的祖孫家庭尤然（邱珍琬，2002a/b）。許多祖父母不知道現存可以提供協助的資源與機構，遑論去求助，當然其本身的資源管道不足與面子上的考量也是原因之一（邱珍琬，2002a/b; Strom & Strom, 2000）。隔代教養無論在教養人自身、經濟與社區資源都極為有限（Burton 1992; Minkler, Roe, & Price, 1992），而這些重重障礙更增加隔代教養的困難度。

　　Saltzman與Pakan（1996）的研究發現：擔任教養責任的祖父母、孫兒與孩子父母親的互動關係，也會影響到所有的關係人；不管是祖輩或是孫輩，其實都希望父母親多關心孫輩的福祉，可以多分擔一些親職責任（邱珍琬，2003）。

二、單親家庭

　　單親家庭在目前的社會已經不是少數，每年平均離婚人數也在逐年增加之中。根據內政部的統計資料，台閩地區90年離婚人數破八百萬，逐年增加到95年逼近一百二十萬，也就是每年有近六百萬家庭是離異家庭。也許是因為個人自主權的影響，或是價值觀的轉變，婚姻成為一個人生選項，而非必然。雖然單親家庭成因不一而足，包括離婚、喪偶、未婚生子、遺棄、入獄、分居、心理疾病等，主要還是離婚率增加使然（張貝萍，2000；黃越綏，1996，引自黃富源、鄧煌發，1998）。

　　China Post（11/20/2007）的報導也發現：家庭型態改變對於孩子的養育是很不利的，尤其近年來有一種「虐待型男友徵狀」（abusive-boyfriend syndrome），不少年幼孩童是受到母親同居人或男友，甚至繼父的不同形式虐待，而同居、繼親或單親家庭孩子受傷或被凌虐的案件也相對增多。對於單親家庭來說，家長與孩子也會面臨一些挑戰，這也是親職工作的新試煉。

小博士解說

　　國內輔育院之青少年，其中有13%左右出自隔代教養家庭，教養人多數不識字、生活習慣與年輕孫輩極不同，加上低收入，造成教養工作上的諸多困難（黃政吉，2000）。低收入戶祖孫家庭的社會標籤、輿論壓力、低社經地位、不談家庭祕密，都可能是隔代教養的挑戰（李玉冠，2000），而信仰、親友協助與社福服務等是可以善用的優勢（Haglund, 2000）。

單親家長負荷繁重的三個向度

性質	說明
負擔過多責任	從財務方面的決定到家庭瑣事都得要承擔,而且不像以往有個可以商量做決定、分攤責任的對象,雖然孩子也可以分擔一些,但是畢竟能分攤的有限。
工作負荷過重	身兼養家餬口、照顧家人、處理家務、料理、教養孩子相關事務等工作,責無旁貸,根本很少有機會可以有家庭或工作之外的社交生活。
情感上的負擔過重	一個家長得顧及孩子所有的情感關愛需求,常常覺得精疲力竭,也因此常有情緒化的表現或處理方式,導致親子關係緊張、不和睦。

（Weiss, 1979, cited in Atwood & Genovese, 1993）

單親家庭形成原因

未婚(或無婚姻關係)產下子女	喪偶	離異
雙親之一變故(如雙親之一入獄、嗑藥、心理疾病)		單親領養
分居　　遺棄　　單一養父/母收養	雙親之一失蹤(聯)	

知識補充站

　　在台灣,離異後的單親父親有八成會再婚,母親則只有四成左右。男性需要女性來協助照顧孩子與家務,女性則是較擔心新的另一半不能善待自己子女,也較在意子女的看法。

Unit 1-8
多元家庭的挑戰 —— 單親家庭（一）

圖解親職教育

016

一、單親家庭是一種家庭型態

儘管單親家庭已經不是社會的「異數」，而是目前諸多家庭型態的一種（Atwood & Genovese, 1993）。台灣在83年的統計大概是10比1（聯合報，1994/5/5），94年針對「台閩地區兒童及少年生活狀況調查報告」，父母離異家庭占了10.26%，其中受母親照顧者有44.6%，受父親照顧者有34.9%（內政部兒童局網站），似乎沒有太大差距，是不是意味著離婚率可能穩定發展？但有學者發現台灣單親家庭比率較歐美高（林萬億、吳季芳，1993）（歐美再婚率也較高），而女性單親較之男性單親要多（王麗容，1995；張清富，1995，引自黃富源、鄧煌發，1998；Sands & Nuccio, 1989），可能必須考慮男性再婚率高於女性之故。

二、單親家庭親職工作面臨的挑戰

比較雙、單親家庭的子女，研究發現在學業成就、上課出席次數、榮譽感，以及學習態度上，前者皆優於後者（Featherstone, Cundick, & Jensen, 1992）。父母親的親職技巧與孩子的社會能力、良好行為息息相關（Gately & Schwebel, 1991; Patterson, 1980，引自侯崇文，2001），雙親家庭的父母衝突與孩子的外向問題行為相關（Fauber, Forehand, McCombs-Thomas, & Wierson, 1990），因此重點在於親職功能的發揮程度，而不在於擔任親職的人數。單親家庭也有其優勢，不一定與子女偏差行為有關，主要關鍵在於親子互動品質（Cernkovich & Giordano, 1987; Gove & Crutchfield, 1982，引自侯崇文，2001）。

單親必須身兼父母之職、雙重角色與責任負擔、經濟與家務工作、教養子女壓力、社會關係與親子關係疏離，以及自身調適等問題（黃越綏，1996，引自黃富源、鄧煌發，1998）。此外，還要加上監護權與法律問題、再婚與否的考量，倘若其中一位家長刻意破壞單親家庭的親子關係或管教，也是另一種壓力源（Atwood & Genovese, 1993）。有研究也發現，單親家庭親子關係會因子女年歲漸長而變差（Gringlas & Weinraub, 1995; Risman & Park, 1988）。

單親母親或父在管教上無差異（如林萬億、吳季芳，1993；Ambert, 1984, cited in Leve & Fagot, 1997），然而單親家長由於性別不同，除了社會對待態度有差異外（如對於女性單親較嚴苛、男性單親較寬容）（Katz & Pesach, 1985，引自林萬億、吳季芳，1993），也可能會影響家長對待不同性別子女的管教態度與性別角色要求。

林萬億、吳季芳（1993）的研究沒有發現由父親或母親當家的單親家管教適應上有差異，但是均感負擔沉重，畢竟原本是兩人分擔的工作必須由一人兼顧，自然更具壓力；男性單親較有情緒上困擾，可能與其傳統性別角色期待有關，女性單親面臨的最大挑戰應該是經濟問題，以及社會對於女性單親的負面看法。單親母親家庭的子女在家務的分工上，較不受性別刻板印象的局限，尤其是女兒（Hilton & Haldeman, 1991）；而單親母親對於子女之管教較不受傳統性別角色的影響（Amato, 1991; Leaper, Leve, Strasser, & Schwartz, 1995, cited in Leve & Fagot, 1997），其管教方式也趨於「問題解決」模式，看到較多子女正向的行為表現，但也較常發生情緒掌控的問題（Leve & Fagot, 1997）。

有關單親家庭子女的研究發現

▶ 出現較多偏差行為或困擾問題（呂民璿、莊耀嘉，1992；林青瑩，1998；張貝萍，2000；黃富源、鄧煌發，1998）。

▶ 在生活適應方面，單親母親當家的孩子在年幼時，其行為與課業表現和一般孩子無二，但進入青少年期之後，會有較多的行為、情緒與學業困擾，尤其是單親母親教養的兒子特別明顯（吳虹妮，1999；Gringlas & Weinraub,1995）。

▶ 早期家庭破裂對幼兒的負面影響已經出現（Ermish & Francesconi, 2001），特別是幼兒較有內化、而非外顯性的問題（Sourander, 2001）。

▶ 不管是單親或是雙親家庭，家庭的凝聚力是可以用來預測家長或子女壓力的最佳指標（Duls, Summers, & Summers,1997）；也就是說，即便家庭結構不同，但是其應付壓力的最佳力量來自家人之間的緊密情感。

單親家庭可能面臨的壓力

親職壓力（子女行為、課業表現等）　　　　經濟壓力

無求助管道或可用資源（包括朋友或親人）　　工作與親職角色的衝突

自身壓力（如情緒沮喪、無申訴或紓壓管道）　　人際較孤立

家人或家族壓力（如要其再婚、子女之比較）

居住問題（因經濟問題選擇較偏遠或距離工作地較遠處）

知識補充站

　　有研究指出台灣離婚率高，是因為女性的「獨立性」增加之故，這樣的解釋其實是汙名化女性，也充滿男性沙文主義的思考，難道男性可以有獨立性、女性有獨立性就是罪惡嗎？

017

Unit 1-9
多元家庭的挑戰 —— 單親家庭（二）

Cohen（1995）的研究，沒有發現母親或父親領銜的單親家庭有適應上的差異，同時發現若家長性別角色趨向中性、經濟上又較無問題時，對其教養子女的適應有正面效果。有研究指出離異、沒有得到孩子監護權的父親，若是之前與孩子關係密切，則需要經歷相當長久的失落情緒，對他們而言，失去與孩子的聯繫是一個創傷經驗；相反地，原本與孩子不是很親密的離異父親，則會與孩子發展較離異前更有意義的關係與聯繫；與孩子較有接觸的離異父親，對於性別角色持較爲傳統的看法，而與孩子原本疏離的離異父親，在性別角色的分工則是趨向兩性兼具（或「剛柔並濟」）（Kruk, 1994）。

Hetherington、Cox與Cox（1982）發現單親母親在做管教方式的決定時較不成熟，會刻意去忽略子女的不服從行爲、管教態度也不一致，而單親母親或父親對於子女行爲的監控方面較薄弱（Thomson, McLannahan, & Curtin, 1992），這些可能是環環相扣的挑戰之一，因爲少了一位共同分攤責任，壓力也是雙重的。單親家庭的經濟可能是許多問題的根源，經濟情況不佳也會連帶影響到單親家長管教能力與適當性（Gelles, 1989），可能的解釋就是：因爲經濟壓力，許多單親家長工作負擔重、工作時間長，導致在管教孩子時常常希望「立即有效」，而未去了解孩子與其可能的情緒，結果反而適得其反，這樣惡性循環結果也造成親職無力與無能感。

三、單親家庭的親子

雖然說單親家庭的資源可能不足，因爲只有雙親之一擔任起教養的責任，但是社會支持與資源可以補足這個缺憾（比如祖父母或是親友協助教養、單親父母親自己教育孩子的價值觀正向樂觀等）。有人會懷疑在單親家庭中成長的孩子，在性別角色的學習上會不會有阻礙或不足？有研究指出，沒有父親或是男性家長的孩子總是覺得有缺憾或失落，也比較容易有行爲上的問題，特別是青春期的男孩子（Phelps, Huntley, Valdes, & Thompson, 1989），而對於生長在單親母親爲家長家庭的女孩子，比較容易對性感到興趣（Hetheringto, 1972, cited in Liebert & Liebert, 1994）。

雖然有人會擔心孩子成長過程中沒有雙親作爲角色楷模，而影響到他們對於自己性別角色的學習與認同，甚至因爲缺少其中一位家長而造成孩子沒有受到適當的照顧或是管教。但是根據目前一些研究結果沒有得到最後的結論，反而有不少研究發現單親家庭子女的表現有許多優勢，包括分擔較多家務責任、早熟、有較高自尊能力與自信（Weiss, 1979）、親子之間關係較爲親密、溝通較好（Hetherington, 1989）、情緒適應與智力發展較佳（Cashion, 1982）、較具創意（Wallerstein & Kelly, 1980）。可以發揮功能的單親家庭或是繼親家庭，其孩子的表現與適應情況遠比一些衝突不斷的「完整」雙親家庭要更好（Stolberg & Garrison, 1985）！

儘管有研究發現在單親母親家庭成長下的女孩，可能在與異性交往時會碰到一些困難，但是這種情況似乎只是短暫的，主要問題不在於性別角色的認同，而在於與人互動的技巧與行爲。

單親家庭孩子的優勢

- ▶ 提早了解生活現實、較早熟
- ▶ 提早了解與體諒家長的辛勞
- ▶ 對他人較具同理心
- ▶ 對問題與環境適應能力強
- ▶ 較有高自尊、自信、創意
- ▶ 情緒適應與智力發展較佳

- ▶ 提早學會分攤家務、負責任，也較可靠
- ▶ 較早學會獨立
- ▶ 較多利他行為的表現
- ▶ 較無性別刻板印象與態度
- ▶ 親子間關係較為親密、溝通較好

離異（單親）家長注意事項

- ▶ 勿以孩子為彼此爭戰的籌碼（孩子是無辜的）
- ▶ 勿刻意醜化對方（你要讓孩子恨自己的親生父母親嗎？）
- ▶ 不要以孩子為自己情緒的出口（包括孩子「像對方」的部分）
- ▶ 可以與孩子商量家庭情況與需要合作的部分（分攤責任與合作）
- ▶ 抽出時間與孩子共處、了解他們的近況（讓他們覺得自己被愛）
- ▶ 鼓勵孩子與另一位家長保持固定與持續聯繫（孩子就不會對親密關係生懼）
- ▶ 固定與另一位家長商議怎麼做對孩子最好（因為你們永遠是孩子的父母親）

知識補充站

　　「愛」與「管教」是一體兩面。在管教孩子之前，先讓他／她明白你／妳為什麼要這樣做的原因，也聽聽他／她的意見與感受。管教態度是友善而堅定，在不損及其尊嚴的大原則下做處理。

Unit 1-10
多元家庭的挑戰——單親家庭（三）

　　家庭的每一分子都承擔家庭部分的責任，若是有人不在其位，甚至失職，此人的責任就必須由其他人分擔，這些人的壓力自然增加，這是無可厚非的事。單親家庭在成員結構上是一個弱勢，但是並不表示就是永遠的弱勢。許多家庭有其復原力與彈性，可以將暫時的失衡現象做最佳調適，也可以讓家庭功能發揮到最好！這裡提到了家長的觀念與態度是最具關鍵的，單親家庭的孩子可以因為分擔家務而更有獨立能力，能夠體諒家長的辛勞、對他人較具同理心，也會願意做一些利他的動作。儘管單親家長可能為了家計問題常常忙得不可開交，也可能因為經濟、工作、親職責任與人際等壓力，影響自己的情緒智商與管理，除了家長自己需要特別留意、調適、尋求支援之外，也不要忘記提供孩子適當的情緒支持與相聚時間，即便是一起做家事都可以是彼此親密的互動機會。單親家長與子女的關係可以更像朋友、更貼近孩子的心，家長也要善用周遭與自身的資源（包括朋友、家人、離異的配偶、社區或政府機構），讓自己的親職功能有最佳發揮，同時也不要忘記照顧自己的身心健康與福祉，因為唯有健康快樂的家長，才會有健康快樂的下一代！

　　家庭是社會單位裡的一部分，一個家庭並不孤單，因為還有原生家庭的支持、社區親友的協助，甚至還有工作夥伴的扶攜，儘管家中缺了一位家長（不管是什麼因素所造成），大家的日子還是要過下去。雖然單親的性別對於子女的角色模範或有不足，但是孩子周遭有不同性別的成人可以替代與觀摩，因此即便是單親母親，其手足、長輩或異性友人也都可以提供很好的角色學習典範與諮詢，況且孩子是最佳的觀察學習者，家長若注意到這一點，孩子可以自他人身上學習的機會很多，因而不必過分擔心。

　　如果是雙親一方過世，與雙親仳離的情況會有若干不同。一般說來，家長或子女對於已過世的人會較容易接受這個事實，夫妻離異卻也不免讓孩子會有「有朝一日」家人會再團圓的期待；比較難處理的反而是夫妻自身的情緒並未隨婚姻關係消失而停息，甚至將孩子變成彼此爭戰的工具或是犧牲品，這就是我們在日常生活及諮商場合經常遇到的情況！離婚並不會造成孩子因而「被切割」，父母親還是父母親，如果家長願意為了孩子做最好的妥協與安排，甚至持續合作及承擔親職責任，就是親子「雙贏」的局面。監護權在誰手中不重要，而是可以提供給孩子基本生存需求與充足的關愛才是關鍵。

小博士解說

　　單親父／母親加上經濟弱勢，常常因為資源不足、不了解及接近可用資源，或是不願意求助，而使其親職工作更增難度與變數，此時社福與鄰里的發現和資源挹注就非常重要。

單親家庭孩子常見的性格問題

性格類型	說明
瀟灑流浪型	家長忙碌無暇管教，或是對孩子漠不關心，放任孩子自由流浪。孩子不喜歡回家，喜歡到處閒逛，有一餐沒一餐的。嚴重的話交到壞朋友，會開始偷東西，甚至夜不歸宿。
暴躁易怒型	內心強烈的自卑感，導致孩子強烈的反彈，渴望被看見、聽見與關愛。遇事情則容易表現衝動，攻擊性比較強，喜歡成為焦點。同時也不喜歡學習、任意蹺課，在班上喜歡欺小凌弱。
我行我素型	父母雙方相互推卸，結果誰也不管子女，導致孩子對生活管理、課業學習、人際關係等，沒有任何追求的慾望和成就感，自然地對任何事情也都漠不關心，形成冷漠、孤僻、離群索居的性格。
壓抑畏縮型	家長管教不得法，常常大聲責備或出手威嚇，動不動就拳打腳踢，使孩子整日生活在驚恐不安中，個性發展受到嚴重壓抑，形成膽小、沉默、內向、缺乏自信等不良性格。
溺愛驕縱型	家長為了彌補孩子所失去的愛，於是過度遷就、溺愛孩子，幾乎百依百順地滿足孩子要求，不讓他受到一點委屈，導致孩子處處以自我為中心，變成自私、專橫和任性的「小霸王」。
土財主型	家長沒時間陪伴孩子，轉而在經濟上尋求彌補，所以常常給孩子過多的零用錢，結果孩子會常常請同學吃東西，尋求自我的認同感，最後孩子會不知奮勉上進，造成好逸惡勞、揮金如土的個性。
壓力過重型	家長在失去配偶之後，便把孩子作為自己唯一的精神支柱，往往把全部的希望和夢想都寄託在孩子身上，要求孩子出人頭地，導致孩子的心理負擔過重，遇到挫折時很容易就自我傷害。當承受不住壓力時，甚至會嘗試輕生。

（取自「中華青少年純潔運動協會」，www.purelove.org.tw/topic/協助單親家庭子女健康成長）

 知識補充站 ·····

　　家庭裡夫妻關係不和睦的傷害性最大，不僅讓孩子無安全感、對於異性或人際關係也同樣存疑，孩子孤單、害怕爭吵或被遺棄，這些都是雙親不和睦的遺毒。但是只要家長之一讓孩子感受到自己是被愛、被照顧、有價值的，結果就大大不同！

Unit 1-11
父親缺席（一）

一般提到「親職」，雖未將其特別劃分為母職或父職，但是無論東西方文化，一向將「親職」這個部分歸於母親負責的範圍，加上母體孕育新生命使然，鮮少有機會去檢視「父親」這個角色的重要性。隨著時代演進、女性主義的推波助瀾，慢慢有人研究父親的重要性。特別是二次大戰之後，許多男性上戰場、女性守住家園擔任親職工作，開始有「缺席父親」的議題出現。雙親在子女生活與成長過程中負有比重相當的責任（沒有孰輕孰重），而且彼此角色各司其職、相輔相成。

父親角色在兒童性別角色、道德、智力與成就，以及社會能力與心理適應等方面發展極具重要性（王珮玲，1994），但Heath（1978）的長期研究卻發現，許多男性不會將父親列為自我成熟過程中的重要角色，而這些男性的妻子也認為她們的丈夫常常心不在「家」（cited in Tripp-Reimer & Wilson, 1991）。也許這些父親只是複製了自己父親的行為模式，卻不知其影響罷了，因此許多研究以「父親缺席」的反向操作方式來突顯父親的重要性。雖然有研究發現，沒有父親的男孩容易有偏差行為或是心理疾病的表現，但是並沒有得到一致的結論（黃富源、鄧煌發，1998；Anderson, 1968, Herzog & Sudia, 1972, cited in Tripp-Reimer & Wilson, 1991; Pollack, 1998）。

單親母親認為父親可以提供兒子最重要的是「性別角色」示範與「遊戲活動」，許多母親也都認為男孩生活中缺少父親角色其影響是較嚴重的（Stern, 1981）。沒有父親在身旁的女兒，容易較早與人發生性關係、性行為較為活躍，也容易淪為被性侵對象（Ballard, 2001）。

誠如Jim Herzog（cited in Pollack, 1998, p. 124）所說的「渴望父愛」（father hunger），主要是因為感覺被遺棄，其原因包括死亡、離異、單親母親家庭的孩子、收養、父母的上癮行為、虐待，與傳統父職（Erickson, 1998/2002），也就是傳統的保守父親與孩子的距離會讓孩子有「被拋棄」的感受，而在心理留下創傷。

相對地，也有研究探討父親缺席的優勢，包括讓孩子更能獨立、負責、早熟、容易滿足、與人合作（Finn, 1987; McCarthy, Gersten, & Langner, 1982; 引自吳嘉瑜、蔡素妙，2006, p. 144）。綜觀這些研究的結果，不免讓人會想問：為何許多孩子的偏差行為或不適應與父親缺席有關？難道父親的「實質」存在（physical present，身體上出席）具有其他的重要作用？

小博士解說

「父親缺席」有廣、狹兩義的蘊含：狹義指的是實體父親不在孩子身邊（如死亡、離異、入獄等），廣義指父親未能履行其職責與功能（包括心理與實體上的缺席或讓孩子感覺疏遠）。

父親角色的重要性（節錄）

▶ 提供孩子男性角色的典範

▶ 孩子的保護者或守護者

▶ 約束與限制孩子行為

▶ 父母提供子女與人親密互動的觀摩及學習經驗

▶ 工具性功能（如載孩子上下學或打球、賺錢維持家計、修理家中設備等）

▶ 藉由遊戲，激發孩子情緒的發展

▶ 拓展孩子視野（帶孩子看世界）

有關缺席父親的研究結果

- 子女在行為與學業上出現困擾（Teachman, Day, Paasch, Carver, & Call, 1998）。

- 男性犯罪遠遠高於女性，導致許多孩童面臨父親缺席的事實。而對於雙親之一入獄的孩子來說，似乎有性別上的差異。男孩比較多向外宣洩（acting-out）的偏差行為出現（如嗑藥、飲酒、逃家逃學、攻擊或敵意行為，甚至是犯罪）；相對地女孩就較多向內宣洩（acting-in）的行為（如退縮、做白日夢或惡夢、表現孩子氣、懼學、哭泣或學業表現低落等）（Fritsch & Burkhead, 1981）。

- 針對失功能家庭與施虐家庭的研究，結論提到來自父親缺席家庭的女性，通常在與異性關係上會出現問題，包括選擇施虐或拋棄妻小的伴侶（Secunda, 1992, cited in Perkins, 2001），在認知發展與學業表現上較為落後（Grimm-Wassil, 1994, cited in Krohn & Bogan, 2001），進一步影響其在高等教育上的發展（Krohn & Bogan, 2001）；而對男孩而言，與人互動、男性形象等都受到負面影響（Beaty, 1995）。

- 不管父親缺席的原因為何，孩子心理穩定與母子／女關係的穩定性是相關的（Gable, 1992, cited in Lowe, 2000）。

- 美國非裔家庭中常常是女性當家，因此家中長子就常常成為缺席父親的替代，也承受過多的壓力與期許，這在家庭治療上就產生了所謂的「界限不清」（Lowe, 2000）。

- 父親若是非自願缺席，其子女在依附需求上就較為欠缺，愈早失去父親的孩子對其發展影響更大（Brown-Cheatham, 1993）。如Grimm-Wassil（1994）曾比較父母離異與父親過世的女兒，前者的行為問題出現在引人注意與紊亂的異性關係上，後者則是害怕與異性接觸、對父親看法較為正向（cited in Krohn & Bogan, 2001）。

- 同樣是以臨床觀察為場景，LaBarbera與Lewis（1980）從父親是否出席第一次晤談來看全家是否持續接受心理治療，發現父親的出席的確有重要影響，這可能也反映了父親對家庭重要決定的影響力。然而主因是父親認為治療只是情緒宣洩，無助於孩子功能恢復。

- Boss（1980）發現儘管軍人父親不常在家，但是其「心理上的出席」（psychological presence）卻是預測妻子與家庭功能的主要指標。

- 在調查大學女生與父親之間的關係，也發現沒有父親的女性有疏離與被父親誤解的感受（Perkins, 2001）。

Unit 1-12
多元家庭的挑戰──父親缺席（二）

圖解親職教育

　　關於缺席父親的研究，較多出現在離異家庭，而研究結果似乎也是負面影響的居多。有研究證實孩子在零至二歲期間若無父親在身邊，與其他相同發展階段的孩童相形之下有許多表現（包括信任、羞愧等）較為遜色（Santrock, 1970, cited in Snarey, 1993）。現在有不少台商赴大陸或外國工作，與家人子女的關係因為時空距離而受到影響，當然也都盡量設法補足，這也是目前親職工作的另一種挑戰。吳嘉瑜與蔡素妙（2006）的研究發現：父親外派對年幼孩子影響較大，男女性對於外派生涯的看法反應不一，女性重在關係的維繫、男性則認為是增長見聞與磨練能力的好機會，父親的形象在孩子眼中「不夠鮮明」，可能是因為父職參與的方式沒能讓孩子感受到其重要性（p. 164）。而徐麗賢（2005）發現大陸台商以指導課業、表達關懷、健康安全照護與培養子女的自立能力為主要關切，這也表示距離會讓父親感受到未能發揮父職，也期待可以補足親職功能，而很重要的是，這些父親希望自己對子女的關愛可以傳達，甚至被子女接收到。

　　父親角色隨大環境與時代的變遷，雖然有些微改變，但基本上還是以經濟、提供保護的功能居要，其重要性也表現在對子女的行為與發展的影響上。而研究文獻似乎聚焦於父親在子女生活中「存」或「無」的比較上，一般也較注意父親對兒子的影響，特別是性別角色的學習，但是卻較少提及父女之間的顯著影響。由於中國文化的特殊性，使得女兒與父親之間的關係較為疏遠（Ho, 1987, 引自葉光輝、林延叡、王維敏、林倩如，2006）。我國傳統的父親角色較權威，父子關係由於倫理上對下的期待，相當謹守分寸。父子或是父女的關係應該是雙向互動、相互影響（Parke, 1981），儘管許多父親體認到自己渴望與家人有更親密的接觸，但是又希望達成社會對其角色的穩健期待，因此倍感壓力（Filene, 1986）。固然父職未能發揮功能，主要是因為傳統對於父親的角色期待不同、缺乏訓練、母親的干預等因素所致，但因目前開放社會對現代父親的不同期待，也讓父親身上綑綁的性別緊身衣有鬆動、彈性的空間，因此現代父職似乎也有必要做些轉變。

　　傳統父職的疏離也是父親缺席的一種型態，這似乎也提醒現代父親與母親要正視這樣的問題，即便是雙薪家庭提供了孩子物質生活上的滿足或充裕，親子關係依然需要努力經營。許多家庭雖然沒有富裕的物質水準，但是卻可以維繫成員彼此間的親密，讓家庭生活愉快滿意，展現了家庭的強度，這個家庭強度（family strength）在發生重要生命事件或是家庭面臨危機時最為關鍵，而維持表面上的「完整家庭」結構並不能保證發揮一個家庭的諸多功能。

小博士解說

　　父母親是給孩子生命的人，然而「生育」與「養育」一直以來都是社會爭論不休的議題。儘管大部分民眾較重視「養育」的議題，然而許多被收養者卻也希望透過尋根，知道自己的親生母親或父親是誰，因為這是自我認同的一部分。

一般人對於「完整家庭」的迷思

▶ 一個家庭有雙親與子女才是完整的。

▶ 完整家庭才是「正常」的。

▶ 家中缺少雙親之一或子女，一定是出現了什麼問題。

▶ 家中雙親即便不和睦，也要維持完整的形象，要不然會遭到「社會汙名」
　（其他人會覺得奇怪或不正常）。

▶ 為了維持完整家庭形象，犧牲家裡所有人的幸福也沒關係。

▶ 雙親之一擔心離異後，自己與子女很難面對親人及一般大眾。

▶ 即便是因為情感走私或外遇而不回到家裡來，也是可以忍受的。

▶ 只要家庭完整，就不會有太大問題。

近年繼親家庭相關研究結果

作者／年	結果
伍韋韋 2003	父母管教方面：(1)親生的父（母）親扮演黑臉已成為繼親家庭管教模式之主流；(2)繼子女普遍認為父母在管教上對自己與其他手足之間，有明顯的不公平存在。 親子互動方面：(1)繼父比繼母容易取得更多且較佳的親子互動機會；(2)繼子女愈早認識繼親，親子互動關係愈容易良好；(3)繼子女當初反對繼親進入家庭者，如果繼親並未積極努力去得到繼子女之認同，親子之間會出現危機，雙方關係也容易降至冰點。
鄭文華 2006	在親子互動的表現上：繼親家庭管教子女方式以「疏忽」類型居多；繼親家庭親子互動的關係普遍不良；繼親子女較無法認同親生父母之再婚；繼親家庭子女與半手足間通常能維持良好的互動關係；繼親家庭子女對於外籍繼母的接受程度極低。 繼親家庭子女的人格特質：以合作型居多；以「未定型」的自我認同居多。
羅皓誠 2012	家庭成員發展上的議題、家庭系統內不同次系統間的運作狀況等家庭內的相關因素，以及前家庭、親生父母與繼父母的原生家庭、性別、孝道文化、信仰等家庭外的其他相關因素，與繼親家庭中父母的親職經驗有關聯。

知識補充站

　　繼親家庭的廣義定義：只要父母其中一方是再度進入婚姻關係所組成的家庭就是繼親家庭。

Unit 1-13
多元家庭的挑戰多——繼親家庭

根據內政部統計處2009年的資料顯示，該年有57,223對配偶離婚，有20,887位男性再婚，再婚率為2.46%；女性有17,482位再婚，再婚率為1.21%（內政部，2010，引自羅皓誠、洪雅鳳，2011，p. 30）。2016年離婚對數超過53,837對，子女監護權給父親的居多（內政部，2016）。女性花較長時間再度進入婚姻，可能是擔心另一半不會善待自己的孩子，或是以孩子為重的種種考量，男性再婚率高主要是找一個可以照顧孩子的女性。

對繼親（或再婚）家庭而言，家庭面臨破碎與重整的歷程，要與舊的家庭結束關係、開始與新的家庭建立關係（羅皓誠、洪雅鳳，2011，p. 30）是最重要的議題與挑戰。再婚家庭的成員於再婚家庭之前，多數會遇到離婚、配偶死亡等重大事件，對於家庭的任何成員而言，都是重大失落經驗，需要時間做調適及療癒。若是帶著沒有處理的失落進入另一個新家庭，在凝聚新的共識之前，新家庭成員往往掙扎於舊有的家庭互動模式、信念、歷史等壓力，也因此再婚家庭約有四分之一的人在五年內會走上離異之路。而若夫妻雙方分別都結過婚、有孩子，其所組成的再婚（繼親）家庭在建立穩定性時難度最大（Furstenberg & Cherlin, 1991，引自羅皓誠、洪雅鳳，2011，p. 30）。

美國的研究發現：配偶虐待在繼親家庭的發生率較之有血緣家庭者更高，而青少年更難適應繼親家庭，但是繼父對家中男孩有正面影響（McKenry & Price, 2004/2000, p. 313）。

繼親家庭面臨的挑戰有：⑴家庭成員認同問題——子女夾雜在同住與不同住的親生父母間，到底該向誰輸誠？對於陌生的繼親又該如何自處？繼親如何看待伴侶的子女？⑵手足相處問題——與繼親手足間該維持怎樣的關係？會不會認為對方跟自己搶父／母親？要如何稱呼與互動？⑶家庭資源分配及財務問題——對待繼親子女與親生子女有何差異？如何才能達到公平公正？財務方面要如何分配及處理？⑷親子與配偶相處議題——與自己親生子女及繼親子女的關係要如何維繫與處理？配偶彼此之間若有過前次婚姻的創傷，對目前婚姻的期待會不會有所不同（整理自賴歆怡，2011，pp. 66-69）？

而繼親家庭的優勢有：⑴逆轉成功的能量——彼此更努力讓此次婚姻成功，願意用愛來重新整頓家庭氣圍；⑵使家庭重新完滿——希望可以將以前親密關係或親子關係中所犯的錯誤做修正，重組一個更接近自己理想的家庭；⑶拓展資源——重組家庭在彼此人脈與硬軟體資源上都較為拓展和充裕，因此可以使用的資源也增加；⑷對家庭成員包容性大——因為來自背景不同的個體，彼此之間雖然需要磨合的多，但也因此可以異中求同、包容性更大（整理自賴歆怡，2011，p. 69）。

近年繼親家庭相關研究結果

常見議題	說明
再婚家庭初期的稱謂	對外與對內的稱呼。
忠誠拉扯	對親生與繼親父母的忠誠度（如接受繼親就是背叛）。
悲傷失落	在組成新的家庭之前，成員們通常曾面臨過離婚、家庭破裂或配偶死亡等失落經驗。而這些經驗通常牽引其他失落的經驗（如性關係的失落，失去每天習慣互動方式，失去原本家庭中已習慣的規則和系統，失去熟悉鄰居、經濟資源、熟悉朋友和社會支持），要在短期間形成情感連結並不容易。
界限轉變	進入再婚家庭後，比起在一般家庭，成員間的界限較不清楚，也具滲透性。特別當孩子在兩個不同的家戶間移動時，若界限模糊對婚姻穩定性有負面的影響。
立即性的愛	重組家庭要在短期間內形成情感連結並不容易，兩位成人彼此雖因相愛而結合，但不能保證他們也會很快地愛上彼此的孩子，這樣的期待往往是再婚家庭一個重大的壓力來源。
界限轉移	若未從原先婚姻中帶孩子進入新的家庭，這樣的關係比較單純。但若雙方家庭都有孩子，這樣的系統會比較複雜。新家庭成員的組成分子愈多，家庭成員必須因應的關係就愈複雜，也引發界限重建的問題。
生命週期對家庭組合的影響	新的再婚伴侶彼此的生命週期差異愈大，新家庭的調適與整合過程也就愈不容易。例如：一個帶著青少年期孩子的父親與一個未婚的年輕妻子結合，調整上就會非常不容易。
手足與親屬網絡議題	重組家庭與親屬關係的好壞程度，也會影響再婚家庭的整合情形。若親屬或家人可以接受或認同這個婚姻，家庭的整合最有可能發生，然而若是家人採取反對或其他負向態度時，最糟糕的情況是完全斷絕關係或者漠視，也就少了支持。
角色轉變	再婚家庭並不像一般家庭那樣有明確的角色典範可供學習。
過去情感經驗	再婚家庭的伴侶相較於初婚伴侶，在溝通上有顯著差異：前者有較少的正、負向溝通，以及較多從伴侶討論中退縮。
性	再婚夫妻性行為發生的頻率通常較高，若未注意性行為的隱密性，孩子不小心觀察到的機會也會變多，日後可能容易轉化成具體的行動。青少年期在繼親手足之間，也可能因為彼此沒有血緣關係，而容易相互受到性的吸引。
監護權	雙親關係與監護權之分配。
財務及時間的資源競爭	贍養費分配、經濟壓力、與親生孩子接觸較少。
自我概念	社會汙名與自我認同。
社會認知	社會汙名與繼親家庭需求被忽略。
性別	對繼親之汙名化（可怕繼母或施虐繼父）。

Unit 1-14
早期的親職教育和做父母的動機

一、早期的親職教育

對於親職教育的施行時間眾說紛紜，一般人認為是愈早實行愈佳，不一定非得要到生育或是確定要擔任父母親之前才實施，這是基於「防範未然」的積極做法。而北美國家如美國，也在國中時期的「家政課」裡安排男女同學擔任雙親、撫育嬰幼兒的練習（Simmons, 2000）。將親職教育納入，對於家長與學校的關係有加分的效果（The Institute for Responsive Education, cited in Nye, 1989, p. 328），還會影響學生的學業表現、增進孩子社交與情緒上的控制、讓學校學習風氣更豐富、鼓勵正向的親職技巧、鼓勵教師的成長與發展，以及對於社區的積極參與教育有推波助瀾之功。

然而說得更明確一點，一個人是從一個家庭中誕生，就已經開始受到其原生家庭的影響，雙親的對待與教育就已經開始。而當孩子自己成為父母的時候，也不是從零開始，畢竟每個人都有學習的能力，自幼在家長與其他照顧人耳濡目染的情況下，也多多少少具備了一些做父母的條件。

因為如此，親職教育的內容也有了一些新的挑戰，除了準父母與父母親需要知道懷孕、生產等醫學遺傳的相關知識之外，也需要進一步了解孩子生理、智力、情緒的生長發展情況，以及不同的管教理論與方式、了解如何與孩子溝通，還需要知道如果孩子遭遇一些特殊生命事件或情況時，要如何處理、協助、因應與求助。此外，親職教育當然也包含補救或治療措施。

二、做父母的動機

現代人的先「有」後婚已經不是新聞，也有人即便有了孩子，也不會「奉子成婚」。更有人是一輩子同居、養育小孩，卻不願意成婚（如好萊塢明星艾爾·帕西諾與提姆·羅賓斯）。有人認為結婚後生孩子是天經地義，但是我們先要問自己，為什麼要做父母親？現代的避孕方式發達，結婚不一定是為了傳宗接代，而「性」也不是為了有愛情結晶，也因此「做父母」已經變成一個選項，而不是「必然」。

在臨床經驗中曾經發現，有些人在長大之後知道自己是棄嬰，或是父母親發現懷了自己才結婚，甚至在與父母互動過程中沒有感受到被愛，直覺上是很不平衡的，都會影響到成長後的發展與心態。

孩子都希望自己是在期待下出生，若是被遺棄，或企圖遺棄（如墮胎），孩子的心情其實可以體會，甚至有些父母親在孩子詢問自己是怎麼來時，還會開玩笑編造一些無稽之談，像是包心菜裡出生、撿猴子回來養大的，或是隨便在路上撿到的，這些無心的言語，在孩子接收訊息後的內心裡不知道產生了什麼影響也未定。

我們在日常生活中偶爾會看到一些例子，像是媽媽帶孩子經過百貨公司玩具部門，孩子堅持要買玩具，媽媽拒絕，但是孩子很拗、一直賴著不走，做母親的可能就會假裝撒手而離開，留孩子在原地哭泣哀嚎，有的會出言要脅道：「你不走，我就不要你了！」固然現代父母也希望培養孩子多一點情緒智商（所謂的EQ），但是培養情緒智商可以用其他的替代方式，而不是採取這種途徑，因為這種方式造成的負面影響很大。

一般人養孩子的錯誤觀念

錯誤觀念	事實
養孩子總是很有趣的	教養孩子可是辛苦的工作。
好父母會教養出好孩子	優良父母親不一定保證就有好子嗣，因為環境與個人變數太多。
「愛」是有效教養的關鍵	愛絕對不夠，還要加上適當的管教。
孩子都知道感謝	許多孩子卻認為父母親養育與愛孩子是義務。
親職工作自然天成，不需要加以訓練	絕大多數的父母親是在有了孩子之後，慢慢學會做父母親的。
家庭價值很容易灌輸	父母親的影響力有許多時候要受到大環境的挑戰，不太可能以單一、威權、上對下的方式完成。

（LeMasters & Defrain, 1989, cited in Knox & Schacht, 1994, pp. 571-574）

一般人想要孩子的原因

原因	說明
提升成人的地位與自尊	在一般社會系統中，為人父母的地位是受到尊重的，也因此社會地位獲得提升。
自我的擴充與延伸、希望可以不朽	孩子是從我所出，在生物與象徵意義上都有延續生命、不朽的意味在。
道德、宗教、利他主義	生育、照顧幼小的下一代，基本上是社會讚許的不自私、利他與慈愛的行為。
延續團體生命與有關性的規範	讓家庭、族群生命或關係得以擴展綿延，也賦予性行為一個嚴肅的意義與責任。
人類主要團體（家庭）的聯繫與生存	小孩為延續人類集體生命與發揮歷史傳承的功能。
有趣、刺激、新鮮；創意、成就與能力的表現	人類發現有生命自本身衍生出來，就是讓人自豪的一項成就表現，而在教養孩子的過程中，也有許多新鮮與刺激好玩的事發生。
力量、影響力與效率的表現	自己的影響力，也許是出現在對孩子的教養或是在孩子生命中扮演了一個重要角色上。對於女性而言，是作為母親的一個角色成就，對於做父親的又何嘗不是呢？
用來作為社會性的比較與競爭	因為身分（父母）不同，造成社會地位也不同，連美國目前也對於已婚者或為人父母者的福利較為照顧（如反映在納稅、健康保險等方面），未婚者的福利與地位相形之下就較差。相對於我們國內的納稅情況也是如此，已婚者以及有下一代者，其繳稅也可以有較多優惠。此外，社會對於「單身公害」的微詞，也可以印證一斑。
經濟上的用途	子女長大可以賺錢協助家計，也可以照顧年邁的雙親，這在農業社會尤其明顯。
有一種無上的榮耀感與責任	許多父母親在第一個孩子誕生的時候，彼此之間的關係也開始有了轉變。許多本來直呼其名的夫妻，就從孩子誕生那一刻起，彼此就以「爸爸」、「媽媽」相稱。而在自己對著孩子自稱「爸爸」或「媽媽」時，特別是當孩子已經會喊自己是「爸爸」、「媽媽」時，更是有一股油然生起的驕傲與尊重。

（Hoffman & Hoffman, 1973, cited in Jensen & Kingston, 1986, pp. 4-10）

Unit 1-15
親職教育目的

圖解親職教育

030

親職教育希望達到的目的，依一些學者專家的看法包括：家長教養孩子方面的知（認知）、情（情感態度）、藝（技巧）三方面（林家興，1997）。若分項具體敘述又可以有：提供家長關於個體身心發展與需求的知識；導正家長不適當的教養方式；教導家長有效的親子溝通；協助家長培養孩子良好行為與生活習慣；協助家長讓孩子發揮所長；協助特殊孩童家長的教養問題（黃德祥，1997）。

此外，基本上還包含了預防、教育、協助與治療的目的，或如林家興（1997）所說的，希望協助家長改善或防止問題惡化的消極功能，以及協助家長預防問題或增進親職成果的積極功能。

親職教育應該不只是家長方面的工作而已，整個社會大環境的變化也會牽引著親職教育的內容與運作，甚至目前許多親職工作都已經「外放」到社會其他機構的趨勢下（如安親班、幼幼班、托兒所、才藝班與補習班等），親職教育的規劃與設計就是一個需要許多相關單位統整合作的過程，這也是目前親職教育淪為零散、成效不彰的主要原因之一。目前狹隘的親職教育是開在大學的選修課程，好像只是短期的一張父母文憑一樣，其實如果仔細追溯，大學以前課程中的健康教育、社會、公民或心理等科目，也與親職教育有或多或少的連結，可以一貫下來做統整規劃，然後接續社區成人教育，也是可以系統運作的方向。

一般情況說來，親職教育可以分為兩個部分：一是預防性的，比如在學校或社區施行，主要的對象是即將為人父母，或是已經為人父母者，希望可以從親職教育課程或演講中做一些準備與了解，讓自己在擔任親職工作時可以更為勝任愉快；二是針對補救或是治療的目的，對象是發現家中孩子有問題或困擾，甚至已經有家庭危機的父母親，希望可以知道如何做補救、彌補的工作。現行的少年法規定犯罪或是虞犯少年的教養人，要接受二至八個小時的親職教育講座，就是一例。此外，許多的親職諮詢與家庭治療服務，主要也是希望可以適當處理已經發生的問題，培養家長更好應變的能力。

當然基於「觀微知著」、「防範未然」的經濟效益觀點，總希望社會與家庭付出較少的代價，因此許多大學或是社區，甚至媒體，提供了不少預防性的課程，這些課程固然也發揮了其預期的功能，但是生命過程本身就是問題解決的過程，因此往往在真正擔任親職工作時遭遇到困難或疑問，還是有許多求助支援的管道，家長如果有求助的能力，也可以讓親職工作更駕輕就熟。

小博士解說

　　「健康家庭」（healthy family）的特色：一個家庭應該像是一個系統，成員之間有明確的界限，溝通一致且清晰，清楚的權力地位，鼓勵獨立自主，彼此之間覺得愉快自在，有協調的能力，重要價值觀的傳承（Lee & Brage, 1989, p. 356）。

親職教育的必要性

▶ 只有少數人對於教育孩童有經驗，因此大部分的教養工作仍須由家長擔任。

▶ 家庭的規模漸小，親子互動與影響機會增多。

▶ 家庭外的照顧增加，而家長也擔心與孩子間的情感建立需要特別用心。

▶ 育兒過程中與大家族分開，少了許多支持與協助，必須藉由體制內或體制外的親職教育來補足。

▶ 家庭建構的改變，養育工作有時也必須由單親獨力負擔，不能如傳統家庭那般分工。

▶ 社會建構影響家庭的環境，面對整個大社會的變動，家庭不能自外於整個大環境，也許要挑戰許多既存於傳統的親職方式。

（Nye, 1989, p. 330）

良好功能家庭

（Lewis, 1979）

▶ 家長的婚姻關係要好。

▶ 家長要有施展親職的權力。

▶ 家人彼此之間很親密。

▶ 家人之間有良好的溝通與有效的問題解決技巧。

▶ 家人可以彼此分享感受，尤其對於生命中的失落勇於明白表達。

▶ 相信人是有缺點的，但是本質良善。

▶ 家人之間可享親密，但是也尊重個人的自動自發。

▶ 每個家庭有不同的型態，不是一個模子壓出來的。

 知識補充站

　　「優勢家庭」是可以提供照顧、支持、家長管教、鼓勵成長、顧及精神上的福祉、有良好溝通與問題解決技巧，以及參與社區的活動；也就是說明了家庭功能的發揮，應該顧及到基本生理與生存的照顧、物質與精神上的支持陪伴、適當的約束與管教，讓孩子在心理上與精神上有安全愉悅的感受、暢通同理的溝通模式與方法，也不要孤立於整個家族或社區照護的支持系統之外（Otto, 1962, cited in Lee & Brage, 1989, p. 356）。

第一章　現代親職的挑戰

Unit 1-16
親職功能的危險因素和開始做父母

一、影響親職功能的關鍵因素

　　Belsky（1984）曾經分析影響親職功能的關鍵因素，分別是：父母親的心理資源（自己的發展歷史與人格特性）、孩子的特性（孩子的氣質）、社會支持（協助支持親職工作的相關人物，包括配偶、家人或是專業人員），以及工作與婚姻情況（父母親自身承受的壓力也會影響到親子間的互動與照顧品質），這四個因素的交互作用都會牽一髮而動全身，例如：孩子脾氣暴躁，可能增加父母親的生活壓力，反映在婚姻關係上多了一層緊張，加上父母親自己在成長階段沒有受到好的照顧，可能會對孩子不耐煩；倘若再加上這對夫妻與原生家庭間關係疏離，情況就會更糟。

　　親職功能是不是可以適度發揮，其實就左右了家庭的運作與功能，有哪些因素會影響家庭或親職的功能呢？其實由前面的內容裡，就可以推論一些。

二、什麼時候開始準備做父母

　　男女兩造在親密關係發展成熟時，可能就希望有更進一步的承諾，希望相守以老、準備組織家庭。但是作為父母親的準備工作當然不是從選修「親職教育」相關課程開始，早在男女雙方認真交往時，就已經開始有一些雛形在醞釀，包括彼此的價值觀、家庭觀、生活成長背景、生涯計畫與原生家庭的關係及責任，雖然這是戀愛希望達成的後期目標，也表示戀情成熟的一個里程碑。

　　然而有為數不少的父母親是在沒有預期下，就突然接受了這樣的角色，如沒有計畫的懷孕、未婚生子等。所謂做父母的「準備」，主要是指除了生理上健康成熟、成家的經濟考量之外，心理上也要準備擔任不同的角色、邁向人生另一里程碑。另外還須考慮經濟與照顧的能力，孩子一生下來就不能退貨，親職工作就是「沒完沒了」，因此在心態上的「準備度」會特別重要。有研究指出：對於自己擔任父母親的認知準備度，會影響其實際擔任親職工作的結果，也就是對於孩子出生發展、自己要做怎樣的父母親有概念的話，實際執行親職功能時，比較容易上手（Miller, Heysek, Whitman, & Borkowski, 1996; O'Callaghan, Borkowski, Whitman, Maxwell, & Keogh, 1999; Sommer, Whitman, Borkowski, Schellenbach, Maxwell, & Keogh, 1993），雖然這只是針對青少年子女的母親所做的調查，卻也發現「準備度」與後續的實際教養密切相關。

　　那麼什麼時候準備好做父母呢？如果家長雙方可以預料，也計畫了照顧新生兒所需要花費的精力、時間、人力與金錢等資源，彼此之間可以做適當的分工或是託請照顧，除了照顧初生的嬰兒，也不要忽略自己的需要。夫妻的感情仍須持續經營與溝通，甚至有一些危機處理的準備，那麼擔任起親職工作就可能會比得心應手了。

小博士解說

　　目前社會有不同型態的家庭，尤其是年少的父母親、未婚生子、先有後婚等，顛覆了以往對家庭的定義，當然也有相對的挑戰與問題出現。

功能失常家庭（dysfunctional family）或「失功能家庭」

不適當溝通	不足或不當都是問題，許多的家庭仍然是以父權為主，家長很少與孩子做溝通，也許是因為口語表達訓練不足、良善美意受到扭曲或誤解，甚至雙方大玩猜測遊戲，孩子也就依樣畫葫蘆，造成家人關係疏離、衝突，甚至暴力行為，這是目前存在台灣中國家庭裡最多的問題。
家庭成員角色混淆	這就是「家族治療」提出的「界限」過於糾結的問題。所謂的「父不父、子不子」，父母親不像父母親、沒有扮演好自己的角色，孩子也沒有享受孩子的樂趣，呈現出來的問題包括孩子被賦予非其責任的家長角色，成為所謂的「假性」父母（pseudo-parent），或是亂倫、虐待。
孤立	家庭的支持系統很少，甚至沒有，處於一種獨立運作、不跟周遭社會連結的狀況，甚至家長也不容許孩子自己開創社交網路，這樣的家庭容易專制獨裁、常有暴力虐待或忽略的情況發生，甚至外力的協助如社會局要介入都有困難，父母親與孩子都成了禁臠。這種家庭不僅會出現問題孩子與問題父母，也容易有暴力或是虐待情形發生，可能是因為社會變動太大，讓人人自危，但是愈是如此，就更需要完善的社會協助政策的跟進，否則家庭功能喪失，又不能得到社會提供的補救協助，家庭分崩離析是自然結果。
父母的童年經驗	父母親本身在年幼時沒有受到適當的親職照顧，甚至遭受凌虐或忽視，在自己擔任家長之後，自然不太能勝任親職工作，有的連自己的問題都自顧不暇了，更遑論照顧下一代；這樣代代相傳就是一種惡性循環。
婚姻問題	父母親結婚的原因不同，有可能會影響到後來組成的家庭，而貌合神離、經常吵架衝突、暴力等，都會讓置身其中的個體受到負面的衝擊。夫妻之間沒有合夥人的關係、不能滿足自己的需要、不能互相支援，可能把重心放在孩子身上，甚至想自孩子身上獲得自己想要的，造成孩子與其中一位家長的關係過於融合糾結，刻意疏離另一位家長，使得家庭功能解散。
父母分離	因為人為或不可避免因素（如父母自己選擇離異、一方不在或死亡）而產生沒有雙親的家庭，孩子感到不完整、有缺憾，在別人面前抬不起頭來，也容易把問題帶到學校，不管是過度成就或是行為偏差，或者是孩子對於自身的價值感不夠、有憂鬱或自暴自棄的行為。
父母罹患慢性病	家中有人生病又需要長期的照顧，在家庭經濟上是一項不小的負擔之外，也是許多壓力的來源，而家庭生活也會因此大受影響，不僅孩子可能要擔負更多屬於親職的責任，親職教育也相對受到極大的考驗。
擁有許多年齡相近的子女	家庭資源的分配及父母親的照顧都會受到影響，孩子不能得到應有的關愛與照顧，發展上會有缺失或不足。
父母濫用酒精與藥物	不僅容易產生生理上有缺陷的孩子，也容易讓下一代價值觀混淆。可能在成年之後也陷入同樣的泥淖，容易以同樣吸食藥物或酗酒方式來解決面臨的生活挑戰。而家庭中有人濫用酒精與藥物，整個家都因此失序，甚至酗酒或藥物成為家庭的祕密，也是家中成員一個揮不去的夢魘。

（張秀如，1998，pp. 38-41）

第 **2** 章

做父母的條件

●●●●●●●●●●●●●●●●●●●●●●●●

Unit **2-1**
父母親是從「做中學」

圖解親職教育

036

對一群大學生所做的調查發現（邱珍琬，2001，課堂調查），一般大學生會給自己的父母親多少分數？大概平均落在80到96分之間。一般而言，母親的得分較父親為高，差距2到10分；得分較高的理由為：戀家、勤勞、會傾聽、很辛苦、與孩子親近，也就是會注意到父母親對於家的貢獻及與孩子、家人的關係；而減分的理由為：不良惡習、不聽孩子說話、囉嗦、情緒化、粗心，大半與個人因素或是習慣有關。

儘管我們也曾經是（仍然是）父母親的孩子，對於雙親的親職工作總是會有意見與評價。但是一般人，在沒有意識到自己想要做的是什麼時，很容易就以自己習慣的做法去做。同樣地，我們也會以同樣的態度來教養我們的下一代，因為我們的父母親就是我們的第一位人生導師，也是我們擔任實際親職工作的第一個學習榜樣。這就像我們成長後第一次掌廚，沒有看食譜，也沒有跟大師學做菜的經驗，卻會把平日觀察家裡父母親做菜的方式不經思考地運用下去。

Dreikurs（1964）因此特別提醒父母親要做自我覺察的工作，一旦為人父母之後，又不自覺地套用自己原生父母親的「不適任」教養方式，怪不得人總是在重複歷史！人在某方面的確是習慣的動物，尤其是在耳濡目染的情況下接受的洗禮，會在不知不覺中就運用上去。當然不是要把上一代的教養方式完全推翻，而是我們周遭的環境在改變，許多資訊也隨著變動，親職教育也要注意到時代與大社會的脈動，做適當的改變與順應。會做反省工作的父母親，通常也是對於親職工作用心用力最多、願意讓自己的親職角色比上一代更好的父母。

沒有任何一個人是天生好父母的材料，我們都是從實際運作中學習（learning by doing）而來，何況親職工作是一輩子的過程，就可以了解「做父母」其實也是終身學習的課程。由於每個人都是做中學，在經驗中求取進步，因此即使是所謂的「成功父母」，還是經歷過許多的錯誤嘗試與考驗的辛苦過程，無一倖免！

很重要的一點是：每個人都不一樣，因此每個人對於做怎樣的父母也有自己獨特的想法與做法，所成就的也是最獨特的親職方式與型態，沒有說哪一種親職比較好。親職教育的成功情況其實也是因人而異，最基本的都是希望不要傷害，親子之間可以調和、同頻互動，有愉快的經驗與回憶，也在彼此互動之中得到酬賞與學習。

小博士解說

　　沒有人是天生做父母的材料，我們都是從做中學，配合孩子發展階段與需求、搭配父母親或主要照顧者的發展與資源，努力滿足孩子所需、經營彼此的關係。

父母親必須有的自我覺察面向

自我察覺面向	說明
我優先 （me first）	父母親以自己的眼光來看孩子的反應，容易混淆自己與孩子的需求。父母親比較不能理解孩子的需求，甚至忽略或壓抑孩子真正的需求，可能就此喪失了建立親子良好互動的機會。如果父母與孩子彼此的需求相差不多，也許可以滿足相對的關係；但是萬一認知差距過大，就會對親子關係造成負面影響。
蕭規曹隨 （follow the rules）	依據父母親自己本身所接受過的親職來教育下一代、不做任何修訂或改善，容易淪為以威權或是傳統的價值觀來規範或要求孩子，沒有同理孩子的心理與需求。
我們是不同的個體 （we are individuals）	視孩子為一個特殊獨立的個體，有其特別的需要與潛力，也因此比較能去考慮到孩子的立場與需求。
一起生活與成長	了解親子間的關係是相互為用與互惠的，彼此是互相影響、發展與改變的，覺察自己在擔任親職工作中在做什麼。

（Newberger, 1980）

家庭發展週期

已婚夫妻沒有孩子

幼兒家庭（最大的孩子三十個月）

有學齡前孩子的家庭（最大的孩子兩歲半到六歲）

最大孩子六到十二歲的家庭

有青春期孩子的家庭（最大孩子十三到二十歲）

孩子開始離家的家庭（從第一個孩子離去到最小的孩子離開期間）

中年父母（空巢至退休期間）

高齡家庭成員（退休至配偶雙亡）

（Duvall, 引自 Nichols & Schwartz, 1998/2002, pp. 211-212）

Unit 2-2
成功父母的條件

所謂的親職教育，可以對照心理學家Erikson對「傳承」（generativity）時期的看法，這個「傳承」包括三方面：生物性的、親職性的、技術性與文化性的（Kotre, 1984; cited in Snarey, 1993）。而Snarey（1993）將其簡化為：生物性的（生育孩子）、親職性的（照顧撫育下一代）與社會性的（貢獻自己給新生代，擔任良師與領導者的角色）；也就是說，所謂親職教育的範圍不僅是生育下一代，還必須擔負起教養的責任，甚至關照到除自己孩子之外的下一代。

父母親是一個成功家庭的支柱，但是由於家庭是一個「系統」（system），裡面的成員都關係著家庭成功與否，是不可或缺的力量，也就是說「牽一髮可以動全身」，彼此之間的關係環環相扣（Goldberg & Goldberg, 2000），沒有誰的角色或工作比較重要，或是誰就微不足道。

如何才是成功的父母親？絕大多數的家長都是希望自己可以成功教養孩子成長，對社會有貢獻。每個人所賦予的條件不同，可以善加運用、利用厚生，其結果都是可以期待的。Thomas Gordon（2000）認為，成功的父母親並非都是完全百分百一致的，而是能夠知道即使身為人父母，還是要回到「人性」面；也就是承認自己是人而不是神，唯有在教養子女過程中，也讓子女看到自己的人性面——包括自己的優缺點，也有發脾氣、做不成熟決定等的時候，這種教養方式才能夠切實而符合人性。

Barbara Unell與Jerry Wyckoff（2001/2001, p. 33）說得好，擔任親職工作必須體認兩件事實：「一、親職生涯是一段持續至成年的可預知旅程；二、父母可事先預期孩子的成長和發展，對自己帶來何種影響。」也就是親職工作為時甚長，甚至可以持續到成年以後，尤其現在美國與鄰近日本，許多成年子女還是選擇住在父母家中（所謂的「啃老族」），不僅與西方社會行之久遠、鼓勵成年子女早些獨立的習慣有些不同，而與原生家庭關係緊密的中國子女更是如此！這也相對地延長了擔任親職的時間。

親職工作不是父母單方面的「工作」而已，由於親職工作的對象是活生生的個體、人類，因此家長與子女間的關係一直都有變動、且彼此影響；也就是不能只靠父母這一方，也要斟酌孩子的特性與個性，以及彼此互動的方式及品質。

小博士解說

父母親的自我反省功夫很重要，從自身曾經接受過的親職教育與觀察及刻意的學習，總是希望自己擔任家長時，可以有不一樣的作為或是成就。除了對照以往所承受的家庭教育之外，對於自身目前所作所為也要有覺察的功夫，這樣才可以有更敏銳的意識與改善動作。

優質家庭（strong family）特色

特色	說明
承諾或用心 （commitment）	因為家中每一分子都是息息相關的，而整個家也是各個成員努力經營的成果。願意為這個家付出多少心力、對於維繫這個家的忠誠度，往往是決定家庭優勢的主力。
欣賞或感激 （appreciation）	許多人會把在家庭中所接受到的關愛、支持、照顧視為理所當然，彼此之間很少願意表達出對對方的欣賞與感謝，而這也常常使得付出的人覺得心力交瘁、不受重視，而許多「失功能家庭」就常常忽略個人的優點，而聚焦在缺點或是不足上，使得成員失去信心，認為家庭氣氛冷漠。
相聚時間 （time together） 	許多孩子在提到快樂家庭的經驗或願景時，都會想到家人相聚的時刻。有時候家人聚在一起時間的多寡並不重要，而是「品質」的問題。尤其工商社會的快速腳步，讓每個人都忙於生活、很少獲得喘息，因此可以好好享受「在一起」的時間，就非常重要。
溝通 （communication）	許多人都會特別提到家人溝通方面的問題，而溝通也是建立良好、強韌關係的關鍵。平日一家人相聚的時間就不多，自然減少溝通機會，但是時代變遷迅速，許多其他方式的溝通，其實可以彌補這個缺憾，溝通不一定是為了要解決問題（而常常也解決不了太多問題）。然而如果彼此可以享受「在一起」的愉快感受，學會傾聽、了解對方的內心世界，也就達到了溝通的目的。
精神或心靈上的安適 （spiritual wellness）	不管家人的信仰是否一樣，如果大家都有相當程度的共識或價值觀，也是維繫家庭一個很重要的力量。許多人世間的問題或現象，不是人力可以左右，心靈或精神上的寄託或生活哲學信念，都可以是安定的因素。
有能力處理壓力與危機 （the ability to cope with stress and crisis）	家人在面對共同或是個別的危機時，有沒有一些特殊的機制或方式？家人是否會關心並支持，或一起面對？是否有能力尋求支援？面對困難的態度樂觀與否？有沒有幽默的能力？此外，在處理問題時，是否會顧慮到具體而系統的解決過程？
陪孩子玩耍的能力 （本書作者添加） 	許多家長在擔任父母親之後，就忘了「玩」，甚至會認為「玩」是浪費生命。精神分析大師佛洛伊德曾經說過人生三大要務，分別是「愛、工作與玩樂」（love, work, and play）。「愛」是指與人的關係，「工作」是指成就與貢獻，而「玩樂」就是增加生活的趣味、生命的光彩。不會或不知玩的父母親，不僅容易將自己的價值觀強壓在孩子身上，還會限制孩子的發展，在無形中也暗示孩子生命是無趣的、嚴肅的。

（Stinnett & DeFrain, 1989, pp. 56-69）

Unit 2-3
父母親的自我覺察與改善（一）

有句話說：「會反省的父母就是好父母。」父母親不是只一味沿用自己所接受來自原生家庭的親職經驗而已，還會有反思，且依據目前環境脈絡與孩子發展任務的需求做適當的改變。Jensen與Kingston（1986）認為所謂的「成功父母」，需要有以下這些認識（pp. vi-vii），作者也會做引申說明：

一、與孩子一起合作，而不是與之對抗

孩子也會在與父母親的合作經驗中，學會與他人相處之道、與人為善。因為孩子終究要到大社會去生活，需要知道與他人「互相依賴」（interdependence）的重要性，因此必須知道「合作」的技巧與智慧。「對抗」往往是因為父母親的威權心態作祟，也是孩子「想要掙脫父母影響，獨立做自己」的反應。

二、父母會犯錯是必然的，但是不要刻意抹去自己犯的錯誤

父母親不是完人，這讓孩子覺得犯錯是不可免，但是也有機會修正的，這種身教會給孩子更大的正面影響，不僅可以鼓勵孩子去探險、求知的勇氣，也讓他知道從犯錯中學習、成長。父母不怕承認自己犯錯，也願意改正，孩子看到這種勇於擔當的表現，會更明白自己的能力與價值。此外，對於孩子的要求，父母本身也應該先士卒，更不要因人而異，有了「雙重標準」，這樣很容易讓孩子對家長失去信任。

三、快樂來自給予，而不是接受

父母的愛是無條件的，只因為他們是自己的孩子，所以願意付出，當然這與溺愛是不同的，也就是愛中有教育。

四、夫妻間的合作，優於意見的不同

孩子是夫妻之間的「最大公約數」，因此儘管彼此之間或有意見不同，但是在處理家庭事務與教養孩子態度及做法上，應該是一致的。這讓孩子明白事情的規則，不會遊走在父母之間鑽漏洞、敷衍行事。

五、視孩子為自己成長的機會，而不是沉重的負荷

父母可以在孩子身上學到許多新的成長經驗，而孩子也只有一次的成熟機會，是學習成長而非負荷的觀念，會讓父母親發現自己還有許多能力可以開發。在與孩子的相處中，也萌發活力與創意。

六、父母不能讓孩子快樂，但是可以提供適當的環境引發快樂

家庭氣氛的維持是父母親可以做到的，但這並不是指把一切火藥或情緒都隱藏，表面裝出快樂，而父母親本身的「快樂婚姻」，就是給孩子最大的保障（Simon, 1986; cited in Stinnett & DeFrain, 1989）。

七、提供以孩子為導向的環境，而不是不重視孩子的環境

給孩子適度豐富的環境，可以刺激他們的身心發展，協助自我管理，也尊重他人。忽視或是凌虐孩子的環境，一切以大人的需要為依歸，就會犧牲了孩子，甚至讓孩子的人格發展與行為出現重大偏差。

小博士解說

所謂的「情感勒索」是指「用自己與對方的關係要脅對方順從」，像是父母親要孩子努力爭取好成績：「要不然你就是對不起我！」或者是「你們愛你媽，所以不理我」，逼得子女常常在「孝順」與「自主」間有極大矛盾，當然孩子也會以同樣方式讓父母親屈就。

情感勒索的徵象

▶ 勒索者提出「要求」。

▶ 被勒索者想要「抵抗」。

▶ 勒索者讓被勒索者感到「壓力」。

▶ 如果被勒索者沒有接受，或者是反駁，勒索者持續「威脅」，如用金錢、關係的破裂等讓被勒索者不得不就範。

▶ 被勒索者「順從」，於是看起來雙方的焦慮好像解決了，但其實是被勒索者「被摸頭了」。

▶ 勒索者食髓知味，於是下一次又「舊事重演」。

（引自周慕姿，2017，http://womany.net/read/article/12954）

情感勒索受害者

自信與安全感被剝奪	有罪惡感
將滿足他人的需求列為優先	犧牲自己的需求或忽略自己真實感受
常感無助、無力、煩躁的惡性循環	感覺自己被玩弄於股掌間、被犧牲
憂鬱與壓力、向內攻擊	無法訂立適當、彈性的人際界限

 知識補充站

　　中國傳統的「孝順」常常要求子女能夠「順服」父母親，子女少了獨立性。然而在西方的觀念裡，父母親有自己該盡的責任與發揮的功能，子女不能越俎代庖，因此如果子女承擔了過多父母的職責，就是所謂「親職化」的孩子，那麼親職化的孩子跟孝順的孩子是不是有衝突呢？這也是我們必須要仔細思考的問題。

Unit 2-4
父母親的自我覺察與改善（二）

八、相信孩子基本上是良善的

不要只是以孩子的行為為唯一評判標準，孩子也需要給他們機會去學習與做準備，孩子可能因為技術或能力不逮、生命經驗有限、想做的與做出來的結果不同，父母親要體諒到孩子的用心，同理其行為背後的用意與感受。

九、要有幽默感，不要太嚴肅

父母親在擔任親職工作之後，常常忘了自己也曾經有過年少、曾經無知，過度以成人的標準來要求孩子。幽默是人際關係，當然也是親子關係最佳的潤滑劑，孩子也需要成人的幽默來示範應對生活中的不順心與處理的智慧，也增加自我強度。

十、要給孩子時間，而不是按照自己的需求來安排與孩子共處的時間

以孩子為導向的考量，就會儘量多花時間跟孩子相處，不一定需要很長一段時間，即使只是一兩分鐘，都可以讓親子之間的關係品質有加溫效果。此外，在與孩子溝通或是傾聽孩子的意見時，也要給予足夠的時間，不要因為自己不耐煩、逼迫孩子立刻做反應，孩子也常常因為時間不夠的緣故，而做了不周全的倉促決定，反而讓父母親挑出毛病、更生氣。

十一、要管理孩子，而不是操控孩子，進一步讓孩子養成自律習慣

重視孩子是一個獨特的個人，而不是父母自我未竟夢想的完成者，就會少些操控（包括「情感勒索」）、多些自主與自尊尊人。「管理」是一種生活與生命智慧的傳承，最終目標是自我管理，而不是受到外力的壓制才如此。

十二、自他人的經驗與自己的錯誤中學習

運用任何教養原則時都要有彈性，也要讓孩子有空間可以展現他的特殊性與能力。

親職技巧與知識不是一成不變，隨著大環境的更迭、孩子成長的階段，每個孩子不同的個性與潛能，都可以做適度的修正。食古不化的原則，綁的是父母、難過的是孩子，犧牲掉的是親子的和諧成長。

有研究指出：對於自己有較為正向看法（也就是有自尊、自信）的父母親，對於與孩子的溝通或是管教方面會較有效率（Cox, Owen, Lewis, & Henderson, 1989; Mondell & Tyler, 1981; cited in Belsky, 1991; Small, 1988）；而相對地，父母親本身的情緒狀況或是身心條件，也會影響到自己的親職能力，以及對孩子的管教成果（Fleming, Flett, Ruble, & Shaul, 1988; Kochanska, Kuczynski, Rodke-Yarrow, & Welsh, 1987）。許多身心障礙的父母，若本身有自己的議題未解，其不一致的教養方式傷害孩子最深。儘管孩子有其與生俱來的特殊性格與特性，也在親子關係中投下一個變數，而父母親對於自己親職功能的能力與信心，可能是更大的決定因素。

小博士解說

心理學的研究有一致發現：子女與主要照顧人的關係（依附關係）影響其一生，包含自信、自我期許，以及與他人關係和親密關係。

家長覺察與自己原生家庭的關係

▶ 我比較像父親還是母親？哪裡像？

▶ 我認為自己承自父母親的哪些特點？

▶ 我在自己原生家庭中看到的規則是什麼？

▶ 我想要從原生家庭繼續傳承下去的是什麼？為什麼？

▶ 我不想從原生家庭繼續傳承下去的是什麼？為什麼？

▶ 我印象中最大的家庭危機是什麼？對我的影響為何？

▶ 我與手足中哪個人最像？哪裡像？最不像誰？

▶ 我認為我的家庭看重什麼？如何發現的？

中國延伸家庭的影響

▶ 中國家庭自古是宗族制，因此沿襲與傳統都持續其影響力。

▶ 婚姻是兩個家族的結合。

▶ 來自配偶各自家族的影響深遠，包括家族價值觀、社經地位、家族財產分配。

▶ 家族之間的互動得看長輩的態度如何。

▶ 「孝順」還包括對宗族長輩與有血緣相關者。

▶ 上一代是否涉及下一代的親職教養，因素多元。

▶ 女性通常是聯繫家族的重要人物。

知識補充站

　　父母親對孩子的虐待，會造成防衛機制的產生，而這些防衛機制會限制個人往後的生活。心理上的傷害又來自於人際之間，以及與存在有關的，前者通常是挫敗、攻擊或虐待所造成，後者則是指孤單、分離與失落經驗，或是環境所加諸的（如犯罪、貧困、戰爭與老死）（Firestone, Firestone, & Catlett , 2003, p. 38）。

Unit 2-5
孩子眼中的父母親

　　父母親的角色是從第一個孩子誕生開始才真正落實，許多夫妻在第一個孩子出生之前都還是互相稱呼名字或暱稱，但是從孩子誕生之日起，彼此之間的稱謂就改變了。許多夫妻都是稱對方為「爸爸」或「媽媽」，這種以孩子為中心的稱謂改變，也突顯了夫妻雙方對於自己與彼此角色及職責的認定。而孩子本身是如何期待父母親的角色呢？根據作者對大學生族群所做的小型調查（如右頁表格內容），這些意見反映出：父母親的角色是多重且多樣的（監護人、顧問、提供資源者、朋友等）；雙親的教養方式與角色也應與時俱進、要有進修改善；有溝通能力、願意表達，也主動表示與回應親密的需求；容許有「公眾」空間與「私人」空間，也就是維持彈性的「界限」；願意花時間與精神給孩子，也就是做盡職且有承諾擔當的父母親。

　　父親在大學生（邱珍琬，2004a）的描述裡是從嚴肅、壓抑、威嚴的傳統典型父親，慢慢轉化成溫柔、願意表達，甚至自曝其短的父親。父親關懷的愛意是從默默關心、為孩子任勞任怨，以及為家頂住一片天的表現方式，連溫柔都必須在突發事件中，或以笨拙的方式出現。孩子成長之後，比較會回首過往與父親相處的點滴，更加體會父親在日常生活裡表現的關愛、了解其受限於自身表達習慣與角色期待的壓力，也願意開始陪伴父親、傾聽父親、主動打開親子溝通之門，甚至希望可以讓父親有機會放手去圓自己未竟的夢想！孩子們希望看到父親陽剛與陰柔的兩個面向，希望與父親有更親密的聯繫，可以說說心底的話、吐露更多的自己。

　　在高中階段的孩子對父親的描述則極為多樣，其實也反映了孩子在此發展階段對於親職的需求：傳統父親（不現代、無私奉獻、不善表達、孤單、不易親近）、自我中心的父親（不能同理、有潔癖、愛玩）、現代父親（體貼有趣、無太多要求、懼內、胡思亂想）、偶像父親（是非分明、民主、負責自處、要求紀律），以及疏離的父親（嘮叨、不能預測、不公平）（邱珍琬，2004b/c）五種。

　　子女從出生開始，即便還沒有語言表達能力，就已經開始觀察學習，而父母親就是他們當然的觀察對象。因此最成功的親職就是「以身作則」、言行一致，不需要說教或說太多，子女也從觀察父母親的言行之中，了解父母親自己是不是也做到自己要求子女的，而不是說一套做一套，有所謂的「雙重標準」。一旦子女發現家長本身就有矛盾，其說服力將降低、無法獲得孩子的信任或尊敬，當然親職效能就大打折扣。

小博士解說

　　可以陪伴孩子成長是一項美麗的特權，但是父母親也需要懂得「收手」與「放手」，凡事為孩子代勞的「萬能家長」，會造就「無能的孩子」。父母親再長壽，也只能陪孩子一段，因此培養孩子能力、協助其發揮潛能、貢獻社會，這正是「生命的意義在創造宇宙繼起之生命」的實際意涵。

大學生期待的父母親

▶ 可以談心的父母。
▶ 不傳統,而是可以更開放的父母。
▶ 容許適度自由與隱私權的父母。
▶ 跟著時代走,又保有適當價值觀的父母。
▶ 會自在表達關心,甚至說出來也不覺得為難的父母。
▶ 可以溝通且接受不同意見,像是友伴關係的父母。

(邱珍琬,2001、2002課堂調查)

適應良好家庭的特徵

☑ 情緒平衡、具有能力,能夠適應改變。

☑ 儘管家庭系統中有情緒問題,但每位家人只有一些情緒問題。

☑ 代間有聯繫。

☑ 家人解決問題時,不會過度混淆或是冷漠。

☑ 家人的兩人單位(如父母、父子……)可以處理問題,不會牽涉到第三人。

☑ 家人間容許鼓勵且尊重彼此的差異。

☑ 每位家人都會和其他人在思考及情緒的層次上做溝通。

☑ 家裡的每位成員都可以覺察到從家人關係中所得到的好處,家庭沒有祕密。

☑ 每位家人都允許有自己的空間,其他家人也不會想要去拯救他。

☑ 維持一個正向的情緒氣氛。

☑ 每個家庭成員都認為自己的家最適合自己。

☑ 每位家庭成員都可以由其他人處學習及得到回饋,而不是依賴他人。

(Forgarty, 1976, cited in Taylor, 2004/2007, pp. 26-27)

Unit 2-6
父母親的角色（一）

圖解親職教育

046

父母親同時擔任許多角色，通常這些角色也會隨著孩子的需要做一些變動或調整，有些角色可能重要性稍減，而有些角色卻會在不同發展階段取而代之。例如：「照顧者」的角色會隨著孩子年齡增長，其重要性漸漸降低；「物質與生存條件提供者」可能隨著孩子年齡漸長，也要稍做一些變動與安排，包括娛樂費用或是孩子可以自主運用的金錢酌量增加，而孩子獨立有營生能力之後，金錢的提供就不是那麼重要。「陪伴者」的角色可以由主動變成被動，孩子尚幼時，父母親可能需要較多時間，甚至主動邀約孩子一起做活動，但是孩子長大，有了自己的生活交友圈後，可能就會較傾向於選擇同儕的陪伴與活動，但是他們仍然需要父母親「在」，有時雖然在房間共處一室、各自有自己的工作在做，但是「一起」（togetherness）的感覺是很重要的。同樣地，「教育者」的角色也是類似、慢慢變成被動，「共學者」的角色依照父母親的心態與需要會有所改變，而「諮詢」與「顧問」的角色慢慢突顯。父母親已經沒有太多需要「灌輸」給孩子，或是「耳提面命」的地方，只是在孩子需要時，依然可以藉助父母親的經驗與智慧，提供一些必要的建言或忠告。「玩伴」的功能在孩子小時比較重要，也顯而易見；漸漸地也被

「陪伴」或「朋友」的角色取代，孩子長大就比較不需要權威人士的「命令」，而是希望可以與父母親的關係進入另一個新里程——朋友或顧問，可以跟孩子平起平坐、像同輩一樣溝通，而在「需要」時出現。「模範者」的角色也可能是從無所不在，轉而成依據需求才出現。然而父母親有一項工作是自始至終都需要的，就是會去主動觀察與關心、提供適當的協助，孩子有不同的性格、表達方式與做法，熟悉每個孩子的情況，會讓父母親在陪伴孩子成長成熟的路上，更得心應手。

當然父母親也會創發其他角色，這些角色都是與孩子互動而產生，許多父母親認為自己的「保護者」或是「養家者」功能最重要，甚至是「自我認同」不可或缺的部分。然而隨著孩子成長與需求不同，需要做彈性調整，要不然很容易因為「供需」不平衡，讓親子關係緊張，甚至破裂。許多的「媽寶」或「爸寶」就是因為父母親緊抓住某些角色不放，反而讓孩子無法養成自己獨立的能力、自信心低落，甚至無法踏出家門。記住：父母親活得再長，都只能陪孩子一段，讓孩子展翅、發揮自我是最重要的；換句話說，太能幹的父母親可能會教養出無能的子女，無法培養其獨立生活的生存能力。

小博士解說

　　許多父母親在教育孩子的時候習慣一個扮白臉、一個扮黑臉，如果彼此能夠輪流扮黑白臉（次數差不多），其實是最好的方式，讓孩子覺得無縫可鑽。倘若父／母親一直扮黑臉、母／父親一直扮白臉，這樣的固定方式其實會讓其中的一位父／母親喪失了與孩子親近的機會。

父母親在親職過程中擔任的角色與功能（節錄）

擔任的角色	功能
照顧者	照顧孩子基本生理需求與滿足。
保護者	除了保護孩子的生存與安全之外，也包括心理上的健康成長。
教育者	教導孩子必須的生存規則、價值觀與經驗。
模範者	提供孩子學習的觀察與模仿對象。
物質與生存條件提供者	維持孩子生命所需的物質，包括愛。
支持者	在孩子做決定或是遇到挫折時，給予心理與實質的支持援助。
諮詢者或顧問	可以提供孩子實質的意見與經驗，協助做決定。
朋友	可以跟孩子一起學習，也做交流互動，沒有威權架子。
玩伴	與孩子一起活動、玩樂、開玩笑。
陪伴者	在孩子情緒低落、遭遇挫折，甚至不說話時，做安靜地陪伴工作，讓孩子覺得自己不孤單。
共學者	與孩子一起學習的夥伴。

 知識補充站

　　孩子都希望自己是在父母親的期待下出生，這也表示自己是在「愛」的盼望下來到這個世界，因此有時候家長對孩子的譴責語言不要傷害到孩子，或是讓孩子覺得自己可能隨時被拋棄。愛可以說出來、表現出來，當然也可以做適當的解釋與說明。

Unit 2-7
父母親的角色（二）

父親對子女的影響主要是從對子女的態度行為、與孩子母親間的關係，以及其在家中的地位等方面來發揮作用。也許是性別角色之故，一般認為父親對兒子影響較大，而男孩子若是在一位呵護、鼓勵的父親照顧下，成長更順利；而女兒在被允許有部分自主權、關心孩子智力發展的父親影響之下，成長最佳。在威權父親底下成長的孩子，不論男女，其智力方面的發展都較差（Papalia & Olds, 1992/1994）。父親參與教養工作愈多，其子女也會認為父親較不傳統、表現出較多的溫暖與關愛（Sagi, 1982, cited in Snarey, 1993），對子女的性別刻板印象的負面影響較少（Baruch & Barnett, 1981; Ross, 1982）。

研究依據孩子不同成長年齡所做的調查顯示：大多數的父親都認為自己的角色功能發揮在「養家」與「擔任玩伴」（王舒芸、余漢儀，1997；Daniels & Weingarten, 1988）上。基本上，父親的親職工作是屬於「選擇性」的，而非固定、長期性的，這可能由於文化上對於性別角色期待、社會化歷程、勞動市場結構，以及許多性別迷思與社會政策的誤導（王舒芸、余漢儀，1997），加上父親缺乏與孩子接觸照顧的經驗及能力培養（陳淑芬、李從業，1998）使然；這些研究其實也意味著親職能力可以是訓練的結果，如果父親可以有更多機會參與教養孩子的工作，其親職功能應該可以更發揮。而隨著孩子年紀漸長，父親角色的指導性漸漸增多（Bronstein, 1988）、威權成分也增加；相對地，青春期孩子視母親為較有同情、有反應的（McDonald, 1982）。由於女性基本上仍然認為「母親」這個角色是女人的「必須」（不做母親就不是「完整的女人」），也願意承擔隨母職而來的工作。因此，雖然養兒育女的親職工作辛苦、繁多、挫折大，卻也在母親的角色上獲得自我價值與酬賞（Chodorow & Contratto, 1982）。也因為母親對於自己母親角色的投入，相對地當孩子漸漸長大，母親的角色勢必不如孩子尚年幼時那般被需要。而母親在孩子進入青春期時，感受到與孩子最多的衝突，甚至對於母親的身心健康造成負面影響（Silverberg & Steinberg, 1987）。父親對於成年的孩子還是喜歡給建議忠告，而母親則是傾向於情緒上的支持（Hagestad & Kranichfeld, 1982, cited in Thompson & Walker, 1991）。即便在晚年，母親對於孩子的協助，或是孩子對於母親的回饋也多於對父親（Kivett, 1988）。根據調查發現：母親的親職工作雖然重於父親，但是只要能夠感受到父親對於母職的尊敬與欣賞，一切都值回票價（Backett, 1987）。這其實也說明了父母親的婚姻關係與親子關係的良窳是有正向關聯的，研究證明在父親與子女關係上更是如此（Dickstein & Parke, 1988; Lamb & Elster, 1985, cited in Snarey, 1993）。

小博士解說

夫妻關係是孩子第一個學習的親密關係，也會影響到孩子日後自己親密關係的經營與看法，來自父母不和睦家庭的孩子，大部分不願意選擇進入婚姻。

早期認為父母親的教養角色與內容

教養角色	說明
捏陶人（potter）	肩負教養子女的所有責任、賞罰分明。
園丁（gardener）	相信孩子天性良善，成為孩子效法的楷模。
大師（maestro）	堅持民主傳承，每個人對家都負有責任。
顧問（consultant）	與孩子一起成長，了解孩子之情緒與需求。

（Wood, Bishop, & Cohen, 1978, cited in Jensen & Kingston, 1986）

- ▶ 社會對性別角色的期待（是「養家者」而非「照顧者」）
- ▶ 父親對於自己傳統男性的期待──賺錢養家，家務事交由女人管理。
- ▶ 父親以職位升遷為主要考量，犧牲親職責任以換取。
- ▶ 母親的阻止（包括自己母親與妻子的母親）──認為教養孩子是女人的事。
- ▶ 妻子的阻止──認為男人沒有能力、不會照顧小孩，也擔心丈夫「搶了自己的飯碗」。
- ▶ 父親缺乏與孩子接觸照顧的經驗與能力培養（與前一條似乎互為因果）。

父親參與親職的阻礙

Unit 2-8
轉變中的現代父親角色（一）

圖解親職教育

050

我們一般談到親職教育，通常會「理所當然」地認為是母親的責任居多，即使身為職業婦女，多數的職業婦女依然「身兼二職」，也就是除了工作上的角色之外，回到家中還要繼續盡母親與家庭主婦的責任。許多研究的結論都一致認為：男性的養家角色仍然占主要，女性即使出外工作，也只是補貼家用的性質，在經濟層面上依然是附屬、依賴的地位（Land, 1986; cited in Tripp-Reimer & Wilson, 1991）。雖然婦女外出工作、發展自我生涯的機會增加了，連帶地也讓家庭親職分工有了轉變，但是變動不大（Pleck, 1979, cited in Tripp-Reimer & Wilson, 1991）。即使隨著工業時代的來臨，女性投入職場的機會增多，然而大部分的親職工作依然落在婦女身上（Pleck, 1979, cited in Tripp-Reimer & Wilson,1991）。

儘管有研究指出在50至70年代，已經慢慢有鼓勵父親加入親職角色的趨勢（Jensen & Kingston, 1986），但是父親的親職角色停留在選擇性、偶一為之的暫時性、與陪伴孩子玩耍的娛樂性上（Jensen & Kingston, 1986；王舒芸、余漢儀，1997）。當然長久以來，父親之所以被排除在照顧幼兒工作之外，主要可能是因為母親想要達成吻合社會期待的母職工作，並且認為照顧下一代基本上是屬於女性的工作（Parsons & Bales, 1955, cited in Boss, 1980）。現代母親可以稍稍喘一口氣，除了親職工作的外放（安親班等的機構成立），最重要的依然是要靠伴侶願意分擔親職工作與合作的意願，只要丈夫願意儘量支持協助而不是口惠而已，對於身兼職業婦女的女性來說，就是很大的滿足與解脫。孩子需要雙親的滋養與教育，雙親各司其職，其影響力就很正面，也教養出有利於社會的好公民。

一、父職傳承

父親在一般人的眼中，似乎擺脫不了有距離、嚴肅、寡言內斂、少有互動的傳統形象。而在日常生活中，也較常聽見人談「我媽說」，卻極少聽見有關父親的對話。若以生命週期發展階段的父子關係來看，早期父親在孩子心目中是很理想化的、完美且威嚴，一旦孩子成長、接觸外面世界多了，在比較之下，父子關係呈現疏離矛盾。當孩子本身也為人父母了，父子便進入和解階段（Coleman & Coleman, 1988/1998），這似乎也印證了「為父方知親恩」的道理。在Erikson（1997）的發展階段中，成年階段所面臨的發展任務有「傳承」（generativity）的項目，除了傳宗接代的生物意義之外，還包括將價值觀與人生觀等傳承給下一代的意味（如右頁表格內容）。

小博士解說

現代父親積極參與孩子生活，承擔更多的責任，也不自限於「維持家計」的角色。然而「養家者」依然是許多男性定義自己的方式，因此若是失業，對其來說是對自我與自尊之重大打擊，有些男性甚至會做出舉家自殺的錯誤決定。

父親原型與其功能

原型	功能
創世父神	創造生命
地父	撫養下一代
天父	支配地位
皇父	承擔前述天地二父工作
二分父神	是父親也是母親的角色

（Coleman & Coleman, 1988/1998）

「傳承」的向度

向度	說明
「生物上的傳承」（biological generativity）	指孩子的誕生。
「社會性的傳承」（social generativity）	指的是對於社會上年輕一代的良師、擔任教導的工作，是一種文化傳承的角色。
「親職的傳承」（parental generativity）	連接生物上與社會性的傳承，主要指的是教養下一代的責任。

（Snarey, 1993, pp. 20-22）

知識補充站

　　親職工作應該是雙親共同承擔，然而傳統以來的社會將主要的教養責任放在母親身上，現代社會女性也可以工作養家，男性不是唯一可以發揮所長、貢獻社會或唯一的養家者。父母親所能發揮的親職效能都不是另一方可以取代，這也說明了親職分工合作的重要性。

Unit 2-9
轉變中的現代父親角色（二）

　　傳統社會與心理學，將男性定位為家庭與社會之間的媒介、提供家計、與擔任管教的工作有關（Levant, 1980），也就是「男主外」占主要部分，也呼應了Parsons與Bales（1955, cited in Levant, 1980）將男性與女性角色區分為「工具性」與「表達性」的主因，因此男性表現出來的父親形象就是疏遠、有賞罰權力的。

　　根據Levant（1980）整理文獻資料得到的結論發現：傳統心理學對於父親角色的描述，似乎是在孩子五歲之後的發展階段才慢慢出現，父親的功能是在協助兒子的角色學習，所以他的角色就會呈現較多懲處的意味，代表的是閹割威脅；溫暖的父子關係對孩子發展上有正面影響，相反的像敵意、拒絕，或是適應欠佳的父親則會有減分效果。父親積極地參與孩子的教養工作，對於兒子的男性化與女兒的女性化影響最大，而父親與孩子之間的關係也會隨著孩子年齡漸長而變得較為親密。

　　父親角色讓男性增加了對自我了解與自我概念的能力，也較能體會他人的情緒感受（Heath, 1978, cited in Snarey, 1993）。而父親與自己原生父親的良性互動，也會延伸到自己擔任父親角色時與下一代的關係（Vaillant, 1977）。若是父親願意參與餵乳，其與孩子的依附行為及育嬰能力上皆有增進，而父親與孩子間的互動以探查行為最多、言語最少，但是對女嬰的言語行為會增加（陳淑芬、李從業，1998）。這除了說明父職參與不僅有助於孩子的發展，也說明了家長對於不同性別孩子的互動方式可能有差異。

　　許多研究結論一致認為：男性的「養家」仍為主要角色（Pollack, 1998），父親的親職角色之所以未能充分發揮，或在孩子年幼時也是較屬「週末」或「假期」父親，其原因有文化結構上的刻板角色、社會化過程中以女性為主要照顧者與負責人、勞動市場上的分配依然不利於女性生涯發展，以及社會政策的擬定與實施依然沒有脫離父權主義的觀念（王舒芸、余漢儀，1997）。儘管已有不少研究發現父親的參與養育工作、投入親職的努力、與孩子親近程度增加，對於孩子的情緒與智力發展都有極正面的影響，而母親天生照顧孩子的假設已經遭受到批判與質疑（Tripp-Reimer & Wilson, 1991; Frodi, 1980），父親缺乏親職能力主要是因為社會刻板印象與疏於訓練的結果。

小博士解說

　　父親參與親職工作是趨勢，也是利多，不僅可以陪伴孩子成長、與孩子更親密，也增加自己的信心與價值感。

父親投入親職工作的優勢

▶ 父親如果投入較多親職工作、對自己愈有自信，對於自己的父親角色也較為滿意。

▶ 更能明白孩子的需求與發展出像母親的感受，減少工作所加諸的壓力感。

▶ 對男女雙方來說，親職工作的分攤對於生活滿意度是個重要指標。

▶ 如果父親承擔較為平等的家務與管教責任時，大學年紀的孩子比較願意與父母親談論關於性方面的議題，而對於自己的性行為態度會更為謹慎（Bennett, 1984）。

（Coltrane, 1989; Ferri & Smith, 1996; Hoffman, 1989; Lamb, Pleck, & Levine, 1987; cited in McMichael & Siann, 1997）

053

父親及母親與孩子的互動方式（節錄）

父親	母親
會鼓勵孩子探索、冒險。	禁止孩子這樣的活動。
傾向於成為孩子的「玩伴」，或是較能發揮「活動」或「工作」導向的功能。	諮詢、滋養與表達性功能。
拓展與激發孩子情緒經驗（油門）。	安撫或舒緩孩子激烈情緒（刹車）。
帶孩子看世界。	讓孩子養成生活習慣。
挑戰孩子體力與能力。	日常生活與為人處世之教導。

 ### 知識補充站

父子或是父女的關係應該是雙向互動、相互影響（Parke, 1981），儘管許多父親體認到自己渴望與家人有更親密的接觸，但是同時又要達成社會對其角色的穩健期待，因此倍感壓力（Filene, 1986）。

Unit 2-10
轉變中的現代父親角色（三）

圖解親職教育

054

二、傳統與現代父親

中國傳統父親的角色比較威權，父子關係由於倫理上對下的期待，是相當嚴守分際的。研究指出（Roberts & Zuengler, 1985, cited in Hanson & Bozett, 1985）：父親與孩子的關係會隨著孩子成長而有所變化，通常是朝較爲親密的方向。而現代父親不僅希望可以擺脫以往父親的被動形象、希望與孩子更親近，事實上與上一代父親相形之下，他們與孩子已經更爲親密（Pollack, 1998）。孩子在青春期可能有獨立、自主的需求，因此對父親較具批判性，但是也慢慢會去體會父親的困境與限制（邱珍琬，2004b/c）。孩子第一次離家，特別是負笈外地之後，與父親的關係會慢慢改變，也會企圖修補或增進與父親之間的關係（邱珍琬，2004a）。而父親與女兒間的關係較親密，相形之下與兒子關係就較疏遠，這也許跟社會期待男性獨立自主、「男性氣概」的刻板印象要求，以及「同性親密禁忌」有關。

父親角色隨大環境與時代的變遷，雖然有些微的改變，但是基本上還是以經濟、提供保護的功能居首要，其重要性表現在對子女的行爲與發展的影響上。

由於父親一般還是將自己定位在養家活口、維持家計的角色，常常在一天工作完畢之後疲憊地回家，就希望可以在家得到安靜，也因此對於孩子的需求較無心力應付，對於孩子的管教也趨於嚴格（Stearns, 1990），甚至是採用經由妻子來「管教」孩子的父權方式（Stearns, 1991），通常也是擔任懲罰的工作，因此給孩子的感受會比較疏遠。Shek（1998）發現香港中學生的父親反應較少、要求亦少、關心少，管教較爲嚴厲。美國研究發現父親對待孩子沒有男女之別（Snarey, 1993），照顧的品質也不遜於母親（Mackey, 1985），而父親與不同性別的青春期孩子親密度也不同。父親一般會認爲與兒子的關係比與女兒的關係要容易處理，主要是因爲不太了解女兒的需求爲何（Radin & Goldsmith, 1983, cited in Hanson & Bozett, 1985）；但邱珍琬（2004/a/b/c）的研究結果正好相反。

父親對於教養工作最多的是陪孩子做活動，或是遊戲，而在孩子年幼時較傾向以活動方式與孩子互動的父親，在孩子青少年時會減低類似這樣的共同活動，而增加對於孩子學業方面發展的支持（MacDonald & Parke, 1986; Snarey, 1993）。父親的關愛行爲對於男孩子的認知發展有非常正向的影響，對於女兒這方面的影響則較不明顯（Easterbrooks & Goldberg, 1984）。雖然大部分的母親對於伴侶親職工作品質的滿意度很低（Russell, 1986），而婚姻關係對於父子（女）關係的影響更甚於母子（女）關係（Dickstein & Parke, 1988; Lamb & Elster, 1985）。

現代的父親較願意分攤家務、參與親職工作，雖然其功能發揮還是在「工具性」方面（如接送上下學、買文具用品）較多，但是其努力具體可見。

小博士解說

一般父親在孩子中的形象是趨於嚴肅、疏離、傳統的，隨著孩子成長，父親的影響也朝向不同面向；儘管研究顯示父親並沒有像母親一樣將自己的父親角色看得這般重要，但是卻也發現許多父親的確希望與家人更親密的需求，只是礙於自身時間與養家職責、母親的間接阻撓（對於父親育兒技巧的要求、照顧的角色定位），還有社會期待因素與壓力等，不能讓父親隨心所欲發揮親職功能。

從跨文化與歷史發展的觀點來看父親功能

父親功能	說明
一種身分的賦予（endowment）	合法性與生物性（也就是指父親身分是一種關係的認定，可以是法律上的權利或是生物上遺傳的血緣關係）。
供養（provision）	提供生存與基本生活條件滿足的養家者。
保護（protection）	維護家人福祉的人。
照顧（caregiving）	參與照顧嬰兒直接或間接相關的工作。
人格塑造（formation）	對於孩子人格與個性的影響。

（Tripp-Reimer & Wilson, 1991, pp. 6-16）

父親分擔親職工作可能遭遇的問題

▶ 由於工作時間較長，比較沒有與孩子相處的時間。

▶ 母親的干涉，希望父親只是站在協助的角色，讓父親覺得自己不受重視或不重要。

▶ 太涉入親職照顧工作的男性，會被視為在工作上不夠投入或賣力。

▶ 如果是單親父親自己照顧孩子，不太容易得到支持與協助，也呈現獨力奮鬥的情況。

▶ 投入更多親職工作的父親等於是額外增加工作，並不覺得較為快樂。

（Lewis, 1986）

Unit 2-11
現代親職工作與轉變

根據美國一項研究結果顯示（Carter, 1992）：雙生涯家庭（指夫妻雙方都有工作的家庭）在家事分擔上比較有兩性平等的想法，且在早期家庭生活中也表現出相當平等的分工。然而在孩子出生之後，彷彿分工的情形就慢慢趨向傳統的以女性為主要照顧人與家事負責人，這個結果也支持了一般社會所期待的女性親職角色並沒有太大的改變。

而McMichael 與Siann（1997）的調查研究發現，新一代的年輕人對於親職工作的分攤，已經有較為平權的看法，也有較多女性承認這個趨勢的存在。Lamb、Pleck、Charnov與Levine（1987, cited in Snarey, 1993）的研究結果指出：由於女性出外工作的機會增加，相對地男性也必須分擔更多的親職責任，這個趨勢也會持續下去。

但也有研究顯示，所謂的現代新好男人或新父親（new fathers）還只是少數而已，並不是普遍的現象（Larossa, 1983）。對於女性與男性而言，所謂的「新好父母親」（new parenthood）就是共同分擔親職工作與責任的意思，也就是彼此都有公平、尊重，與相互合作協助的感受（Bronstein, 1988），然而這樣的期待對現代父母親來說，都是過高的要求（Thompson & Walker, 1991）。

儘管如此，在實際親職工作上，父母親的工作有沒有差異？一些研究的結果發現：母親的工作通常與實際的家事有關（包括清理、烹飪、照顧孩子，以及負責孩子娛樂的部分），父親負責孩子娛樂的部分是陪孩子玩一些較為耗體力、大動作的活動，尤其是與兒子間的互動（Lamb, 1987; Park & Swain, 1977, cited in Galinsky, 1987; Pollack, 1998），但是Hewlett（1991）的跨文化研究卻沒有發現父親較常與孩子玩耗體力的遊戲。Herbert（1988）的結論是母親對於與孩子的關係經營較多，也就是照顧保護、較多的傾聽、表現／接受關愛、給予孩子回饋，或是調解衝突；而父親參與的部分則比較多管教與教導，這也許要將父母親的性別角色因素列入考量。基本上在婚姻關係中，妻子比較容易、也被允許表達情緒，而丈夫則是表現出「控制的氣憤」（controlled anger）較多，甚至氣憤成為唯一會表現出來的情緒（Cancian & Gordon, 1988）。從這裡也可以看到父母的分工，具有彼此補足的功能。

許多人談到的「新好男人」，多半與分擔家務、分擔親職責任有關，但是「新好男人」給一般人的誤解是：似乎多分擔了一些原本不屬於他的責任。然而這也說明了隨著男女平權的倡導與實際執行，男性已不是唯一負責家計者，而是與女人一樣，共同為家的一切付出心力的家長。

我國的父親角色基本上是屬於「選擇性」的（王舒芸、余漢儀，1997），也就是在育兒過程中是較被動、配合、站在輔佐的角色，認為自己在親職工作上是次要的、擔任較不重要的責任。因此，如果父親對於自己親職責任與角色的認同變得比較主動、也有酬賞回饋的話，願意參與、分擔親職的行為也會增加，對於自己在這方面的信心與能力也有正面提升。

父母的親職生涯

（一般是依據子女成長與父母的發展雙線出發，一直到孩子全部離家為止。）

親職生涯階段	說明
想像期 （image-making stage）	主要任務是準備當父母，其中還包含了對於自我看法的改變（譬如角色的增加與不同）、與伴侶間關係的改變，以及與自己父母間關係的改變。通常經過「複習」（rehearsing）（常常會想到自己的孩提印象、雙親對待自己的情景，可能回溯到自己與原生家庭父母的關係）、「改變」（changing）（懷孕婦女生理上與心理上的變化，還有角色的轉變）與「想像」（imaging）（對於即將來臨孩子的長相與期待、未來家庭或家庭可能改變的情景）三個過程。
照顧期 （nurturing state）	約莫是在孩子出生到三歲之間的重點工作，最主要的親職工作是與孩子建立起健康的依附關係。此外還要注意到伴侶之間、家庭之內因為新嬰兒的加入，人與人之間的關係會因此改變，也受到挑戰。父母親會因為孩子的出生，而對孩子有不同的期待，如果孩子與自己預期的有差距，也可能會導致親子關係的不良或是影響了夫妻關係。孩子出生後，新科父母的適應情形受到一些因素的影響，包括：做父母的準備度如何？孩子健康情形如何？自己家人的支持度如何？以及其他相關人士的支持度又如何（Fein, 1978, cited in Galinsky, 1987）？
威權期 （authority stage）	從孩子兩歲到四、五歲之間。在此階段，父母親的「掌控」（control）就很明顯了，當孩子漸漸成長、活動力與範圍增加了，開始接觸外面的世界，也希望可以開始掌控自己的行為，而孩子在試探、拓展家庭外經驗、開發自己的權力與能力之時，可能就面臨了與父母親權力的拔河。孩子一旦接觸了更多外面的世界，不免就會把外面世界的資訊或是影響帶進家裡來，父母親的威權權限又要如何劃分？應該如何設立界限？怎樣處理親子間的衝突？
解釋期 （interpretive stage）	從孩子學前到進入青少年之前，此時期的家長要提供孩子許多關於生存世界的資訊、看法與解析，協助孩子發展自我認同、價值觀，也開始沉思自己在孩子生活中的涉入程度。父母親意識到自己與孩子間的關係會產生必要的改變，也要在分離與連結之中取得一種平衡。父母親也發現自己與孩子的關係已經改變，也就是父母威權減少，與孩子的關係漸趨平等。
互賴期 （interdependent stage）	進入互相倚賴期，也就是孩子已長成青少年，父母親發現要發展新的溝通方式與孩子做互動，而不能再沿用以往的老方法，也許父母親要檢視自己的標準與期待，重新定義與孩子間的關係。父母親的「現實主義」碰上青少年孩子的「理想主義」，不僅父母親得重新評估自己的親職角色，孩子也是帶著批判的眼光在看，家長也要學會接受孩子是不同於自己的個體、有自己的人生。
分離期 （departure stage）	分離期通常會延續很長一段時間，先是排行老大的孩子離家念書或工作，一直到最後一個孩子離家。父母親也要為孩子離家做準備，慢慢調適自己又是一對夫妻的生活，父母親還會開始回顧自己這麼多年以來育子的過程、做重新評估，也要思考如何與成年孩子保持適當關係。

（Galinsky, 1987）

Unit 2-12
做父母的條件（一）

圖解親職教育

058

　　做父母親需要有什麼條件或準備，可以讓自己擔任親職工作時更有效率與自信？具體說來，做父母親的條件包含有：

一、檢視自己與原生家庭的關係

　　在原生家庭所受到的親職教育如何，也就是自我認識的能力，同時針對自己將執行的親職教育有反芻、省思、檢討，並做改進的能力。自己與原生家庭的關係、觀察父母親與手足間互動的方式，這些都成為一個人在接觸外面世界的一個指標與基礎。我們會根據自己在原生家庭所學習的一切，「應用」在與家人之外和他人溝通及互動上，有時候會發現行得通，有時候就不一定，然後慢慢地在與人相處的經驗中，習得技巧與智慧。

　　原生家庭給我們的親職觀念，也可能會延續到我們對於下一代的教養，因此上一代很好的教養方式，可以承襲下來；但是如果上一代的親職教育有疏忽的地方，也可能會在下一代身上看到。人雖然會犯錯，但是最美的地方在於人也有修正、補過的機會，可以先從自己與原生家庭的關係做檢視，會比較清楚自己希望保留與改進的地方，也會提醒自己做建設性的改善。

　　檢視自己與原生家庭的關係，不僅讓自己有所準備（因為自己不是從零開始），也比較有具體方向做改善。許多人會因為自己原生家庭給予的影響太深，認為掙脫不出，也就習慣性地把這個模式傳承下去，當然這之中有許多矛盾情結存在，卻不是每個人都會意識到，並願意花時間、精力去加以改進。家長檢視與反省過往，可以看到自己的盲點，也會感念上一代的辛苦劬勞，如果自己覺得需要彌補或修正與上一代的關係，此正其時也！

二、了解孩子不同的發展階段與需求

　　孩子自娘胎開始、出生到成長，都有不同成長階段的需求。許多的父母親在孩子尚未出生之前，都會注意到母體營養、情緒、生理方面的需求，而做適當的補充與調適，甚至注意到胎教的重要性。孩子出生之後的前一兩年，家長可能比較注意到孩子生理上的均衡成長，也開始留意對於孩子智慧與其他部分的開發與刺激，也由於孩子與雙親的互動開始急遽增加，父母親的主動參與是顯而易見的，特別是對於第一胎的孩子。

　　孩子有兩個快速成長的階段：一是一到三歲時，二是青春期。生理上的成熟成長也會帶動心理上的調適問題。孩子出生時到孩子一歲，父母親看到孩子從一個只能依賴他人照顧而存活的個體，到一個已經會自由行動，甚至有自己意見的「人」，那種驚喜與變化是十分明顯的，相對地也不免會有失落，因為孩子開始有自己的獨立意志。到了孩子就學的年齡，對父母來說又是新的轉變，而當孩子進入青春期，父母親也要面臨不一樣的挑戰。

　　每一個發展階段都有其任務與需要克服的問題，了解不同成長時期的需求與特色，可以讓親職工作準備更充分，而不會手足無措，也因此更能知所因應，讓親子關係更佳。

從心理學家Maslow（1970）的「需求階層論」（need hierarchy）來看父母的條件與任務（由最底層到最高層）

生理的需求（physiological needs）	包括要照顧到讓孩子可以生存的基本條件，孩子餓了要吃、渴了要喝、要排泄、要保暖、身體的接觸（如擁抱），就是著重在基本生理生存、個體生命的延續上。在這時就已經開始了John Bowlby（1969）所說的「依附行為」（attachment），要對孩子的基本需求（如吃、喝、拉、撒、擁抱與愛等）有適當、適度的反應。孩子與主要照顧者的依附行為，影響其對自己的看法與未來人際關係。
安全的需求（safety needs）	除了滿足基本生理存活需求之外，父母親還要盡到保護的責任，要讓孩子有安全感，這種安全感可以從具體與抽象（孩子感受到安全感）兩個角度來看。
愛與隸屬的需求（love and belongingness needs）	孩子需要感覺到被關愛、自己是很重要的，而他／她是這個家庭團體的一分子，享受到雙親同等的照顧與對待。健康的人希望可以與人親近、被人接納、有所歸屬，也希望對所置身的社會有貢獻（Adler, 1956）。忽視孩子需求、太自我中心，甚至權威型的父母，最容易把孩子推到一邊，讓他覺得不被愛、沒有歸屬感，這種遊魂似的孩子，最先遭受到的是被拋棄的痛苦，後來也不會在乎自己，甚至放棄自己。
自尊的需求（esteem needs）	Maslow（1970）提到人的自尊需求，包括受到他人肯定與對自己的信心，這說明了人除了希望被注意到之外，也要被「接納」或者被「支持」；被支持與接納的人，其自我強度（ego strength）較強、自信心也較夠，並願意去發展自己的能力。
自我實現的需求（self-actualization needs）	自我實現就是想要在自己人生中，成就不同任務或是成就自己的獨特性；也就是說，每一個人都是特殊的獨立個體，希望在自己的生命中完成一些任務或是使命，可以給自己生命一個交代，亦即每個人都想要成為自己想要成為的一個人。

 知識補充站 ‧‧‧‧‧‧‧‧‧‧‧‧‧‧‧‧‧‧‧‧‧‧‧‧‧‧‧‧‧‧‧‧‧‧‧‧‧‧

　　從孩子與主要照顧者的「依附行為」來看，說明了孩子與照顧人（特別是母親）之間的情感連結，就是孩子最初與人互動、建立信任感的基礎（Aniworth, 1973, 1979, cited in Santrock & Bartlett, 1986）。大部分的孩子（約有六成左右）與母親建立了安全連結關係，少部分屬於不安全依附型態，而在往後發展階段問題出現最多的，也是屬於這些不安全依附經驗的孩子。

Unit 2-13
做父母的條件（二）

三、有求助的能力

大部分的家長都如心理學家Alfred Adler所說的，是因為有了孩子才慢慢學會當父母；也就是孩子訓練家長做父母親，而教養孩子的過程也是父母親另一次成長學習的機會。儘管許多準父母親在知道孩子即將誕生之時，就已經很積極地做一些準備，但是理論歸理論，在實際情況下操作起來時，又是另外一回事！也因為每位父母親都是在經驗中慢慢琢磨、學習，不免會遭遇到困難或問題，有其他家庭系統的支持時，可以順便請教諮詢。如果情況較為特殊或是求助的對象也沒輒時，也需要就教於其他專業人員或書籍。

一般人對於「求助」，認為是沒有能力、不能擔當的表現，但是求助其實是一種很值得讚許的能力，與逃避責任不一樣，何況整個人類社會的運作也是彼此依賴、互助；雖然「獨立」也表示一種能力，懂得「互相幫助」也是合群、懂得運用資源，甚至學習新能力的表現。

沒有人是孤島，一個人的能力畢竟有限，為了讓自己的孩子、家人得到更好的發展與照顧，做父母的當然也就要具備求助的能力。也許這個問題以前都沒有碰過，在求教於他人之後，有了新的發現與解決方式，下一回類似情況發生，就會比較知道如何處理，這就是能力的增加。

在臨床工作中也發現，許多被認為是「出了毛病或問題」、被送來治療的孩子（所謂的「被認定的病人」，identified patient or IP），

其實都只是家庭問題的「代罪羔羊」而已，也就是真正的問題出在整個家庭系統（特別是父母親的關係），但是孩子不知道要如何求助，也沒有對象可以傾訴自己的困擾（或是限於自己表達能力），因此就出現了行為上的偏差。

因此，父母親要有覺察的能力（如清楚自己和伴侶與原生家庭的關係脈絡）之外，還必須有解決問題的能力，這就包括了「求助」。「求助」不是表示自己不行，而是顯示了自己覺察到可能知識或能力不足，需要進一步學習，下一回可以有更好的能力與準備度來面對類似的挑戰。

四、與原生家庭保持適當、健康的關係，可以獲得必要的支持（實質上或是情緒上、心理上的）

正因為沒有人是孤單存在的，一個身心健康的人是與周遭的人及環境有聯繫、關係良好的，而一個人最大也是最後的資源，依然是自己的原生家庭。因此與自己原生家庭保持適當、良好的關係，不僅讓自己的下一代可以與祖輩有家族價值與生命傳承的意義、促成家人關係的緊密，也豐富了下一代的生活經驗。家庭的支持是很寶貴且重要的力量，在平時可以讓彼此之間的情感加溫，緊要時可以獲得必要的協助與支持。我們的下一代可以從與祖父母、家族其他成員相處的關係中，知道自己的家族歷史、傳承、價值觀，以及學習到豐富的人際經驗。

從原生家庭的學習

- 家庭是人類第一個社會環境

- 家庭負有文化傳承的功能

- 家長彼此的互動是孩子最先見證的親密關係

- 家人互動、手足關係延伸到成人以後的人際關係

- 家庭氛圍影響孩子日後組織家庭的意願

- 家庭生活經驗影響孩子對自己、未來與生活世界的觀感

不同心理學派對原生家庭的主要觀點

心理學派	對原生家庭的主要觀點
精神分析	母子關係（依附關係）與童年經驗是人格成形的關鍵。
人本學派	人有被愛、接納與尊重的需求。
個體心理學派	家庭氛圍、民主態度、排行的社會心理地位。
溝通交流學派	自我狀態有父母、成人與兒童，「生命腳本」是從童年經驗而來。
家族治療	家庭是一系統，有代間傳承功能。

 知識補充站

　　孩子年紀愈小愈容易成為家庭問題的「代罪羔羊」──出現問題徵兆。孩子受到家庭問題的影響，然而卻無法對他人說明，可能無意中有個動作（如打人），竟然引起家人（如父母）的關注（一起前來學校），孩子看到父母親和好的畫面，誤以為自己的打架行為可以讓雙親和好，於是就持續出現打架行為。

Unit 2-14
做父母的條件（三）

五、願意並做到與配偶維持健康親密的關係，共同營造良好的家庭環境

　　一個家庭的和樂，不是因為父母親的能力，而是雙親彼此的關係是否恩愛、互敬。如果一個家庭裡出現所謂問題孩子，通常可以追溯到其所置身的家庭。在父母親的親密關係中，不要忘了除了我泥中有你、你泥中有我的「我們」之外，更重要的還有「我」、「你」，也就是即便非常親密的關係，都還保有個人的獨立空間，這說明了健康適當的人我關係或是彈性的「界限」。

　　我們一般如果發現父母關係不良，就可以想像在家庭中的孩子也不是快樂的，反之亦然。夫妻之間的關係太過緊密，就會有過多的依賴與界限模糊，其中一方會覺得責任或負擔沉重、喘不過氣；另一方則會以對方的喜怒哀樂為指標，沒有對方就活不下去，也因此會採用一種所謂「被動的控制」。反之，如果雙方過度疏離，這個家會讓人覺得沒有關懷、沒有愛、沒有向心力，面臨隨時分崩離析的可能。父母之間健康滿意的親密關係，就是在一起時感受幸福，自己獨處時可以發展自我與成長，也有自信與滿足感。別忘了：父母親是孩子第一個目睹的親密關係，父母親的關係也會影響孩子未來是否走上婚姻這條路的關鍵因素。

六、除了維持與家人適當親密關係的努力之外，也要照顧自己、保有自己適當的自我空間與時間

　　父母親的工作是十分吃力的，許多父母親為了孩子或對方，常常犧牲自己需求的滿足，甚至認為如果不這麼做，是很自私的行為。當然經營一個家庭可以看到人類「利他」行為、彼此互助依存的表現，但是如果只是以滿足他人的需求為唯一目標而忽略掉自己的需求，往往會因為沒有照顧到自己而覺得心力交瘁，這種現象特別容易發生在女性身上。

　　研究上所謂的女性「空巢期」情況較為嚴重，必須列入考量的一個關鍵因素就是社會期待女性擔任「照顧者」、犧牲自我的角色，也就是一旦照顧的對象沒有了，就陷入焦慮，不知如何「安置」自己。如果父母親可以花時間持續經營彼此的夥伴關係，還可以尊重每個人都有自己的空間，那麼在擔任親職工作時，必然更是得心應手。

七、永遠保持學習成長的心情與承諾，與孩子共同成長

　　如果說孩子的童年只有一次，父母親陪孩子長大的機會也只有一次，不管有多少個孩子，因為每個孩子都是特殊的，當然童年也一樣！每個孩子都是學習的對象，不同的成長與挑戰，也都是寶貴的生活經驗與智慧。父母親隨著孩子的成熟成長，不僅可以讓生活更有趣，而「陪伴」的功夫也是孩子一生受用無窮的寶藏。除了自身的進修或是汲取新知以外，可以從同是父母卻經歷不同階段親職工作的家長那裡學到經驗與智慧，參與有關父母成長團體、讀書會、討論會或演說，都可以是蒐集最新資訊、為自己開拓更多學習管道的機會，也是與孩子共同成長、不落伍的不二法門。

Baumrind（1967, 1971, 1973）的父母型態

父母型態	說明
威信（authoritative）	父母親表現出控制、要求高、溫暖、理性、與孩子討論、鼓勵孩子獨立思考，強調自立自強與個人特殊性；而孩子則是獨立、負責、自我掌控、自我依賴，也願意冒險。
威權（authoritarian）或懲罰型（punitive）	父母親表現出嚴格控制、對於孩子行為與態度有強烈批判、少與孩子討論、少溫暖、與孩子較疏離；孩子則表現出退縮、低自尊、不滿足、不信任他人、低落情緒。
容許（permissive）或「溺愛」	父母親表現出無控制、不要求、少懲罰或運用父母權力、講理方式、溫暖接納；孩子則表現出缺乏自立、缺乏自我控制能力，也不敢冒險，學業成就表現很差。
「拒絕－忽略」（rejecting-neglecting）	基本上是與孩子的生活分離、不相干的，他們自己本身沒有組織，也無法對孩子做任何監控管理的動作，不要求孩子，也不對孩子的需求做反應，養孩子就像放牛吃草，反正他們也不在乎；而孩子的表現則是依賴、沒有成就、自我管理差、容易有偏差行為或染上嗑藥問題（Jaffe, 1998）。

（注：還要加上父母親與孩子的特性與性格，看看雙方的「吻合度」如何，以及了解孩子的一般需求與特殊需要。）

（cited in Jensen & Kingston, 1986, p. 45）

 知識補充站

　　孩子有不同個性與氣質。「氣質」（temperament），指的是情緒穩定性與行為表現如何，以及是以什麼方式表達出來。

Unit 2-15
親職教育是親子共同成長

064

一般說來，親職教育與一個家庭的生命週期是密不可分的。所謂的家庭生命週期就是一個家從成形（比如結婚）到分枝散葉（比如子女長成離家，另組自己家庭）的過程，我們會把家庭週期粗略分成：新婚、懷孕、第一個孩子出生、孩子學前、孩子就學、孩子青春期、孩子成人、最後一個孩子離家等階段（Knox & Schacht, 1994, p. 24）。通常將親職工作做這樣的分類，主要還是依據孩子不同的生命發展階段與需求而來，同時對照父母親的角色與任務。

當然親職工作不是只看父母這一方的個性與能力而已，還需要考量孩子的氣質、性格，親子間彼此磨合、適應的情況，以及大環境的資源與支持。Jernberg與Jernberg（1993/2001, p. 55）發現雙親與孩子在嬰幼兒期間的互動中，如果可以具有「結構化、挑戰性、干涉或使其興奮、養育性與遊戲性的」方式，孩子就是快樂安全的；反之，則會讓孩子覺得自己無價值、周遭世界可怕或冷漠，也會以攻擊或退縮方式來因應。這就是強調父母親營造的家庭氣氛與活動有相當的規律性，但是又不乏味，會適當干預教導，也引導探索發掘。此外，關照周到之外，也可以幽默有趣。

家中的其他孩子也可能因為新成員的加入，資源重新分配，結構上又更加擴大了，親子間的關係也會受到考驗（Taylor & Kogan, 1973, cited in Galinsky, 1987）。換句話說，就是家庭中每增加一分子，原本的資源就要做重新分配，父母親對孩子的注意力也要做調整，當然也影響到雙親與所有子女的互動。

有研究指出（Gary Gintner, 1994），即使生長在家庭暴力威脅下的孩子，只要家庭中有一位成人可以提供他／她愛與關心，孩子還是可以有能力抗拒暴力所帶來的許多負面影響；也就是只要孩子可以感受到雙親其中一位的愛，就不必擔心其發展及未來。

什麼樣的情況可能會讓孩子覺得不安全？甚至影響其發展與對未來生活的展望？像是家庭的爭執吵鬧、父母的管教不一致或是雙重標準、變動的規定與限制、常常搬遷、失業或沒有固定收入、家庭暴力、父母親的嗑藥酗酒或犯罪行為等，這些對於孩子的負面影響大於生理物質上的條件，因為孩子所需要的「安全感」不是物理環境（如經濟、社區）的條件而已，最重要的是「心理上」感受的安全感。

第三章會依據孩子不同發展階段，來談親職教育。

小博士解說

對孩子的期待影響因素包括了父母親個人的經驗，以及整個文化的期許，像是希望孩子像誰（私人經驗）、男孩子與女孩子又應該如何（文化因素）。

孩子氣質表現

Chess, Thomas & Birch, 1965（cited in Galinsky, 1987, pp. 67-68）	Chess & Thomas, 1987（修正版）
活動力多寡	孩子的活動力（activity level）──一天之內，孩子活動的情形如何？是不是過動或是很安靜？
生理時鐘的規律性	規律性（regularity）──孩子基本的生理需求與反應（如睡眠或是吃東西）的情形是否很規律？可以預測嗎？
對於新情況的進取或退縮態度	親近或退縮（approach or withdrawal）──遇到新鮮或陌生的情境，孩子做怎樣的反應？
適應規律性行為的改變情形	適應性（adaptability）──對於不一樣的作息與新奇的刺激，其適應情況如何？
感受閾高低	感覺閾限（sensory threshold）──在做反應之前，孩子所需要的刺激多寡如何？
正負面情緒	情緒表現（mood）──孩子一般的情緒表現如何？很高興，還是不友善？
反應強度	反應的程度（intensity of reaction）──孩子所做的任何反應是精力勃勃，還是興趣缺缺？是正向樂觀，還是負向悲觀？
專注力	注意力分散（distractibility）──有新刺激出現時，孩子的反應是如何？容不容易受到打擾和分心？
堅持或注意力情況	堅持與注意力（persistence and attention span）──即使碰到困難或挑戰，孩子的反應如何？容易堅持下去，還是很快就放棄？其挫折忍受力又如何？進行一項活動時，其持續情況如何？

065

第 **3** 章

不同發展階段的親職教育重點

● ● ● ● ● ● ● ● ● ● ● ● ● ● ● ● ● ● ● 章節體系架構 ▼

Unit 3-1
不同發展階段的親職教育重點

圖解親職教育

068

　　這一章會先說明親職教育施行的依據，然後依據家庭生命週期、就孩子不同發展階段的需求與特性做詳盡描述。父母親如果可以預先了解孩子各個不同成長階段的發展特色與需求，相對地不僅能夠做更好的準備與因應，也可以讓我們比較容易去決定某一階段的正常行為，在另一階段中出現就可能是有問題的（Davison & Neale, 1994）。雖然發展有其共通性且有差異性，因為每個孩子都是獨一無二的特殊個體，因此面對不同的孩子也應有不同的教育方式。

　　在教育上我們尊重不同，希望可以因材施教，但是在實際執行時卻是「齊頭式」的平等，運用劃一的方式與評量；父母親在對待孩子時，也不免犯了同樣的錯誤：把孩子當成自己的分身，硬是要用衡量自己的標準來要求孩子，也期待孩子去做自己「希望」孩子去完成的夢想或事務，最後讓孩子在父母面前不能做自己。這並不是說父母親對孩子不要有期許，而是說家長可以依照孩子的條件與興趣能力作適當的期待與鼓勵，不要「設限」，也不要期待「過高」，前者容易讓孩子失去努力向上的動力，認為自己什麼都不行；後者會讓孩子產生目標遙遠的無力感，先自暴自棄。

　　舉例來說，不要說：「這孩子數學不行，以後就慘了」或是：「你只要肯努力，一定可以做醫生，我們以後全靠你了！」孩子會受到這些期待的影響，有些可能會反其道而行。

　　當然我們在了解孩子的獨特性之前，通常必須要談到孩子的「共通性」。一般說法有「第一個孩子照書養，以後的孩子就照豬養」，這個說法雖然有一點誇張，但是也說明了孩子發展階段有其共同性，而唯一不同的是：即便發展階段大部分過程是相似的，卻因為孩子都不一樣，因此成長過程與結果也有差異，所以多多少少也就挑戰了父母親的親職觀念與對應能力。

　　從了解發展過程中的共通性開始，讓家長也知道與同儕相較之下，孩子的發展程度如何？是超前、差不多或落後？而從發展的個殊性來看，也進一步知道孩子可能的需求為何、可做怎樣的因應與處理。

　　本章會針對不同成長階段的特性與教養重點，做詳細論述。

小博士解說

　　「孩子，不是我們的分身。」
　　許多家長不免會將自己的期望或是未完成的夢想放在孩子身上，卻忘了孩子是一個獨特的個體，有其生命任務要完成，因此不要將自己的期待強加在孩子身上。孩子在達成雙親期待的同時，卻也會懊悔無法做自己；然而做了自己，卻違逆了雙親的期待，讓他們活得很辛苦。

親職教育課程設立的主要目的

積極方面

▶ 改進父母與孩子的心理健康　　▶ 改善父母親的社會支持系統
▶ 增進或改善親職知識與技巧　　▶ 協助處理孩子的行為與發展
▶ 增加父母親的自信　　　　　　▶ 親職工作的的樂趣
▶ 使用相關服務與資源的可能性　　　　（Braum, 1997, pp.100-101）

消極方面　　希望減少孩子發生意外事故的機會

家庭生命週期

· 開始建立家庭（結婚無小孩）
· 第一個孩子出生（家有幼兒）
· 最大孩子上幼稚園（孩子兩歲半到六歲）
· 孩子上小學（六歲到十二歲）
· 孩子是青少年（十三歲到二十歲）
· 家庭為發射台（launching centers，最大孩子離家到最小孩子離家）
· 父母親後期（孩子均已離家）
· 退休家庭（丈夫退休到配偶之一死亡）

（Duvall, 1977, cited in Lee & Brage, 1989, p. 371）

Unell與Wyckoff（2001/2001, pp. 29-32）以生命週期的角度來看親職生涯

公眾人物期	因為懷孕的緣故，成為許多人關注的重心與焦點，尤其是懷第一胎，還有身分轉換的作用（由女人變成母親），這也可以解釋若干生育完婦女會有產後憂鬱症的情況，原因之一可能是眾人的注意焦點已經轉向孩子。
海綿期	要負起腹中寶寶成長的全盤責任，常常也被迫放棄自身原本的生活方式或其他需求，為了孩子自己要增加營養、改變飲食作息，也為了孩子去吸收育兒新知等。
家庭管理員期	負責家中孩子成長、發展、行為與各項生活福祉的一切安排。
旅行規劃員期	是家庭對外的聯絡管道，也是規劃與執行學齡兒童此期間一切活動與學習的主角。
火山居民期	負責青少年期子女的照顧與養育，也對於此發育期中的孩子變化有戒慎恐懼的心理。
家庭重塑者期	改變家庭結構，對於成年子女的生活決定、離家或是所從事的工作等的建議與適應。
功成身退的父母期	走過了照顧孩子的階段，重新回到兩個人的生活，親職工作彷彿已經告一段落，可以不必負擔吃重的育子工作，甚至有第三代的出現。
搶籃板球期	重新面對自己年老，許多的生理或是事業走下坡的事實，期待保留自己在家庭中的地位與尊重。

Unit 3-2
依附行為是個體重要發展基石

精神分析學派（包括客體心理學派）、個體（或阿德勒）心理學派或是溝通分析學派等，都相當重視個體發展的前幾年，特別是個體與主要照顧人之間的情感聯繫。孩子與教養（照顧）人之間的關係中，有一項是「依附行為」（attachment），也就是指照顧人（父母親，通常指的是母親）與孩子之間的情緒支持與反應型態，或是情感的連結（bonding），對於孩子往後的發展相當重要，甚至擴及影響到孩子成人後與他人或親密關係的型態（Shaffer, 1994/1995；王泳貴，2002）。

照顧者與嬰兒之間的互動愈能調節配合，對於依附行為就更有加分作用，而父母親本身的婚姻狀況，也會間接影響到孩子與父母親的依附品質（Easterbrooks & Emde, 1988; Howes & Markman, 1989, cited in Shaffer, 1994/1995）。雖然沒有研究證實父母親應該如何對孩子做反應最好，但是基本上家長要敏銳覺察到孩子的需求並適當配合，這樣子在促進孩子發展上最是關鍵（Cole & Cole, 1993）。

「依附行為」是Bowlby（1969）所提出來的觀念，這個理論主要是肯定了敏銳、有反應的照顧者，對於個體「安全感」的發展具有關鍵性影響（Belsky, 1991），而影響層面亦相當廣泛。雖然後來的有些研究認為沒有這麼嚴重（Lefrancois, 1990），但是一般發展學家還是十分重視主要照顧者與嬰兒間的情感連結關係。

雖然依附理論似乎強調個人成長早期與母親之間「連結」的關係，說明了早期教養方式的影響深遠，也肯定了我們中國諺語所說的「三歲看大」，但是這並不是十分確定的陳述，只可以解釋說早期教養的重要性，但非絕對（Shaffer, 1994/1995）。因為一個人的性格有先天遺傳、後天環境與自我決定的成分在，將三個因素的交互作用都考慮在內，才是較為完整的，不能偏廢；縱使在成長早期有過創痛經驗，也可以藉由個人或其他協助的力量，慢慢恢復或是更增長。

再者，親職教養工作其實是持續到成年以後，不是只有童年期的幾年而已，如果我們以發展的觀點來看親職工作，有必要將教養過程往後拉長。因此，這一單元會將最基本的人生發展階段與其特色需求做一概述，親職工作當然也必須配合孩子成長階段來做適時與適當的調整。

父母親與孩子之間是互動、彼此不斷影響的，親職工作當然也是親子互動的過程與結果，而照顧者基本上是擔任主動、引導、教育、示範的角色，孩子會在與照顧者的不斷互動交流中，不僅獲得照顧與關愛，還可經由許多管道來學習及成長。

小博士解說

依附關係的養成很注重所謂的「同頻」——也就是照顧人要依照孩子的需求與步調，滿足孩子之需求，讓孩子感受到自己被愛與適當的關照。也就是孩子肚子餓了，照顧人會餵奶；孩子覺得焦躁難過，照顧人會提供擁抱與撫慰，而不是只聽到孩子哭就隨意塞奶瓶或清理其尿布，而是能夠懂得孩子真正需要且做出適當的反應。

「依附行為」發展階段

發展階段	說明
前依附期 （preattacement）	孩子自然會對他人做反應，特別是對於照顧他的母親，會辨識母親的聲音，也會相對做出因應行為。
依附形成期 （attachment in the making）	嬰兒自動會對主要照顧人做反應，而且增加與母親接觸的機會。
清楚的依附 （clear-cut attachment）	孩子已經可以行走，除了用動作或微笑吸引父母親的注意之外，還會做其他積極與家長接觸的動作，像是抓媽媽的腳、爬到父母親身上、用手環繞母親的脖子等。
目標修正依附 （goal-corrected attachment）	知道自己與他人是不同的個體，開始意識到他人的可能感受，也會用更細微的動作來影響父母親。

（Bowlby, 1969）

Ainsworth 與同事 （1978）歸類嬰兒三種不同的依附行為

依附行為種類	說明
安全依附 （secure attachment）	六成以上嬰兒屬於此類，與母親在一起時會勇於探索環境，陌生人在場時也不會害怕，在母親離開時會難過、母親回來時喜悅。
焦慮／抗拒依附 （anxious-resistant attachment）	有一成左右屬於此類，緊緊靠在母親身邊，陌生人在場也會害怕，很少離開母親去探索環境，母親離開會表現難過，但是母親再出現時，卻表現出生氣的矛盾情緒。
焦慮／逃避依附 （anxious-avoidant attachment）	有二成左右屬於此類，與母親在一起時，不會害怕陌生人，母親離開會表現出一點不高興，母親回來時，則是逃避與母親接觸。
錯亂型（disorganized/disoriented）—— 由Main與Solomon（1986, 1990）所增加	不屬於前三類型，是抗拒與逃避的混合，就是會接近母親，但又會逃避，兩種表現同時存在。

（cited in Shaffer, 1994/1995, p. 235）

Unit 3-3
孩子發展階段與特色──嬰幼兒期

圖解親職教育

嬰幼兒期的發展任務，依據Havighurst（1972, cited in Lefrancois, 1990）的觀點，包括養成睡眠與進食的規律，學會吃固體食物，也開始學會與父母親及手足建立情感上的連結。父母親迎接新生兒到家庭中，家庭的結構就產生了重大改變，而父母彼此的角色也增加了一項，兩個人原本習慣的生活作息也會因為新成員的加入，有了急劇的轉變。

孩子從醫院抱回來是軟軟粉紅色的一個小娃娃，生活似乎對他們而言只是吃喝拉睡哭，沒有什麼建設性，而且他／她的需求都要在「當下」獲得滿足，根本不能等！父母親要適應家中新成員的作息與餵奶時間，讓原來的生活亂了方寸。迎接初生兒的喜悅興奮，換成了許多無眠的夜，父母親希望孩子健康、快快長大，結束這些可怕的夢魘。孩子滿三、四個月，開始會做一些動作了，父母親很驚訝孩子的成長，因為他／她再也不是當初軟軟、無能為力的小寶寶了，而是開始了新的發展與成長，除了讓父母親覺得驚異，也開始許多擔心。研究者認為，在嬰幼兒期與孩子社會、情緒及智力最相關的照顧，必須注意到六個面向（見下頁第一個表格說明）。

對父母親來說，沒有所謂「最佳」的教養，只有彼此配合最為「恰當」的教養方式才是最好的。而在談到照顧人與孩子的「速配性」上，一般說來是以孩子的需求為主、教養人的配合為輔，但是孩子的天生特質〔氣質，（temperament）〕也占了一個因素。

「氣質」指的是人天生下來處理人與周遭情境的獨特方式（Papalia & Olds, 1992/1994, p. 242），以及個體主要的情緒品質（Cole & Cole, 1993）。與「人格」不同之處，在於人格是發展趨向的，非生來就有的（Lafrancois, 1990）。氣質是與生俱來的，與父母親對待態度、性別或是社經地位沒有關聯，然而如果有重大事件或是家長態度丕變，就可能會有影響。早期的氣質其實可能延伸到後來，所以也可能從早期氣質的表現，預測往後的行為表現（Kagan & Snidman, 1981, cited in Cole & Cole, 1993），但是目前的研究結果沒有具體的結論。

父母親的教養方式固然可以依據孩子的氣質做適當的調整因應，在嬰幼兒階段的親職工作還是著重在照顧孩子基本的生理與生存需求（包括情感與安全感的提供）上，但是要注意的是：如果孩子的氣質比較焦躁不安，可能會引發父母親較為權威或處罰性的情緒與處理方式，此時會對孩子造成傷害，這是父母親需要小心謹慎的（Lefrancois, 1990）。

嬰幼兒期的認知發展特色，是Piaget所謂的「感官動作期」（sensorimotor period），其智力的表現是以動作方式呈現，當下導向的世界觀（沒有過去與未來），沒有語言，對於客觀的世界沒有概念（Piaget, cited in Lafrancois, 1990）。父母親也喜歡與孩子做動作與語言上的互動，許多父母在嬰兒床邊擺上一些可以刺激孩子感官的玩具，也是希望可以促進孩子的感官動作與大腦發展。

對孩子社會、情緒與智力影響重大的照顧

照顧面向	說明
關心留意（attentiveness）	願意花時間與精神給孩子。
身體上的接觸（physical contact）	給予孩子適當的溫暖與安全。
語言刺激（verbal stimulation）	與孩子作互動交流。
物質刺激（material stimulation）	提供孩子玩弄物品、刺激感官動作的機會。
有反應的照顧（responsive care）	對於孩子的反應都有適度回應。
限制（restrictiveness）	約束孩子的行為。

（Belsky, Lerner, & Spanier, 1984; cited in Lefrancois, 1990）

 氣質的決定因素

▶ 活動水準　　　　　　▶ 生理功能的規律性
▶ 主動出擊或被動　　　▶ 適應力
▶ 引起反應的刺激程度　▶ 反應時的精力水準
▶ 情緒品質　　　　　　▶ 分心情況
▶ 注意力　　　　　　　▶ 堅持

（Thomas & Chess, 1982; cited in Cole & Cole, 1993, p. 140）

天生氣質分類

▶ 輕鬆自在（easy child，數量最多）——很愉快、生理規律較佳，也接受新經驗。

▶ 慢吞吞（slow-to-warm-up，數量居次）——溫和、對新經驗反應較慢。

▶ 麻煩的孩子（difficult child）——不安、生理規律較不穩、情緒表達強烈。

（Thomas & Chess, 1987）

Unit 3-4
孩子發展階段與特色——
牙牙學語與學齡前期（一）

學齡前期的孩子發展任務有：學習說話、學會大小便控制、學習走路、學習分辨對錯、學習性別差異（Havighurst, 1972, cited in Lafranciso, 1990）。

兒童期的孩子成長最快、變化最多、可塑性也最高，孩子在長到兩周歲左右，他的記憶能力也顯著增加（China Post, 11/1/2002, p. 7），直接影響到他的學習能力。這個階段的孩子，最大的特色在於他們對周遭世界的好奇、探索與認識，他們也開始以相當驚人的速度學會人類社會的一些生存法則與能力。當父母親看到孩子發出類似語言的聲音，通常會不由自主地隨著孩子的特殊發音做鼓勵的動作，或是加強與更正孩子的正確發音。

孩子發出第一個有意義的音（如「爸爸」、「媽媽」），對父母親來說都是絕妙的經驗！以前只是根據孩子的哭聲來「猜測」孩子的需求，然後做出反應，現在孩子已經有了自己的想法，而且開始表達了！而當孩子已經會開始模仿所接觸周遭世界的聲音時，他們的語彙增加速度驚人，父母親也開始發現孩子會試圖用語言與自己溝通，有了「電報式」語言的出現（就是短短的幾個關鍵單字，代表了一個完整的意義，像是「媽媽抱」，意思就是「媽媽請過來抱我」）。

父母親習慣以「孩子式」的語言（baby talk）來重複孩子所說的話，一般的教育專家認為大可不必，可能會延緩了孩子學習正確語言的進度。由於孩子的語言發展與親子間的對話時間及品質成正比關係，使用正確的語法對孩子的協助會更多（詹棟樑，1994）。孩子的語言發展從單字到「電報式」，然後可以用簡單的語句來表示（Cole & Cole, 1993）。男女生的語言發展會出現差異，女生通常語言表達能力優於男生、發展進度也較快，父母親一般也比較鼓勵女生多說話，比較不鼓勵男孩子也這樣。

此階段的孩子是Piaget所謂的「前運思期」（preoperational period），在認知發展上的特色是：自我中心的思考（不會思考他人立場），以感受來推理，處理事物靠直覺，沒有物體永存的概念（東西在眼前消失就是不見了，也不會去尋找）（Piaget, cited in Lafranciso, 1990）。孩子的時間觀念還沒有充分發展，所以對於「明天」或是「以後」不會有具體的概念。如果父母親說：「我們明天出去玩。」孩子過了一會兒就會過來問：「明天到了沒？」而年紀大一些的孩子，也會用比較簡化的句子與比他／她年幼的孩子說話，這也是孩子學會的一種調適能力。

親職工作架構

「照顧架構」 （the nurturant frame）	成人提供給孩子營養、舒適、清潔、安慰等生存必要的功能。
「保護架構」 （the protective frame）	保護孩子不受外來傷害，必要時也限制孩子的活動。
「工具性架構」 （the instrumental frame）	擔任執行孩子想要做什麼工作的工具性角色，比如孩子想要拿東西、玩玩具，照顧者就協助孩子達成目標。這裡也顯示了成人會試圖去了解孩子的行為與想法，但另一方面也可能會流於太過保護。
「回饋架構」 （the feedback frame）	監督孩子的行動、適時予以指導或禁止，增強與塑造孩子的行為規範。
「示範架構」 （the modeling frame）	成人表現行為讓孩子模仿、協助孩子學習。
「對話架構」 （the discourse frame）	照顧者與孩子之間的類似對話情形，不一定要發出聲音，可以在與孩子遊戲或是一般溝通的情況中表現。
「記憶架構」 （the memory frame）	知道孩子喜歡或是討厭什麼，照顧者用已經知道的這些經驗和記憶來與孩子分享。

（注：這些架構不一定單獨存在，可以同時發生或重疊。）

（Kaye, 1982, pp. 77-83）

嬰幼兒期父母親可以做的事

適當的刺激可以讓孩子發展得更好	當然父母親可以在這個階段，慢慢發現一些可以跟孩子玩耍的遊戲，包括聲音或是大肢體動作的逗弄、跟孩子說話、擠眉弄眼，或是讓孩子像飛機一樣在半空中「飛翔」，但是注意不要過度搖晃，以免造成傷害。
花時間與孩子說話	如果父母親相信胎教的影響，就會明白許多的學習其實在未出娘胎之前就已經開始，孩子熟悉父母親的聲音，也最早學會「接收」語言的能力，與孩子說話所傳達的訊息有很多，包括關懷與愛、最初與人的接觸互動，也促進孩子的語言發展。
適當與孩子的肢體接觸	擁抱孩子就是與孩子做肢體的接觸，此外握手、拍撫也都可以傳達溫暖與關心。適當的肢體接觸會讓孩子長得更好，而這樣的肢體接觸其實可以持續下去，一直到孩子成年。

Unit 3-5
孩子發展階段與特色──
牙牙學語與學齡前期（二）

圖解親職教育

076

學齡前的孩子最擅長玩遊戲，他們在遊戲中思考，學會操弄物品，以及精密的小動作，也在遊戲中學會一些與人相處的社會規則。五歲左右的孩子，很少去嘗試自己認爲不能做到的事，對於成人的命令較服從，喜歡與自己同齡的孩子玩耍，而「遊戲」也是他們自認爲最擅長的技能（也因此如果不會玩或是在遊戲中被排擠，就會打擊到自尊心）；喜歡讓別人覺得他是在幫忙，需要成人立即的注意、不太能等待，常常會打斷別人，也容易轉移注意力，可能喜歡在觀衆面前表演，需要明確的指令、也會在指導性遊戲中玩上好一陣子。這個年齡層的孩子很需要被鼓勵，也在鼓勵中發展能力與自信，不喜歡被認爲是「壞孩子」或是「做錯事的人」。

對於嬰幼兒到童年早期的孩子，照顧者最主要的工作重點是讓孩子有安全感，自己是有價值的，而且是有能力的（Downey, 1996, p. 321）。

孩子開始有性別意識，知道有男女之別，但是他們的區分，一般是根據外表（長髮或短髮）或是刻板的標準（女生穿裙子、男生穿褲子）來做判斷，也會堅持一些符合性別角色的遊戲或玩具，父母親可以做較爲彈性的處理。大小便訓練到底要不要在某個年紀之前訓練完成？現在的發展情況已不如以往行爲學者的堅持，許多實際例子也證明，孩子一上了安親班或是幼兒班，就可以在觀摩學習下讓自己可以獨立上廁所。父母親可以多與孩子對話溝通，因爲孩子學說話時，父母親就是最好的學習楷模。陪孩子遊玩，可以觀察孩子的想像世界，以及孩子想要表達的東西，留意也示範給孩子情緒的功課，不要做過多的批判；鼓勵孩子的努力與過程，不要以結果的成敗爲唯一指標。此階段的孩子是所謂「最可愛的」，也是最好玩、有趣的年齡，然而當孩子已經會開口說出「不」字時，也提醒父母親孩子是有「自己」的不同個體。家長可以記錄下孩子的成長故事，以後可以與孩子分享。

此階段父母親可以做的包含：多與孩子說話，試圖去了解他所要表達的意思；在陪孩子遊戲中，站在孩子的立場去體會玩樂的心情、想像力的馳騁，可以學到很多孩子世界的奧妙；孩子也希望從父母親那裡得到肯定與讚許，請多予鼓勵、微笑，要孩子學習或注意事項，不要只用說的，而是以行動表示（如不要說「不要過去」，而是伸手輕拉他過去）。

小博士解說

目前因爲少子化，許多孩子在此階段是單獨成長、較少有與同儕互動的機會，加上家長或照顧者未積極找機會讓孩子與同儕相處，也可能會增加孩子未來的人際挑戰或困擾。

Piaget 的認知發展階段

年齡	階段	說明
出生到二十四個月	感覺動作期	用行動、身體去探索世界。
二至七歲	前運思期	兒童的行為和思考是「自我中心」的，無法以別人的角度來看事情，也相信每個人的看法都跟他一樣。兒童與同儕之間的互動，是化解前運思期「自我中心」最重要的因素。
七至十一歲	具體運思期	有對話技巧，能逆向思考，欣賞他人觀點。在學習上需要具體的協助，能夠區分現實與幻想，但抽象推理思考有困難。
十一歲以上	形式運思期	青少年能夠以邏輯、理性抽象的思考，來把事實跟想法連結在一起，也以多重的推理來消除矛盾。其思考特徵還有一個是「想像的觀眾」（這個與他們高度的自我意識有關），以及因為有「個人神話」（因此會誇大對自己的期待），可能會做出不明智的冒險行為。

（整理自 Henderson & Thompson, 2011/2015, pp. 2-5, 2-6）

Erikson 的兒童與青少年發展任務

發展階段	優勢	發展任務
早期兒童期	意志	自主vs.羞愧與懷疑
遊戲期	目標	主動vs.罪惡感
學齡期	能力	努力vs.不如人
青少年	忠誠	認同vs.認同困惑
成人早期	愛	親密vs.孤立

（Erikson, 1997, pp. 32-33）

Unit 3-6
孩子發展階段與特色 —— 學齡期（一）

學齡期孩子的發展任務是：學習動作技能，建立正向的自我觀念，學習適當的性別角色行為，學會與同儕相處，價值觀、道德與良知的發展，學習獨立，基本讀、寫、算技能的培養，了解自我與周遭世界（Havighurst, 1972, cited in Lafranciso, 1990）。因為孩子的生活開始以學校為中心，因此他在學校的表現、與他人（師長與同儕）的關係，也會對自我看法影響甚鉅。孩子在學齡期，父母親會擔心孩子攝食習慣的問題，其實攝食習慣在成長早期就已經開始慢慢成形，許多父母親為了寶貝孩子，不敢讓孩子吃冷的或過熱的食物，這也許是基於健康或是體質的考量，但是如果保護太過，孩子的身體抵抗力可能因此消減。

此外，現在市面上的飲料種類太多，許多內含的物質標示不清，甚至過甜或是添加太多人工色素，攝取過多，對於正在發育中的孩子都不是好事。美國的家長不會讓孩子在青少年之前攝取含酒精或是咖啡因的飲料或食物，除了擔心過度刺激腦部的化學物質之外，也是基於孩子成長所需的考量。孩子喜歡西式食物，特別是「麥當勞」的狂熱支持者，父母親也要特別注意，不要讓孩子攝取太多高熱量食物，會有肥胖、營養不均的問題，也可能會產生過動兒等問題。

許多的不良飲食習慣與小時候養成有關，或是父母親沒有特別在意，讓孩子自己任意進食，久了要修正就需要比較費力。許多家長依然很重視家人一起用餐的時間，即使是外食，還是可以把它帶回家，稍稍做一些擺盤或做另一道簡單的配菜，該有的營養還是有，何況還可以全家人一起用餐。

在認知發展上，學齡期兒童已經有物體永存的概念，也有逆向思考的能力，會有邏輯分類的觀念，也覺察到物體間不同的關係。了解數字觀念，思考具象化，會有反向思考，是Piaget所謂的「具體運思期」（concrete operations）（cited in Lafranciso, 1990），要孩子在學習上得心應手，將學習生活具體化，效率會較高。許多父母親也開始讓孩子上才藝班，學習不同的能力，引發孩子學習的興趣與成就固然重要，也要兼顧到孩子主動學習的動力，以及附帶的情緒。與孩子說理溝通，少用強迫的威權，孩子較容易表達自己的意見，也比較信服父母所教誨的。

小博士解說

兒童因為受限於語言發展，許多語言不能說明的部分會用動作表達，而其身體出現的症狀通常與壓力有關。

不要將行為視為唯一指標，需要去考慮其行為背後的動機或意圖。

不要「以言廢人」或「以人廢言」，這樣可以避免標籤化兒童，也讓其有改善的希望。

發展類別	發展特色
學齡期	學習動作技能；建立正向自我觀念；學習適當的性別角色行為；學習與同儕相處；發展價值觀、道德與良知；學習獨立；培養基本讀、寫、算技能；了解自我與周遭世界。
生理	國小中、高年級身體開始發育，對於性別刻板印象較嚴苛。
認知	處於Piaget的「具體運思期」。此時期的兒童已有「物體永存」的概念；有逆向思考能力；有邏輯分類觀念；會覺察到物體間不同的關係；了解數字觀念；思考具象化。
情緒	中年級開始對自己的特色有矛盾的感受，較遵從成人指令，偶爾反權威，對電視或流行的物品感興趣。 高年級情緒發展較廣泛與多樣化，有時在短時間內情緒變化很快，對他人情緒有較好的判斷；有些人已經進入青春期，對未來想法較不切實際。
行為	六歲：行為轉變可以很極端，精力旺盛，也容易疲倦。 七歲：行為表現較有組織、安靜，可以坐得比較久、較專心。 八歲：有能力為自己行為負責，也能表達自己想法。 九歲：表現更獨立。 十歲：合作，喜歡閱讀與講話，可獨力完成工作。 十一歲：有時表現笨拙或莫名其妙，喜捉弄他人、與人競爭。
社會／人際關係	學校是兒童第二個接觸的社會（第一個是家庭），因此會慢慢拓展自己的交友圈。 低年級視老師為權威，友伴關係很不穩定。 中年級開始會與同性別的玩在一起，但是也會出現「男生愛女生」的傳言與戲謔，在乎他人對自己的看法與喜愛程度（以此來定義自己的價值），同儕影響力開始介入，也有明顯的「霸凌」情況。 高年級的女生較同年齡男生成熟，開始有「閨蜜」，與男生似乎變成「不同國度」的人，也對異性感到興趣。

兒童發展特色

Unit 3-7
孩子發展階段與特色——學齡期（二）

學齡期的孩子在慢慢拓展自己的生活與社交圈，父母親的影響力似乎也正在慢慢削減。六歲大的孩童比較自我為中心，不太能與人分享物品或是讓別人可以輪流做什麼。偶爾會耍詐、有欺騙行為，行為變換可以很極端，精力旺盛，也很容易疲倦，似乎片刻都很難安靜下來。常常會有晃腳、咬指甲、發出奇怪聲音或吵鬧，也因此容易發脾氣、哭泣。

低年級的小朋友對於教師權威非常敬畏，甚至認為老師就是法律、老師的話是聖旨；此期的孩童也開始喜歡幻想，開始有過去與未來的時間觀念。七歲左右的孩童表現得比較有組織、較安靜，可以坐得較久、較容易專心，也會有反省的能力，雖然也會表現出退縮或是對自己太苛求的情形，但已經慢慢對自己有自信，有時容易因為別人的一句話就受到打擊。有的孩童開始會有「喜歡」異性的感覺。

八歲的孩子非常好奇、好問，但是表示有興趣的時間不長、不耐煩、很容易就轉換目標，會表現自己可能做不到的事、相當熱心，也會有誇張的表現，認為友伴團體是很重要的，有能力為自己的行為負責，更能表達自己的想法。

九歲的孩童開始會對自己的一些特性有矛盾、不一致的感覺，有時看起來似乎很平靜，彷彿沉醉在自己的世界裡。表現出更獨立，會把同儕意見列為重要參考，有獨立與批判思考，活動力增加，著重在當下，也對歷史感興趣。對他人開始發展信賴感，也會有反權威的行動出現。

十歲的孩童對於家人與朋友的態度較為正向，較遵從成人的指令，雖然偶爾會有爆發的脾氣，但是一般說來很合作，喜歡閱讀、談話，不喜歡寫字，可以獨力完成工作或差事，也發展了較佳的時間觀念。對於電視所傳播的事物、劇情非常著迷，也很清楚不同角色的性格與劇情。

十一歲左右的孩童，傾向較佳的社交生活，喜歡與同儕或長輩交談、相處。在情緒的發展上較為廣泛、多樣化，但是可能在短時間之內有很大的情緒變化。有時在行為上表現得很笨拙、莫名其妙就發笑，或是會捉弄他人，喜歡與人在功課或是運動表現上競爭，要他們維持一段時間不動很難。

十二歲的孩童大半已經進入青春期，但是又不太了解自己的立場與身分，因此表現出來的情況是混合了小孩、青少年與成人的特質。較之十一歲的孩童有較大的耐心與專注，也會開始想到自己未來的生涯，雖然不切實際，需要更多的個人隱私，也尊重他人的權利。對於他人的情緒反應有較好的判斷，也會有所領悟，獨立自主性增加，情緒表現上較少情緒化或情緒差，開始有幽默感，對於友誼的發展也會轉向異性的趨勢。會開始認真思考與尋找自己的定位、生命的意義，會有假設與抽象性思考，有時甚至自豪自己的思考很有深度。喜歡做社會契約式的道德判斷，較不受限於既定的法律與一般價值，開始開發與發展自己的興趣、嗜好、生涯方向，可以感受到內外在所加諸的壓力，特別是對於自己未來生涯的發展。

學齡期父母親可以做的事

▶ 學齡期的孩子有許多的能力需要發展與學習，多些鼓勵、示範與協助釐清努力方向，少些苛責與處罰，孩子會在支持、友善的氣氛中學會尊重自己與他人。

▶ 讓孩子去學習多項才藝的同時，父母親也要能體會孩子承受的壓力，一味苛求，會讓孩子覺得不公平、容易有挫敗的感覺，反而對學習更無奈無力。可以的話，與孩子共同學習、營造更親密融洽的親子關係。

▶ 孩子長大了，也需要適當的性知識，父母親可以提供相關書籍或是網站名稱，讓孩子可以得到正確的訊息。對於與異性或是親密關係的交往，父母親不必太覺得是嚴重事態，把它當作可以討論交流的議題最好。

學齡期孩子的情緒教育

· 認可與接受孩子的情緒。
· 不會因此而接受其以情緒作威脅（如要買玩具）。
· 同理其情緒，並用清楚的語言描述其目前可能有的情緒。
· 若家長自己在氣頭上，不要立刻做處置決定（自己先離開現場或做深呼吸）。
· 告訴孩子你／妳可以了解他/她的感受，跟孩子一起商量如何解決問題。
· 協助孩子覺察自己的情緒（如臉部表情、肢體動作、臉紅或心跳等生理反應）、描述情緒（情緒的語言）、表達想法、解決問題與管理情緒。

情緒教育內涵

接受情緒是個人不可分割的一部分

管理情緒　　　　為情緒命名

認識情緒　　　　了解情緒功能

 知識補充站

國小中、低年級生還在認知具體化階段，說明時需要有動作示範，以明確指示或例子做輔佐，提供適當的學習資源。

Unit 3-8
孩子發展階段與特色 —— 青少年期（一）

圖解親職教育

一、青少年期的定義

許多父母親最擔心的就是進入青少年期的孩子，也有不少父母親一致認為青春期的孩子是讓自己最為頭痛的。如果以發展時間來看，孩子進入青少年期時，父母親正好步入中年，也就是親子雙方都在人生的轉折點上——青少年生命力正旺，要開始進入成人世界，他所看到的是無窮的希望且蓄勢待發，而父母親則正好相反，要從生命的黃金時段踏入衰老、事業生涯正值高原期（Steinberg, 1980, cited in Santrock & Bartlett, 1986），因此親子雙方就會有較多的衝突出現。

一般人會將青春期視為「狂飆期」（storm and stress），但研究結果不一。若以Erikson（1997）所提的青少年「認同危機」的觀點來解釋，也許可以說是青少年為了要證明自己與父母親是不同的個體與身分，需要藉由抗拒父母威權來證明自己的存在與獨立，就無可厚非，這種因反抗而反抗的行為可以印證Alfred Adler（2001/2002）所說的一句話：「對所有年輕人而言，青春期所代表的最重要意義是：他必須證明自己不再是個小孩。」（p. 229）

根據一項跨國性的研究（包括台灣），發現大多數青少年對於自己家庭仍然是持著喜愛的正向態度（Offer, Ostrov, Howard, & Atkinson, 1988），而青少年對於其父母親的認同也是正向的居多（Mounts, 1989, cited in Gecas & Seff, 1991），與父母親的爭執都是在一些小事物上，比如外表穿著等，基本的價值觀方面並沒有太大衝突（Silverberg & Steinberg, 1987）。然而由於社會大環境的變動，無形中也讓發展中的青少年與其家庭面臨了前所未有的困難及挑戰（Simmons & Blyth, 1987, cited in Gecas & Seff, 1991），一般的父母親也認為擔任青少年階段的親職工作最為艱難，也覺得生活滿意度最差，父母親擔心對孩子失控，擔心孩子因為獨立而產生的安危問題（Pasley & Gecas, 1984; Umberson, 1989）。

二、青少年期的發展任務

青少年時期的孩子依據Havighurst（1972）（cited in Lefrancois, 1990）的發展任務有：發展觀念性與解決問題的技巧；與兩性同儕建立成熟關係；發展引導行為的倫理系統；表現吻合社會期待的負責行為；接納自己生理成熟的變化；有效運用自己的體能，為未來生涯做準備；情感與經濟獨立；婚姻與家庭生活的準備。

而Ohlsen（1983, pp. 153-154）更進一步說明：了解與接受自己的外觀、能力、性向、興趣與責任，建立自我的性別角色，開發自己不同的生活型態，釐清每個決定的後果與先後次序並做決定，建立自己的道德標準與價值，學習主動開發並發展、維繫較少數而深刻的滿意友誼與親密關係，對他人的需求敏銳覺察，也培養適當的協助能力，可以滿足自己的需求，學習調適生理與心理上的發展，了解做決定的必要且執行，知道自己的目標且培育必要的技能，學會認清及完成與親密或是重要他人間的未竟事務，學會情緒上的獨立，做生涯上的抉擇與努力，慢慢增加經濟上的獨立，獲得同儕與重要他人的認可，增加自我強度、信心與解決問題的能力，以及接受自己。

青少年認知特色

自我中心	
會開始考慮他人	批判性思考
使用資訊來思考	創意思考

（Kaplan, 2004; cited in Westergaard, 2011, pp. 14-15）

青少年時期常犯的幾個錯誤目標

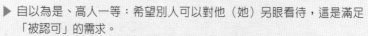

- ▶ 自以為是、高人一等：希望別人可以對他（她）另眼看待，這是滿足「被認可」的需求。
- ▶ 表面遵守大社會或是成人所建立的規則、陽奉陰違，企圖贏得成人們的讚許與喜愛。
- ▶ 想盡辦法贏得大家喜愛、受大家歡迎，甚至成為高成就者。
- ▶ 反抗行為、甚或自殺，希望可以由自己來掌控、證明自己的力量。
- ▶ 性行為紊亂，希望有所歸屬，甚至證明自己的能力。
- ▶ 表現出受害者模樣或自己不行，藉此得到負面的關注。
- ▶ 表現出迷人的魅力，如果得不到預期的結果，可能就會退縮。
- ▶ 著重在外貌的美麗或力量，以這些來贏得自己在他人或同儕間的地位。
- ▶ 表現性感，或是較屬於兩性刻板印象的行為。
- ▶ 在學業上表現傑出或展現高智力，藉此來肯定自我價值，但是往往受同儕排擠。
- ▶ 表現出極度的虔誠與宗教性，可能不受同儕歡迎、思考較缺乏彈性。

（Sweeney & Kelly, 1979; cited in Sweeney, 1989, pp. 160-165）

 知識補充站 ••••••••••••••••••••••••••••••

青少年期的認知發展進入Piaget所說的「形式運思期」（formal operations），思考漸趨成熟，也有了命題思考與邏輯推理的能力，有強烈的理想主義（cited in Lefrancois, 1990）。

Unit 3-9
孩子發展階段與特色——青少年期（二）

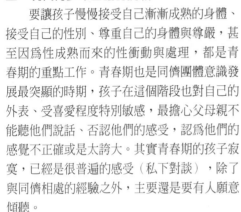

084

三、現代青少年面臨的挑戰

要讓孩子慢慢接受自己漸漸成熟的身體、接受自己的性別、尊重自己的身體與尊嚴，甚至因為性成熟而來的性衝動與處理，都是青春期的重點工作。青春期也是同儕團體意識發展最突顯的時期，孩子在這個階段也對自己的外表、受喜愛程度特別敏感，最擔心父母親不能聽他們說話、否認他們的感受，認為他們的感覺不正確或是太誇大。其實青春期的孩子寂寞，已經是很普遍的感受（私下對談），除了與同儕相處的經驗之外，主要還是要有人願意傾聽。

青春期是憂鬱症或是精神病出現的高峰期，青少年期的「多愁善感」、理想主義，也是導致憂鬱症的主要原因，加上現在青少年似乎趨向「享樂主義」或是「速食主義」者愈來愈多，「延宕」滿足的耐心與能力也沒有培養，加上他們的「理想」性，如果沒有求助的能力或管道，很可能就輕生或有宣洩行為（acting out）出現。青少年自殺率近年來有日漸增加的趨勢（Leary, 1995, cited in Jaffe, 1998），日本最近的研究認為青少年期的性衝動與濫交可能與西方速食文化有極大關聯（東森新聞，8/17/02），而「性濫交」也是宣洩行為的一種。

四、與青少年孩子相處

青少年階段情緒的管理十分重要，並不是每個青少年都必須經過所謂的「狂飆期」。而研究也發現，許多青少年的情緒都可以因為家長其中之一的關懷與支持，減少了偏差行為的發生率（Gary Gintner, 2001）。一般家長要注意到：目前社會變動迅速，相對地也讓孩子有更多競爭的對手與壓力，許多的精神病都是在青少年期初發的（如憂鬱症、反抗行為、人格違常、厭食暴食症等），不要諱疾忌醫、徒然耽擱了孩子的治療。

給孩子有機會說自己的故事與看法，是了解孩子最重要的步驟。在他們面前表現出權威容易造成莫名的抗拒，而在孩子面前出現笨拙的行為無關乎面子問題，可能會讓孩子覺得更容易親近。努力去熟悉孩子所處的同儕文化，並不一定要用青少年的流行語，才顯得自己「上道」，因為運用不恰當效果適得其反。

與孩子相處可以彈性運用不同的角色與身段，在做重大決定時，當然還是「父母」的角色，然而在其他生活方面可以是同儕、朋友、老師、長輩、玩伴、垃圾桶等的角色，這並無損於「家長」的威權。不可忽視同儕力量，因為孩子在同儕間的時間很多，也深受影響，沒有必要將自己與孩子同伴間的分野分太清，甚或採敵對態度，當然更不必為抗爭而與孩子形成對峙。如果可以知道並認識孩子的朋友，甚至邀請孩子的朋友來家中聚會，當然對於孩子發展的了解與掌控更得心應手。

孩子也跟成人一樣需要面子，尤其是在同伴之前，因此沒有必要在同儕面前數落孩子的「不是」或「是」。當孩子有誇大的舉止或言語出現時，也沒有必要刻意戳破，事後去了解其行為背後的動機，可以贏得孩子更多的信任！青少年階段的孩子有自己的道德標準，較不能忍受曖昧模糊，此時固然需要成人耐心的剖析引導，也要有機會訓練他們的挫折忍受力；因為孩子容易因他人的評語而變得沮喪、悲觀，適時的陪伴與具體鼓勵是很重要的。

青少年的壓力

▶ 學校課業與考試。

▶ 與父母親或同儕間的緊張關係。

▶ 考上好學校或找到好工作的壓力。

▶ 對於自己外表與生理發展的不安全感。

▶ 財務、轉學或搬家、擔心死亡與全球性的問題，以及自己的前途。

▶ 其他不期然的壓力出現（像是朋友或親人過世、家人或自己的健康顧慮、肢體障礙或不便、經濟困窘、暴力或是父母離異）。

（Harper & Marshall, 1991）

青少年期的特質

發展階段	特質
青少年早期	• 自疑、自卑情結、需要鼓勵；容易忘記；好奇；同儕導向；自我意識強（生理發展、衝動），容易與權威人士起衝突；不安、好動、精力旺盛，老覺得安靜不下來；對既定事物容易無聊；耍小聰明或戲弄他人。 • 對於自由、獨立有曖昧困惑的矛盾，對於指導與命令抗拒、討厭，對於未知事物、不熟悉的他人與自己感到焦慮；關心宗教（特別是死亡）。 • 行為上可能出現笨拙，主要是身心發展與調適的問題；容易結黨成派，這也是因為此時期的社交發展從家庭慢慢轉移到以友伴為中心、重視同儕的看法。 • 情緒起伏很大、喜歡做白日夢、喜歡聊八卦；對朋友忠誠，也講義氣；很容易愛戀人。
青少年晚期	• 交往範圍自家庭轉移到更大的社交圈，或是更習慣自處。 • 在外觀、衣著或宵禁上與父母區隔，也開始反抗、爭取自己的權利；可以意識到他人與自己的相似處，對於認為與自己不相干的事有了新的認識；願意去拓展自己的生活與知識圈；體會到每個人的不同，也較能接受與容忍，能同理他人感受與處境。 • 開始意識到性行為中「關係」的重要性，會願意與人發展更親密的關係，而不只是認為受到性衝動或賀爾蒙的影響而已。 • 意識到自己是誰、將來要成為什麼樣的人，對於自己將來的目標與方向更為明確。 • 青春期也是「正義」感最勃發的時期，藉著衝動與情緒可能會仗義執言，當然也可能被視為「好勇鬥狠」。

Unit 3-10
孩子發展階段與特色──成年期

一、成年期的發展任務

　　有人說，一旦做了父母，就是一輩子的工作。的確，許多父母親在孩子成人之後，還會擔心找到工作沒有、工作穩不穩當、有沒有好的發展、孩子成家之前擔心遇人不淑、孩子婚後夫妻能不能白首偕老、生子如何、養子情況等，甚至誇張來說，連孩子做了祖父母，只要自己還健在，仍會持續掛心下去。父母親有時太把孩子與整個家族的命脈或是榮辱連結在一起，也因此與孩子之間的「界限」就模糊不分。把孩子應負的責任也扛在自己身上，孩子的一切都與自己息息相關、不忍放手，這樣雖然表示了自己愛子之心，但是也剝奪孩子擔負責任的學習機會與能力。

　　成年期的發展任務有：與異性交往及結婚，學會與伴侶快樂生活，建立自己的家庭並準備做父母，撫養小孩，分擔家庭管理責任，開始生涯與養家工作、生涯穩定發展，盡公民的責任，建立社會支持系統，培養休閒生活與興趣。中年之後就要適應自己體能的衰退，面臨年老父母的照顧等（Havighurst, 1972, cited in Lefrancois, 1990）。

二、孩子有自己的人生

　　了解孩子發展階段中的共同特色時，也不要忘記每個孩子的特殊性。基本的發展基調只是協助家長最初步的方向，當然每個孩子的特質與需求不同，也需要做一些修正。許多家長遭遇到教養問題，都希望可以得到讓問題一勞永逸的解決方式，這當然反映出家長的焦慮，但也很不切實際。因為孩子是人，就是一個很大的變數，同樣的行為處理方式，可以試用卻不一定管用，得要依據孩子的獨特性做一些修正，效果更佳。

　　孩子不是父母親的分身，他們有自己的生命與人生。每個孩子都有獨特的「自己」，儘管家長希望可以培育一個「理想」中的孩子，但是這些「理想」都應該跟著孩子本身的特質來走，而不是依照父母親的「藍圖」來架構孩子，這樣只會造成兩方的齟齬衝突，徒然釀成親子關係的惡劣而已。固然許多父母親都是用意良善，希望可以提供孩子自己成長歲月裡沒有的一切，但是有一天孩子仍然要獨自一個人去面對生活與外面的世界，父母親不可能永遠陪在身邊。因此當孩子還在身邊的時候多多陪伴，也讓他多一些謀生自主的能力，對孩子的生活與人格的歷練更有幫助，也是父母親可以給予孩子的無價資產。

　　在談到孩子的獨特性時，哈佛學者Howard Gardner（1993）提出了所謂的「多元智慧」（multiple intelligence）的觀念，所強調的就是一個人可以有多方面的資質，只是每項資質的天賦比重不同。所謂的「多元智慧」目前歸納有語言、數學邏輯、音樂、運動肢體、空間能力、社交（人際技巧）與透視心靈的自省能力等，Gardner與同事已經就這七項不同類別的能力再做細分（如「社交能力」中有領導、交友、解決紛爭等），也許未來還會發現更多。而幾乎每個人都或多或少有這些潛能，只是所分配的比重不一樣，能不能做適當發揮，還是得靠後續的發展與訓練。

青少年父母親可以做的事

- 每天或是每週固定花一段時間與孩子相處，可以計畫一些共同的活動、或只是待在家中。
- 與孩子討論一些議題，可以以新聞事件為引子、交換一些意見，記得不要有先入為主、自以為老大的心態，而是拉下身段、好好去聽孩子的想法。
- 注意一些新近的廣告與用語，了解一下目前流行的青少年語彙，把家中的青少年當成專家或是資訊來源。可以的話，也來一些青少年的幽默。
- 暫時拋開「父母」的角色，與孩子一起去他們喜歡停留的地方、或是參與他們的活動，了解青少年文化是其一，還可以知道孩子的交友對象。
- 與孩子學校保持聯繫，多與其他家長接觸，可以交換育子心得，也為孩子多設了一層保護網。
- 與孩子個別約會，可以讓彼此關係更親密。

087

減低孩子發展階段產生問題的因素

▶ 家中孩子數不超過四個。

▶ 孩子間年齡差距兩歲以上。

▶ 除了母親之外，家裡還有其他可以擔任照顧孩子的人。

▶ 母親如果有工作，工作負荷不會太大。

▶ 孩子在嬰兒期得到適當的關照與注意。

▶ 在孩子童年期可以有一位手足是擔任照顧或是談心對象。

▶ 孩子在青少年期，家庭的建構有組織、有規範。

▶ 家庭凝聚力強。

▶ 孩子在青春期有非正式的社會支持系統（如朋友、祖父母或親戚）。

▶ 在孩子童年與青春期，家庭所經歷的壓力事件不是很多、很大。

（Cole & Cole, p. 258）

Unit 3-11 情緒教育（一）

新聞媒體常出現行車糾紛、情殺或是爭吵事件，讓人不得不思考：現代人到底怎麼了？為什麼有這麼多爆衝、無法控制的情緒？其所衍生的嚴重後果可不可以避免？研究指出：如果可以「忍耐」一段時間，不那麼衝動去獲得需求滿足的孩子，其不只是在未來學業上的表現更佳，其他方面的成就亦然（Goleman, 1995）。「情緒智商」還包括了忍受曖昧不明、挫折與失敗的能力（Goleman, 1995），不會因為需要延宕做決定，而有許多情緒上的衝動無法控制。由於情緒是發展過程中的一環，也是自我的一部分，本單元希望將情緒發展與處理部分做一些重點解說。

一、情緒的功能

所謂的「情緒」指的是所經歷的感受，此感受可以「刺激、組織、引導我們的知覺、思考與行動」（Izard, cited in Hyson, 1993/1999, p. 3），說明了情緒是有其目的的，甚至思考也是一種情緒的表現，可以增強或削弱一個人行動的能力，而一般也常將情緒與社會發展相提並論（Hyson, 1993/1999）。Hyson還指出：傳統的幼兒教育一向以情緒相關議題為重點工作，因此強調師生關係中的情緒本質、選擇滿足兒童情緒需求的活動、鼓勵自在表達情緒（情緒的社會化）、培育兒童正向情緒與覺察情緒的功夫（1993/1999，p. 19），這也是目前親職教育需要努力的目標。

Dreikurs（1973）一語道出了情緒的功能：「它們（指情緒）提供我們行動的燃料與動力，沒有情緒的驅動，我們就變得無能；在我們決定要做什麼事情時，情緒就展現了功能，它們讓我們可以執行決定、容許我們站穩立場、發展堅定的態度，也有自己的信念；它們是我們與他人人際關係，也是我們發展興趣與他人產生共鳴的唯一基石。它們讓我們欣賞、貶抑、接受、拒絕，也讓我們可以喜歡或討厭。總而言之，情緒使我們像人類，而不是機器。」（pp. 207-208）

所謂的「全人教育」指的就是（認）知、情（緒）、意（志）、行（動）的統整協調與發展，偏重其一或其二，都不是完整的教育。而目前情緒教育受忽略、不重視的原因，除了教師在教學過程中，忽略孩子這方面的需求、溫暖度不夠之外，再加上社會變動下家庭提供的情緒支持不足，或甚至是成長於嚴重妨礙孩子情緒發展的家庭環境裡（Hyson, 1993/1999）。

在我們這個情緒表達保守的文化中，一般父母親不太會適度表現自己的情緒，甚至禁止孩子某些特殊或負向情緒的表達，加上社會對於性別的刻板印象（如男性可以表示生氣，但不可以表現羞愧或軟弱；女性可以表現撒嬌、能力不夠，卻不容許表現果決、不退讓）的要求，情緒教育的確故意被忽略或刻意壓制，使我們的下一代產生了心理發展偏差或不全。

情緒的功能

功能	說明
適應—— 協助人類生存與適應環境	情緒是生存的要件（比如說因為害怕，就會逃避或準備對抗將面臨的危險；因為焦慮，就會想要躲開這種不舒服的感覺，讓自己過得較自在；孩子哭是因為肚子餓或是身體不舒服）。
激發動機—— 引導人類行為	可以激發動機、引導行為方向（餓了難過，就會去找吃的；冷了不舒服，會讓自己溫暖等）。
溝通—— 支援人際之間的溝通	藉由情緒的感受、同理，可以潤滑與人之間的關係（如體會到對方的痛苦，可以給予同情安慰，喜悅則是鼓掌同慶）。

（Hyson, 1993/1999, p. 46 & p. 57）

全方位的情緒智商（EQ）

- 接納自己的情緒狀態
- 給予自己的情緒宣洩空間與時間
- 暫時離開引發情緒的環境
- 學習生理上的調適
- 調整認知的分析與歸因
- 培養自信、樂觀及彈性的性格
- 勇於面對問題，學習解決策略
- 培養多樣化興趣，並從事正當休閒活動
- 建立有效的社會支持網路

Unit 3-12
情緒教育（二）

圖解親職教育

090

二、情緒發展

　　孩子出生時就已經有情緒，雖然比較粗糙，但是隨著年齡與經驗的增長慢慢細膩化。嬰兒以聲音來表達情緒，即使是哭聲也可以表達飢餓、憤怒與痛苦等不同的情緒，主要以情緒表現的方式來達成與照顧者的溝通。雖然早期嬰兒的情緒幾乎都是特殊事件引發的，但是後來會慢慢出現更複雜的情緒，而這些情緒不一定是特殊事件所引起，而是孩子自己意識到自我評價後的產物，開始有羞愧、尷尬、愧疚或驕傲等情緒。

　　通常孩子會以自己的行為表現為評估的標準，同時孩子也會開始隱藏真正的情緒，這可能是受到社會規範的影響，因為孩子會發現有些情緒是不被允許在大庭廣眾前表現的，或是不適宜的。人是群居的社會動物，為了要讓自己在這個環境中生存，需要學會一些「情緒表達規則」，因此，就慢慢學會哪些情緒是可以被接納、哪些則不行，這些就是情緒的規範，之所以如此，就是希望逃避責罰、獲得他人的認可。

　　孩子幼小時，就已經會觀察照顧者的臉色與情緒，也根據這些線索來調整自己的行為與感受。因此孩子很小時，就有能力感受到他人的感受，而研究也發現愈能感受到他人情緒的孩子，其人脈關係較佳。孩子進入學齡期，開始發現到不同的人在不同情境會有不一樣的感受，而一個人在同一情境下的情緒反應也可能不只一種，增加了認識情緒的複雜性與難度（Shaffer, 1994/1995）。年紀漸漸成長，孩子的情緒複雜度也增加，但是對於情緒的表達或處理則不一定會隨著年齡而有進步，有些甚至會出現情緒凍結（如有過創傷經驗）、固著或是極端化的情況，因此這也說明了情緒的了解、表現、傳達與管理也需要訓練。

三、情緒管理技巧

　　每個人都有情緒，情緒沒有好壞，情緒就是情緒，情緒是豐富人類生命的一種體驗。當在不適宜的情況，做了不恰當的情緒表現，可能會影響到周遭其他人，也會對自己造成不便或傷害，因此培養一些情緒管理的技巧，是人際成熟的必要條件。

　　父母親是最佳的情緒表達與管理示範，孩子是最好的觀察家，會從觀察中學習。若是在不明白父母親的情緒下，常常會有愧疚感、認為自己做錯了什麼（Papalia & Olds, 1992/1994）？因此為人父母者，看到孩子的表現，可以將心比心，不要在衝動的情緒下做處理或重大決定，孩子就可以學習更有建設性的情緒處理方式。養成孩子運動、閱讀的習慣，可以排遣生活中的無聊、增加心智的韌性，也容易交朋友，培養了孩子良好的情緒智商。

　　孩子在面對挑戰或處理問題時，是不是有韌性，或是容易退縮認輸，或是比較容易有心理上面的困擾，其實與其他因素有關，如家庭不和、父母親行為偏差（犯罪或有精神疾病）、處於社經不利地位（如低收入戶、孩子數目多），以及不良的學校環境（出席率低、資源不足、偏遠地區）（Rutter et al., 1975, cited in Cole & Cole, 1993）。

協助孩子表達情緒及處理與情緒相關的情境

了解情緒先於一切	孩子如果無法正確表達自己當時的情緒，也許會用動作或行為的方式呈現，父母親可以從孩子的表情、動作約略猜測到孩子目前可能的情緒，可以適時表達關切之意。但是最正確的方式還是去了解情況、想像自己如果站在孩子的立場，又會有怎樣的感受？或許更能表達出父母親的同理行為。
肯定也鼓勵情緒的表達	要明白情緒是人的一部分，知道自己有情緒是被容許的，而適當的表達有其必要；不要只是偏重於正面或是父母親容許的情緒表現，這樣可能會讓孩子知道哪些情緒是不被允許、不受喜歡的，會刻意隱藏之外，也會讓情緒經驗有所偏頗。
適當紓解情緒技巧	負面情緒可能會影響孩子心理與處理事物的結果，而正面情緒的表現如果不是適時、適當，也同樣會產生這樣的結果。紓解情緒的方式，孩子可能或多或少都用到了，家長可以協助其使用效果之檢核，或建議其他可以運用的途徑，如深呼吸、調整吐氣方式、捶打枕頭、離開刺激情緒現場、聽音樂、散步、大叫、運動、轉移注意力等。此外，情緒紓解的方式不是認知層面的告知就足夠，有時還需要練習，才可能讓技巧純熟；比如說「靜坐」、「冥想」、「放鬆練習」等，都需要慢慢加以練習或訓練，才可能在需要時拿出來運用。
將情緒做建設性的處理與抒發	情緒可以是行為的動力，如果花了太多的時間與精力專注於自己負面或不滿的情緒上，很容易讓人心力耗竭，而且無建設性，除了消極處理情緒之外，還要能更進一步讓情緒發揮積極的效果，這就可以靠「轉移」目標，將精力做較好的發洩，比如打一場球、出去跑跑、寫一首詩或發憤圖強等。

家長如何減少與成長中的青少年發生衝突

▶ 注意到你要他們做的事，而不是批評他們做你不喜歡的事。

▶ 有時要學會忽略一些事，不要太覺得事態嚴重（像是孩子偶爾熬夜，或是偷抽老爸的香菸）。

▶ 用提供資訊代替給答案（給答案讓他們覺得是父母親在作主、為他們做決定）。

▶ 要忍受青少年旺盛的精力與活動的情況（像是聽重金屬音樂、常找朋友玩、講電話時間很長等，要他們安靜下來的確很難）。

▶ 與孩子共同做一些活動，與孩子共享快樂時光，他們也會比較願意溝通。

（Galambos & Almeida, 1992, cited in Knox & Schacht, 1994, p. 588）

Unit 3-13
情緒教育（三）

圖解親職教育

092

四、情緒困擾

　　或許是因為診斷較為先進與縝密之故，許多學校發現較多情緒障礙或困擾的孩子，也提醒家長們要注意孩子可能有的情緒困擾或問題，需要及早發現並做適當處理，以免貽害未來。童年期的情緒困擾比較多的是：偏差行為（打架、說謊、偷竊、破壞財物或規矩等）、焦慮問題（包括分離焦慮、害怕上學）、憂鬱症等；青春期的情緒困擾可能來自於發育（第二性徵的出現、身心的接受與協調、自慰）、同儕關係、家人與親密關係（包括性行為、性病、性傾向）、對於自己外貌與能力看法所衍生的自我觀念（肥胖、飲食失調、憂鬱症）、藥物濫用等問題（Papalia & Olds, 1992/1994）。

　　一般在為兒童或是青少年做診斷時，比較不容易，因為許多的診斷標準是依照成人的情況列出來的，如果這些行為是常常在這個年齡族群的孩子身上出現（如不專心、好動），一般人大概會認為是正常，而容易受到忽略，因此兒童與青少年最常被診斷為「適應不良」或被認為沒有問題（Davison & Neale, 1994），這可能導致診斷錯誤，延誤了治療。此外，由於對此階段孩童的診斷通常都是成人做的，再加上兒童或青少年比較不會用口語表達困擾，因此有些宣洩性行為的表現（如逃學逃家、破壞物品、使用藥物等）只是迫不得已採用的一種情緒出路（如焦慮、憂鬱、重創後遺症等），卻被誤診為其他行為問題。許多的問題可能會環環相扣（如憂鬱症，可能有蹺課蹺家、學業成績低落、攻擊他人等行為出現），必須要找出癥結出來，對症下藥。兒童期的偏差行為（如竊盜、破壞物品、欺凌他人），如果沒有適時加以處置與治療，可能會演變成成人期的犯罪或反社會人格，而一旦進入青少年輔育院或是監獄，其預後效果就更差。

　　兒童與青少年的情緒困擾常常受到忽略，兒童期比較常見的是恐懼與焦慮，包括分離焦慮、害怕上學或是一些特定的事物；也有社交上的退縮（包括害羞、孤立、選擇性不說話），而如果孩子沒有一些支持性的社會網路與朋友，可能就會維持這樣的生活至終身。孩童的憂鬱症與成人相似的徵狀包括：心情不好、疲倦、不能享受愉悅經驗、專注問題與自殺想法；不一樣的地方有：較多自殺企圖、罪惡感，成人則是表現出較多睡眠問題、沒有胃口或體重減輕。

　　特別需要注意的是，憂鬱症會再度出現，不是一次治療成功就沒有了。另外一項青少年常出現的「飲食失調」，作者會在稍後章節做詳述。

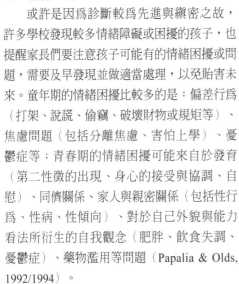

小博士解說

　　情緒疾患兒童遭遇壓力時容易過度製造「可體松」，長期下來會損害海馬迴細胞，也就是造成記憶力的問題（Miklowitz & George, 2008/2010, p. 132）。

正面情緒與負面情緒的優缺點

正面情緒

優點

・較有創意。
・較有能力解決問題。
・心理彈性較大。
・做任何決策都較有效率。
・降低壓力情境造成的影響。

缺點

・即便在做枯燥工作，也會較注意細節。
・較多疑，不會只仰賴專家意見，會不斷問問題，做出自己的結論。
・憤怒讓我們專注於排除阻擋目標的障礙。

負面情緒

優點

・不會區分論點強弱。
・太快下決定。
・容易忽略細節。

缺點

・自己與身邊的人都不愉快。
・對正在考慮的事情，都帶著負面的偏見。
・判斷力變偏頗。
・不好相處。
・破壞團隊和諧。

（Daniel Goleman, 2011/2013, pp. 36-38）

嚴重情緒障礙學生的身心特質

面相	說明
人際關係方面	互動能力欠佳、經常發脾氣、攻擊他人，因此無法與周遭的人建立較妥善的互動關係。
日常生活方面	自理能力不足。無法料理自己的生活，甚至食、衣、住、行等基本需求，也不知如何清楚表達與要求。
生理機能方面	知覺反應薄弱。對外界光線、聲音的刺激反應較遲鈍，或出現過當的反應。
言語表達方面	表達能力欠缺，經常說些與情境無關的事，常會用顯著尖銳或特別低沉的音調說話。
行為適應方面	控制能力較弱、常發脾氣，對外在事物表現出漠不關心的態度、經常喜怒無常，且不合情境及時宜。以自傷、攻擊、破壞做最直接的表現，也常會同時重複做一些不自覺或可能有象徵意義的舉動，如搖頭、抓髮、擺身、扭衣角等，這些自我刺激的舉動，漸漸會成為習慣性的動作很難加以控制。

第 **4** 章

親職教育的理論

章節體系架構 ▼

Unit 4-1
人文取向的諮商理論（一）

許多家長其實在沒有學理的基礎下，已經很成功地運用了許多成功管教孩子的原則與方式。各種不同心理學派的理論其實也是自日常生活中的觀察與實驗得來，只是經過整理與邏輯分析的過程，呈現在大家面前而已。

這一章的主旨是介紹一些諮商學派運用在親職教育的理念與方法，儘管各派有其堅持與原則，但是有些觀念有共通性、有些或許是有衝突的。親職教育的成功與否都在於執行親職工作的教養人身上，依不同情況與條件，還有孩子的個性等，可以做彈性、有效的處理，因此不必去相信某一特殊學派而執守規則不放。

人文取向的諮商，基本上其立場是站在「人性本善」，相信人有潛能與自我引導的能力，對人性是持樂觀的看法，很注重一個人的價值與觀感，因此其在親職教育中的運用，就會著重在人的個別、獨特與完整性上，主要著力點放在了解、信任與尊重孩子，給予溫暖關心鼓勵，解除所謂的防禦偽裝，朝向真誠生活的目標。

一、阿德勒自我心理學派在親職教育上的運用

Alfred Adler的「自我（或「個體」）心理學派」是親職教育的濫觴。Adler的弟子Rudolf Dreikers，將Adler的理念帶到美國，並運用在親職教育上。後來的許多親職教育課程都是以自我心理學派的觀點，來做引申或發揚。自我心理學派重視整個家庭的氣氛與互動，也將民主觀念帶入家庭結構中，因此強調人與人之間關係的品質，運用在親職教育中，就不只關注於家長管教的角色，還會注意到孩子的個性與反應。

（一）社會興趣

Alfred Adler將「社會興趣」（social interest）視為心理健康與行為表現的主要衡量重點，他認為個體的許多行為都是看他的社會興趣來做決定。如果個人的社會興趣缺缺或是沒有適當導正，就會表現得很自我中心、不知與人合作，甚至出現偏差行為。父母親對於孩子過嚴或溺愛，都會造成孩子不知合作、自我中心的結果。因此如果家長可以適當培育孩子合作的價值觀與能力、願意為社會貢獻，對於孩子的未來是幫助很大的。

社會興趣是指一個人自小開始的社會化歷程，不只希望在團體中找到自己的位置，可以同理他人的處境，也希望可以有所貢獻（Corey, 2001）。Adler的社會興趣觀念說明了人在社會中生存，必須與其他人相依共存的現實。

Dreikurs（1973, p. 39）特別提到一些態度有助於人與人之間的合作，分別為：有社會興趣，而非敵意；對他人有信心，而非不信任；有自信，而不是認為自己不行；有勇氣，而非害怕恐懼。

在親職教育的運用中，家長除了重視孩子自身獨立作業的能力之外，也要注意到孩子的人際脈絡與發展，懂得與他人有適當的合作關係。唯有在家庭與社會群體中感受到安全、被接納、有歸屬感，甚至可以回饋給他人與社會，個人在社會中的發展才會更適意。

排行	性格描述	家長因應之道
老大	比較保守、傳統、懷舊、固守成規、不太敢冒險；負責、可靠、有點完美主義、有原則、自我意識強、有組織、批判性強、嚴肅、較霸氣、可能也喜歡權力的滋味。 用功努力、有成就取向，表現出早慧情況；比較喜歡與父親接觸、與長輩關係較佳。 在第二個孩子尚未出世之前，受到許多的關注與愛，但是這個優勢地位在老二出生後就沒有了，這也是老大常常會夢見自己從高處墜下的原因。	倘若家長注意到孩子可能會擔心父母親對他的愛有減少的憂慮，應讓他覺得即使有弟弟或妹妹出現，父母親對待他依然一樣，他的老大地位安全無虞。再則邀請老大與父母親合作，來協助照顧新生兒，那麼手足之間的競爭就不會惡質化。
老二（如果與老大相差三歲以內）	會想盡辦法與老大一較長短，所以老大想做的、擅長的，他（她）都會想要試試看、企圖超越老大，但是由於年齡與訓練上的差距，常常無法與老大抗衡（老二常常夢見自己與人賽跑）。所以在發現無法獲得優勢之後，就會朝與老大完全不同的方向發展。 由於出生前已經先有老大，老二比老大更能表現出合作的行為。	看見也欣賞孩子的不同，努力促成手足間的合作機會，因為手足關係是一個人最長久的人際關係。
排行中間的孩子	因為父母親常常只會看到長子女與老么，對於排行中間的就相對地較少關照到，因此中間的孩子會覺得自己不受重視，好像不存在一樣，也因此他（她）對於不公平的事物感受比較敏銳。 很獨立，創造力高，與家人關係較為淡薄，不喜歡爭吵，比較會擔任「和事佬」的角色，他（她）在外面的人際關係卻是相當好。個性相當隨和，但有研究發現，行為偏差的孩子許多都是排行中間的（但是Adler認為是老大與老么）。	讓每個孩子都覺得自己受重視，因此「儘量公平」很重要。偶爾單獨約不同孩子出去約會，可以讓彼此關係更親密。
老么	因為已經「後無來者」，所以他（她）的尊榮特權地位就屹立不搖，他（她）是家中的寶貝、備受寵愛，通常可以予取予求，個性也較無法捉摸。老么的特質包括控制慾強、迷人、喜歡怪罪他人、愛炫耀、很得人緣、早熟、善於推銷、受注意。	
獨生子女	獨生子女在許多方面與老大很相似，又因為是家中唯一的孩子，沒有接下來的手足，所以也兼有么兒與老大的一些特質，會比較依賴，但是也由於沒有手足共同成長的經驗，比較不能與人合作或相處，尤其是同齡者，表現出自我中心的模樣；也由於長期與年長者較有接觸，容易得到年長者的注意與歡心。	多讓孩子有機會接觸同儕讓他／她不孤單，也可自同儕身上學習互動與合作。 （Corey, 2001; Sweeney, 1989）

注：從「社會心理地位」（psychosocial position）的角度來看每個人在家中的排行地位，包括一個人對於自己在家中所受到的待遇、父母親的態度、手足關係等因素。

Unit 4-2
人文取向的諮商理論（二）

圖解親職教育

098

（二）生命型態

「生命型態」（life style）指的是一個人的基本生命觀與目標，包括了一個人的性格。每個人都是自己生命的創造者與實踐家，自己這一生要成就的是什麼、在乎的是什麼，也都是生命型態構成的一環，因此每個人各有其獨特的「生命型態」。父母親要清楚己的生命型態與孩子不同，因此要適度收手與放手，而父母親卻深深影響孩子對自己生命目標的看法，這涉及親職教育的實際運作、價值觀的影響與孩子的自我概念。

這些生命型態並不是一個人只專屬於一種，而是以某一類型為主、其他一項或兩項為輔，像是「超理智者」可以是「道德高尚者」，而「野心勃勃者」也可以是「討好者」與「掌控者」的揉合，端賴一個人認為最重要的是什麼而決定。

「生命型態」是結合了一個人的個性、生活經驗與價值觀等所形塑的，父母親可以從觀察孩子的舉止和與人對應的方式略窺一二。如果發現孩子有些追求太過，可能會妨礙與周遭人的關係或其生命品質，也可以做適當有效的引導。

（三）排行與家庭氣氛

Adler認為孩子自小與家人的關係是往後與人互動模式的雛形，因此影響深遠。父母親對於整個家庭氣氛的營造特別重要，了解孩子在每個排行可能有的性格（參p. 99內容），留意不要特別偏私或忽略某個孩子，也注意到每個孩子之間的互動關係，適時介入做修正與關切。像是知道老大會較保守，可以鼓勵孩子去探索冒險；了解中間孩子覺得自己不受重視的心理，多予關切，也鼓勵創造；老么雖然地位特殊，但是持平的對待可引導其往正向樂觀的方向。

此外，「合作」的精神是要在家庭中就開始培養的，手足間的合作、彼此依賴的訓練，延伸到學校或是其他社區生活上，就可以駕輕就熟。

（四）了解行為背後的動機

自我心理學派的學者認為每個行為都有其目的，而人的生命也是依循著這個目的在進行。一般說來，人的行為目的包括快樂、權力（控制）、舒適等，由於每個人都有自己的一套思考邏輯與夢想，每個人的生命型態也因此而逐漸成形。因為人生活在人群之中，每個人都有「被認可」的需求，希望得到他人的肯定與讚賞，在社會中占有一席之地（「社會興趣」）。

自我心理學派基本上相信人的善意與向善的本質，不認為一個人是刻意為惡的，之所以有「問題」行為出現，主要是因為「不適應」。因此不同的行為都有其動機淵源，了解了這些可能動機（如pp. 100-101表格內容），然後再做處理，比較得心應手、一勞永逸。

常見的生命型態	
攫取利益者 （getters）	喜歡剝奪或是操控他人生活的人，不管是採用主動還是被動姿態，只要是有利於自己的，會用盡手段去奪取，且認為自己應該享有這些服務。
野心勃勃者 （drivers）	有許多目標與心願要完成並全力以赴，因此總是在做事，一刻不得閒，潛伏在此型態人心理下的恐懼是「擔心自己一無是處、什麼都沒有」。
掌控者 （controllers）	隨時都要確認自己是生活的主人、擁有主控權，不希望是處於被動、被命運操控。對於事情總是事先有安排、不喜歡驚奇或意外，也為了表示一切在掌控之中，不會輕易顯露自己的情緒，表現得超理智、超組織。
高人一等者 （needs to be superior）	喜歡藉貶低他人以提升自己地位，喜歡比較、競爭，不喜歡屈居人下，希望自己是他人注目的焦點與中心、永遠是最好的。倘若結果不能如其所期待，就會認為自己是失敗無用的。
永遠是對的 （need to be right）	很技巧地避免犯錯，會爭辯自己的合理性，認為自己的判斷是正確的，不能忍受曖昧不明或沒有明確方向。
道德高尚者 （feel morally superior）	具崇高道德標準，認為自己因此比較高尚、純潔正氣，其他人的道德修為遭受其嚴厲批判，也不屑與之為伍。
永遠的反對派 （aginners）	為了反對而反對，採取的方式可以直接或是間接迂迴的，對於自己在反對什麼其實不清楚，以「反對」來突顯自我的獨特與存在。
受害者 （victims）	希望以自己的悲劇遭遇來博人同情，然後就可以予取予求，或是顯示出自己的高尚。
殉道者 （martyrs）	為一些不公平的事情受苦受難，堅持這麼做的必要。以自己的犧牲來喚醒他人的良知或是展現自己的高貴，有「捨我其誰」的味道，與「受害者」有些相似。
可愛寶貝 （babies）	用自己擁有的魅力來剝削他人，不管是以外貌體型或是其他方式，知道自己擁有這些優勢也擅於利用，說話方式傾向於高分貝、孩子氣。
能力不足者 （inadequate）	行為能力不及人、老要他人從旁協助，表現出無能力完成自己的責任或義務，別人的積極協助更助長了他對於自己能力的不信任，願意維持「寄生蟲」般的生活，或是只做一些自己有絕對把握的事。
超理智者 （rationalizers）	是「掌控者」可能發展的另一方向。避免用情，害怕涉入個人情緒或是感情，因為會妨礙其客觀公正性，堅信理性是解決所有問題之鑰。
刺激追求者 （excitement seekers）	不喜歡例行公事，好追求新鮮的感官刺激，因此常常造成大混亂，例如：飆車族，或是性行為紊亂者。

（Mosak, 1971, pp. 183-186）

099

孩子行為背後的可能動機與因應之道

行為背後的可能動機	父母感受	可行之做法
引起注意（attention-getting）——希望得到父母親或其他人的注意關心，因為「注意」表示在乎、一種愛的表現。	很煩	·給予其所需要的注意（拍拍他／她、對他／她微笑、讚許他／她的好行為）。 ·故意忽略孩子惱人的行為。 ·與孩子做深入的對談，甚至可以猜測他（她）是不是覺得父母親好像疏忽他（她）了。
權力鬥爭（power-struggling）——孩子在覺得自己分量微弱、被壓抑的時候，也會採取較為極端的手段，他會直接挑戰權威，要跟別人不一樣，藉這個方式來突顯「自己」，證明「誰才是老闆」。	生氣	·不要踏入孩子預設的陷阱中而與其對抗，通常輸家是父母親。 ·做放鬆動作，先讓自己冷靜下來，然後再做處理。 ·離開現場、再回來，可以讓氣消一些，不會妨礙之後的明智處理。 ·請孩子回房，冷靜過了再與孩子談論這件事。 ·表達自己對於此行為引發的感受，如果該道歉也要先道歉，也聽孩子對這件事的看法與情緒，作為下一回事情若再發生的先行處置條款。
報復（revenge）——孩子可能被傷害過，因此用同樣的方式來傷害人。	受傷或痛心	因為之前的傷害已經造成。孩子需要被了解，需要發洩自己的委屈與怒氣，父母親可以提供這樣的協助，同時要注意，一些孩子可能會以結束自己生命或是傷害自己身體的方式（包括自殘、自殺、性濫交）來作為報復手段。 ·以「我訊息」的方式，讓孩子知道你目前的感受。 ·請孩子回房去冷靜一下，然後再去找他談，不要使用命令的口吻。

（續）

		・先向孩子表明自己檢討可能需要修正、補強的地方，也給孩子有機會表達自己的感受或認錯。 ・與孩子訂下口頭契約，避免類似事件發生。 ・如果孩子的情緒累積已久，可以用家庭會議方式進行協商，或是尋求專家的協助。
自暴自棄（inadequacy）——孩子通常已經遭遇到太多的失敗，讓他對自己極度無信心，因此就會放棄，連嘗試的努力都不願意。	無望或無助	・循序漸進、慢慢給予成功機會，讓孩子恢復對自己的信心。 ・給予適當具體的鼓勵，也從旁協助。 ・父母親不要太急，要給孩子較多的時間慢慢進步。 ・讓孩子可以不要專注於失敗、不好的一面，而是呈現出事情較為完整真實的輪廓，樂觀思考
興奮刺激（excitement）——人生無趣，因此做一些事情來刺激或引發興奮快感。	莫名其妙無厘頭	・檢視孩子生活的重心與內涵，是不是壓力太大？或是太無變化？甚至是孩子對於生活不知如何安排？ ・多安排與孩子或全家一起的活動，甚至邀請孩子出點子或是主持，讓孩子有所發揮。 ・如果孩子不願意參與家庭的活動也無可厚非，不必強逼。 ・與孩子就生活、作息安排及學習等做商議，看父母親可以協助的部分為何。 ・注意孩子的可能偏差行為或習慣、孩子的交友狀況，日常作息要有適當監控。 ・不要忽略孩子的創意。

（Dreikurs & Soltz, 1964; Walton & Powers, 1974; Walton, 1980）

Unit 4-3
人文取向的諮商理論（三）

（五）設計合理的邏輯結果

阿德勒（Adler）提出的「自然結果」與「邏輯結果」運用在管教上相當有效，然而要達到教育的許多目標，光是靠「自然結果」是不足的，效果也較慢；加上某些行為（如玩火）具危險性，不能輕率讓孩子去嘗試，因此家長設立合理、適當的行為結果是有必要的。

（六）家庭會議

自我心理學派尊重民主自由平等的涵義，也是此學派對於親職教育的重大貢獻之一。此派學者不認為身為父母親就擁有較多的地位，而孩子相對地就沒有，雖然父母親還是承擔了較重的親職責任，然而更重要的是可以培養孩子民主自由的胸襟與態度，因此Adler把「家庭會議」（family council）也列為親職教育中的一環。

孩子的民主素養要在平日慢慢養成，而不是在事情「出錯」之後才有動作，因為這樣根本開不了會，或甚至變成「批判鬥爭大會」。父母親在組成家庭之後，彼此之間也是基於平等的立場，對於家庭相關事務做溝通協調，此可說是家庭會議的雛形，孩子出生之後自然也可以沿襲這個模式繼續下去，讓孩子耳濡目染是最好的方式。所謂的「民主」素養是慢慢陶養而來，不是一蹴即成。雖然有人說「吵架」、「衝突」也是溝通的方式，若是可以平心靜氣將事情或問題做更好的解決與處理，應當是較佳的方式。

每個人在家庭會議中的權利都是平等的，沒有因為年齡、聰明程度或是成就而「分量」不同。在家庭會議中，每個人都有表示自己意見的機會，不管贊成與否，都應該給予適當的時間與耐心來聆聽。Rigney與Corsini（1970）認為家庭會議可以用來傳達或公布重要事項、擬定計畫、建立規則、表達不滿或抱怨、解決紛爭、達成協議與做決定（cited in Sweeney, 1989, p. 399）。而家庭會議應該定期舉行，有彼此同意的議事規則、輪流做主席、自由參加、可以隨時加入或離席、所做的決定應該是大家或大部分人同意的性質，每個家庭成員都可以在會議中被聽見，也有表達自己意見的權利與機會，如果只是父母召開或是決定一切，就不是所謂的家庭會議（Dreikurs, 1964; Sweeney, 1989）。

「家庭會議」的觀念在我國比較缺乏，因為基本上還是以父母親為主的威權結構，而家庭的確是一個人「社會化」的最初機構。民主自治的觀念如果自小培養起，孩子受到很好的訓練，不僅有傾聽他人的能力、會表達自我，也對自己的能力與社交技巧有較充足信心，甚至可以經過民主會議的洗禮，思想更開放、具彈性。

小博士解說

家長設立邏輯結果、建立事情先後的合理性，也較容易說服孩子，孩子自然願意遵循與家長的協定，這是親子雙贏的策略。

自然結果與邏輯結果

自然結果 （natural consequences）	邏輯結果 （logic consequences）
不需要人為規定或操控的結果，依據的是生命的自然原則，也說明了遵守或是服從一些規則的「必要性」，萬一沒有遵從就可能會嘗到不舒服的後果。	是人為設計的一套公式，是刻意設計行為的「遊戲規則」，用來做有效執行與學習之用。
像是孩子跌倒會痛，「痛」就是跌倒的自然結果。沒吃早餐肚子餓，「肚子餓」就是沒吃飯的自然結果。	如果孩子在不諳交通規則與維護自身安全的前提下，騎腳踏車到街上，可能會有可怕後果或危及其生命安全，就不可以讓孩子去冒這樣的險，這時採行「邏輯結果」有其必要。比如將孩子騎車的特權暫時收起來，或是規定只有大人在身邊陪伴時，或是在安全地點（如公園）才能騎車。如果孩子願意遵守，當然也證明了邏輯結果的運用成功。
有許多的自然結果卻是會危害到孩子生命安全的，就不能採用。比如說抽菸會妨害健康、吸毒要喪命，總不能讓孩子去「自食惡果」，絕大多數的父母親是做不到的。這時就要藉助人為「邏輯結果」的協助，許多的親職工作與管教，運用「邏輯結果」的機會遠遠多於「自然結果」。	邏輯結果的安排必須要與孩子的行為有關聯，才容易履行，也較容易得到孩子的真心認可。比如要孩子在寫完功課之後才能玩耍或看電視，而不是不寫功課就施以處罰，前者的邏輯較有關聯，也較能服人；後者只讓孩子覺得「父母是老大，他們說什麼就是什麼」。 邏輯結果的施行必須前後一致，而且維持一段相當的時間，才有可能奏效，也因此孩子才會把它當真。

設立邏輯結果的原則

▶ 設立的邏輯應是不適應行為的合理結果，而不是處罰、報復行為或是故意羞辱孩子。

▶ 要提供選擇機會，而不是「只有」一個結果。

▶ 結果對孩子來說是要合邏輯，而且是可以理解的；也就是安排上要讓孩子覺得有道理，不是漫無規則，並且須事先說明與示範。

▶ 家長要注意自己的語調，要冷靜且和善，不要讓孩子覺得父母親是在被激怒的情況下才做這樣的決定，孩子會認為只是意氣用事而不當真。

▶ 要同理孩子的處境，了解孩子的感受，但是態度上依然堅定，這樣表現出來的是溫暖而有原則，也讓孩子明白事情的標準是一定的。

（Allred, 1968, cited in Jensen & Kingston, 1986, p. 23）

 知識補充站 ‧‧‧‧‧‧‧‧‧‧‧‧‧‧‧‧‧‧‧‧‧‧‧‧‧‧

西諺云「做比說更大聲」，在教養孩子時「行為」處理的效果遠比「語言」更為有效，而孩子對於父母親採取具體行動的信賴度較高、比較會買帳。

Unit 4-4
人文取向的諮商理論（四）

（七）正確有效的鼓勵

　　自我心理學派學者不認為孩子的行為是「偏差」的，而是以「不適應」來解釋。所謂的「不適應」就是孩子對環境做因應時，採用了「不適當」的方式。因此Dreikurs（1964）建議以「鼓勵」與建立「自然與邏輯結果」來處理孩子的不適應行為，Dreikurs堅信缺乏鼓勵通常就是不適應行為產生的原因。

　　許多父母親擔心孩子犯錯，因而禁止孩子動手幫忙或是去開發能力，這只會讓孩子受到更多的挫敗感。像是孩子要幫忙擺餐具，父母親怕他打破碗盤，就急忙阻止道：「你不用幫忙，我來就行了！」父母不給予機會，也不相信孩子有能力的訊息會讓孩子感受到，因此孩子對自己的能力與信心也會有懷疑。有的父母親即使讓孩子嘗試了，但是卻帶著批判眼光來看結果：「哎呀，你都弄錯了！」不懂得鼓勵的家長，往往會逼得孩子朝「證明」自己「無用」（useless）而非「有用」（useful）的方向前進（Dreikurs, 1964），當然就更可能看到許多不適應行為的出現。

　　要鼓勵不流於空泛，自然需要講求「具體」，這一點與接下來要談的「行為主義」有異曲同工之妙！「具體」就是看得見，而且有依據，不是抽象、摸不著邊際的。在使用具體的鼓勵時，也附帶讓孩子知道遵循的方向與標準，例如：「你這個字很端正、橫的一畫好直！」（後一句話就是孩子可以明白的標準）或「妹妹哭了你去安慰她，還會拍拍她，讓她不要太難過，我真以你為榮！」

　　對孩子做具體有效的鼓勵是必須的，原因是：

1. 孩子的自尊與自我概念都是先從別人的眼中慢慢發展出來的，因此他們會擔心自己不受雙親喜愛，認為自己不夠好。給孩子適時的讚賞，可以協助孩子建立對自己的信心。

2. 有效的鼓勵不是抽象的，而是有具體標準可循。例如：「弟弟好乖，在那裡自己坐著玩。」孩子就會比較清楚「行為標準」，以及可能修正的方向。

3. 鼓勵的同時，可以提供「改進」的方向。像孩子造句，可以鼓勵說：「妹妹，這個句子寫得真好，很有趣！可不可能把句子寫長一點？」

4. 鼓勵過程甚於結果。沒有一件事是可以做得十全十美的，只看見結果會讓許多孩子覺得自己「不夠好」。有時候要嘉許孩子的努力過程，只是簡單說：「我看到你的努力！」對孩子來說都是很大的鼓勵！

　　此外，父母常常對孩子有許多期待，所以為了省事、省時間，常常會略過優點不說，「直攻」要改進的部分，給孩子的印象就是「我不行」。因此在傳達意見上，可以做一些改變，例如：「你在這次考試中盡了力，而且答對好多很難的題目，真是了不起！至於有些不滿意的地方，我們找個時間來研究一下，你認為呢？」

　　還有，處罰意味著「不鼓勵」，懲罰孩子做錯事當然可以，但是別忘了也要在同時示範正確的動作或是做法，孩子才可以在下一次的表現中有可以依循、修正的方向。

「鼓勵」的基本原則	
原則	**案例說明**
鼓勵應該將焦點放在孩子身上，而不是放在誇獎者身上	如「你做得真好，好棒！」而不是「你這麼做，讓我覺得好快樂！」
增強正面、消除負面批評	比如「把玩具放在紙箱裡」而不是「不要把玩具亂扔」。
讓孩子可以表達他的感受，而不是專注於其認知理解的部分而已	如「你有什麼感受（覺）？」，而不是「你認為怎樣？」
態度要真誠	給予鼓勵時的態度很重要，不要輕描淡寫或是以輕忽的方式表達，其結果有時適得其反，如「看得出你真的很努力。」而不是故意交代一下「很好啊！」一語帶過，反而讓孩子覺得不是在鼓勵。
孩子「做了什麼」比「怎麼做的」要重要	例如：「哇，你把鞋子擦得好亮」，而不是「你把鞋子擦得比其他人都亮」。
著重在「目前」，而非過去或未來	例如：「你真的很喜歡積木遊戲」，而不是「你為什麼以前不這麼做？」
「行為」比「做的人」還要重要	例如：「我真的很謝謝你幫我的忙」，而不是「你是乖孩子」。
強調「努力」而非結果	例如：「你真的好用心，把球傳得好準，下一次我們一定還要再比一下！」而不是「下一次我一定要贏過你，我不會像這一次讓你了！」
著重「內在動機」	例如：「光是可以來走這一趟山路，就很棒了，風景好，又流汗運動了！」而不是「走這麼累，還沒有拿到獎品，真的很糟糕。」
「學到了什麼」比「沒有學到」的更重要	例如：「你已經學會體貼別人、會去安慰那個小弟弟。」而不是「誰叫你去欺負人家的？」
「做對的」比「做錯的」更重要	例如：「你的加法算得好快又正確！」而不是「看！這一題做了多少遍，怎麼還不會？」

（Jensen & Kingston, 1986, pp. 232-233; Sweeney, 1989, pp .109-110）

Unit 4-5
人文取向的諮商理論（五）

二、人本主義諮商學派在親職教育上的運用

人本心理學派就是堅持以「人」為本，用在親職教育上強調的是尊重人的能力、了解人的限制，善加引導就可以產生最好的結果。人本心理學派對於人性的看法是抱持樂觀、成長的，相信人有解決問題的能力，讓自己更好，尤其重視與當事人之間的關係，其用在親職教育上著重在親子關係，「關係」的良窳會影響到親子互動的品質，而其運用在親職教育上面的理念如下：

（一）個人內在架構與三個核心條件

每個人的經驗、背景、價值觀等不同，即使是同一事件發生，每個人根據自己不同經驗或是價值觀，也會影響到他的想法，因此要了解一個人，得先從他的「內在架構」（internal reference）或內心世界去著手。「內在架構」與「同理心」是緊密關聯的，去了解一個人，要站在他（她）的立場與經驗世界去思考感受，即「感同身受」。這是指父母親要能體會孩子可能的想法與處境，「進入」其內心世界，才可能對孩子有較完整的了解。

我們可以觀察到的，通常是行為上的表現，但是一個行為出現，並不表示同一個意義。例如：孩子哭有許多不同的意義含括在裡面，這得要看孩子經歷了什麼、怎麼看當時發生的事件而定，疼痛、挫敗、高興、被批判、被冤枉、不被諒解、孤單等都可以哭來表現。願意花時間傾聽孩子的故事，就是認可與肯定孩子，孩子因此覺得被接納、有力量、受到支持，所以會願意努力。

父母親若進一步培養「正確的同理心」，「真誠一致」（裡外、前後一致的表現）地對待孩子，也付出「無條件積極關注」（這三個就是「三大核心條件」），就等於是接納孩子之「所是」（接納孩子是這樣的人）。孩子在被接納、認可之後，會更有自信與自尊，也願意坦誠面對自己、發憤向上。

傾聽就是把舞台讓給對方，心中不要帶著問題，也將自己的成見暫時擱置一旁，找一個安靜安全的地點，聆聽孩子。在適當時間提出適當問題，不要以譴責或高超的態度或姿勢來聽，而是能夠站在對方立場、了解對方所感所思，並且將其表達出來，這就是「同理心」的展現。當孩子可以感受到父母親的確了解之後，才會願意開放自己、聽父母親的建議。

小博士解說

「相信」是很大的力量，孩子因為被相信而更能肯定自己、生出勇氣，相信的同時就是接納、認可孩子，接受孩子「如其所是」，孩子在家長這樣的信任與支持下，可以培養自己正向、有意義的生命姿態。

反應式傾聽示例

「我不喜歡王老師，她比較喜歡小月。」

「聽起來你很生氣，因為你覺得王老師比較喜歡小月、不喜歡你。」

（孩子點頭。）

「你也想要老師喜歡你。」

孩子哭了、揉著雙眼：「就是啊！」

「鼓勵」的步驟

步驟	說明
專注傾聽	把舞台讓給對方，腦中不想其他事。
身體姿勢	略為前傾、姿勢自然而開放，偶爾與其眼神交會，臉部表情放鬆（隨當事人的故事自然流露情緒）。
摘要或簡述語意	將對方所說過的話，以自己的話簡單扼要說一遍（其目的一是表示「聽見」、二是作「必要釐清」）。
反映情緒	將孩子方才話語中或是身體語言所呈現的情緒做描述。
簡述語句＋反映淺深層情緒＝同理心	隨著所聽到的內容，適當地加上伴隨著的深淺（身體語言或孩子說出來的）情緒都說出來。

 知識補充站

　　雖然同理心有其訓練步驟，但是真正在表達同理心時，不僅可以言簡意賅地以自己的話將當事人所說做摘要，同時也在摘要過程中適當地將其可能有的情緒說出來，讓說的人聽到。同理心說出來的目的有：表示聽到、認真專注聽，也給對方釐清的機會（萬一敘述有誤）。

Unit **4-6**
人文取向的諮商理論（六）

圖解親職教育

108

（二）人是有能力、有選擇，向上、向善的，且朝向自我實現的方向

人本身是有資源、能力的，在面對困境或挑戰時，有其因應的辦法；人有能力追求自己想要的生活，也會做一些建設性的改變。父母親的角色是從旁協助、營造鼓勵成長的環境，也讓孩子有探索、選擇與培育能力的機會，讓孩子順著他要的規劃去成長，這些就是親職的主要工作。

「相信」是一股很大的力量，父母親相信孩子有能力、可以信賴，也願意做「好小孩」，就是積極關注的來源，而親子之間的互信愈深，孩子愈願意與家長坦承溝通，也會試圖讓家長了解自己。孩子在家長正向的期許之下，會培養出忍受挫折、達觀的個性，有很好的生命韌性。

Rogers（1961）認為人有自我實現（self-actualization）的潛能，自我實現的人是對經驗開放、願意冒險、相信自己，而不是將自己的價值放在他人手上；有內在的評量標準，不會因環境外力而有太大變動，願意繼續成長，在經驗中獲得自我實現的成就（cited in Corey, 2001, p. 174）。

每個人都有想要達成或成就的理想自我，但是囿於現實條件，並不能讓每個人都可以遂其所願。我們的焦慮來自「理想我」（ideal self）與「現實我」（real self）之間的差距，如果可以適當調整兩個「我」之間的差距，焦慮自然降低，而適當的焦慮有助於個人自我能力的提升。

因此，提供孩子一個安全的環境、鼓勵孩子去探索，孩子就會對新鮮經驗慢慢開放，並在冒未知之險中，得到新的經驗與領悟，即使沒有成人的嘉許，仍然可以在這些體驗中得到滿足與成就。不以他人的批判為唯一標準，而是漸漸形成自己的一套評量價值、有自己的觀點看法，知道自己要的是什麼、願意持續做這樣的探索。讓孩子有適當成功和失敗的經驗，不要凡事越俎代庖，或是根本放手不理會，孩子自然就會在經驗中習得寶貴智慧，也增強自己處理問題的能力。

（三）注重關係，以及一同分享成長的旅程

親子間的關係品質是促成孩子成長的關鍵因素，而孩子只有一次的成長機會，父母親的陪伴成長，就是與孩子共享生命經驗的旅程。父母親藉由教養孩子的機會與孩子交會互動，通常也學習到自我的成長。因此我們可以看到許多父母親從孩子小時到成年，都還可以與孩子維持相當愉快和諧的關係，表現出來的生活態度也是較為開放、民主、願意成長的模樣。

在親子關係中，「信任感」的建立非常重要，家長相信孩子，孩子就會看重自己、肯定自己的價值，也會覺得安全。因此隨著孩子漸漸成長，父母親的信任也容許他們慢慢「放手」讓孩子去拓展、創造自己的人生。

「自我實現的人」（self-actualized person）的積極特質

準確和充分地認知現實	對於身處的周遭世界有具體實際的認識，不會囿於自己主觀狹隘的識見，做出錯誤的判斷與估算。亦即可以對現實世界做客觀觀察與評估，與它維持適當的關係，也對世界上的事物存有好奇探索、憐憫同情的心。
悅納自己、他人和周圍世界	喜歡自己、接受自己的樣子，也同時與其他人維持良好關係，接受也欣賞人性，認為人與世界都有改善的可能。
自然地表達自己的情緒和思想	真誠、自然、不矯揉造作，勇於表現自己，接受自己的情緒，也做適當表達。
超越以自我為中心而以問題為核心	不是個人本位的自戀或自私，而是在工作中實現自己、享受生活。
具有超然獨立的性格	知道、也保有自己的獨特性，可以與人相互依賴並獨立自主。
對自然條件和文化環境的自主性	自動自發、不受限於文化或環境的制約，是自我引導取向的。
清新雋永的鑑賞力	欣賞大自然與周遭美好事物，把握當下就是永恆！
常有高峰經驗	有興奮喜悅的情緒經驗，也振奮、生意盎然，會珍惜所經驗的一切。
真切的社會情感	有人類一體的感覺、悲天憫人之心，會去關心他人，也協助他人。
深厚的人際關係	與人之間的互動是真誠、深刻的，而非利益交換。膚淺關係是不長久的，也有一些親密知己。
具有民主風範尊重他人意見	尊重自己的權利，也以同樣態度對待他人，不因己利而剝削他人，因此可以接受不同的經驗與看法。
具有強烈的道德感及倫理觀念	為人處事有一套遵循的標準與原則，是非善惡的分辨有內在標準，而非受外力逼迫，也就是有自己內在的道德標準。
具有哲理氣質及高度幽默感	有自我解嘲的能力，幽默的處事、對人態度，也在這之中透露出對於生命的深刻體會與哲理，以及寬容的氣度。
具有創造力不墨守成規	思考與行為有彈性、開放，可以接受新的思維，也有擴散思考的原創力，對於問題或想法有新的解決方式。
對現有文化具有批判精神	對現有文化具有批判精神。

（車文博，2001，pp. 133-136）

Unit 4-7
人文取向的諮商理論（七）

三、完形學派在親職教育上的運用

完形學派相信人是有能力、是主動的，而生命中最真實的部分就是「經驗」，生命最珍貴的就是「經驗生命」。此外，完形學派還強調一個人的「全部」而不是「部分」，用在親職教育上，就會顧及到一個人的身、心、思想與生理、個體與環境間的關係，因此將所有會產生影響的因素都考慮在內，作整體的考量。而完形學派強調經驗不是說教，也就是「要自己成長、站穩腳跟，自己處理生命中遭遇的問題」（Corey, 2001, pp. 195-196）。

完形學派講「真實接觸」，是說明一個人的生命與生活應該是內外如一、表裡一致，特別是個人與自我之間的關係。談到一個人的人格不能單就行為、思考或感受的一個層面來了解，因為「部分的總和不等於全體」，所以連同一個人的身體狀況、肢體表情、精神與心靈層面都要顧及。這樣的說法正好印證了親職教育的全面性與特殊性，也就是說，親職教育其實是概括一個人生活的許多面向，不是單一層面的需求獲得滿足就可以。

完形學派創始人Perls（1893-1970）將此學派規範為存在主義的一個取向，因為他強調的是人存在的現實與完整性，最終目的是希望人可以真誠生活、與自己做最為真實的接觸，如同中國的禪宗生活（Clarkson, 1989）。

親職教導中，要如何讓孩子了解每個人都有其生命任務要完成，而能夠儘量真實過生活，不僅壓力減少並可坦誠面對自己人生，的確不容易，但卻是期望達成的目標。

（一）自我覺察與行動

完形學派是重視生活實驗的，也就是之前所說的「經驗生活」。而人要過更真實無偽的生活，就必須常常覺察自己生活中的一切，覺察愈多就會愈清楚自己的自由有多少，也能做自己的選擇，只有自己最明白自己在想什麼、感受為何、該採取怎樣的行動（Clarkson, 1989）。

Perls認為人的「自我覺察」能力本身就非常具有療效（Thompson & Rudolph, 1992）。健康人的指標就是要成熟（知道如何運用自己本身的資源）、負責（願意承擔）、自我實現（成為自己想要成就的人）、真誠（內外一致、對周遭環境開放，也有敏銳覺察），以及充分接觸（跟周遭環境與自我）（Passons, 1975）。而「覺察」就是健康生活的首要工作，不僅親職工作需要常常自省，正因為人類是會自我覺察的有機體，藉著自我覺察的能力可以讓自己與人類生活更美好。

 小博士解說

「覺察」包括了解環境與自我，進而接受自我，同時能夠去接觸。

父母親的覺察（節錄）

- ▶ 和原生家庭的關係
- ▶ 覺察自己的人際關係
- ▶ 覺察自己的親密關係
- ▶ 覺察自己的親子關係
- ▶ 覺察自己的價值觀
- ▶ 覺察身體和情緒
- ▶ 覺察壓力及自我照顧
- ▶ 覺察性別與相關議題
- ▶ 覺察生命意義／靈性需求

完形學派觀點的親職運用

- ● 了解孩子是一個獨立、完整的個體，不是父母的分身。
- ● 願意反省與改善的家長，就是好家長。
- ● 相信孩子自我調節的能力，孩子並非無能。
- ● 不要讓自己的未竟事務或未滿足之需求，妨礙了親職效能。
- ● 體驗生命、享受當下，就是創造生命意義的最好表現。

Unit 4-8
人文取向的諮商理論（八）

（二）自我調整的能力

「自我調整」（self-regulation）是人與生俱來的能力，用來滿足個人的需求，人如果想要獲得的需求受阻，就會造成「未竟事務」（unfinished business），會一直想要有個完結，要不然就會變成「固著」現象。需求被扭曲、否認或替代，甚至被趕出覺察之外，也為未來埋下了失敗的種子（Clarkson & Mackewn, 1993）。

Perls相信人有自我調整的能力，只要人可以充分覺察。人之所以會出現問題，主要原因包括：與周遭環境失去接觸，與他人合流、沒有自己，有尚未完成的未竟事業，否認或是沒有滿足自己的需求而覺得不完整，將自己的人格割裂為「應該」與「想要」，喜歡將事物二分化（如心／靈或身／心）（Thompson & Rudolph, 1992, pp. 111-112）。

一個人的自我調整能力是發揮在「平衡」機制上，個人可以利用現存環境裡的資源，滿足己身的需求、恢復原本的「平衡」狀態，或是需要做一些改變來達到自我成長。儘管「自我調整」是人天生就具有的能力，但是現在絕大多數的人已經失去這樣的直覺，也不相信（Korb, Gorrell, & Van De Riet, 1989），寧可任由認知與理智或是情緒來主導一切，漸漸棄置了自己的動物本能，這也是為什麼人不肯與自己有直接接觸，活得不夠真誠的原因之一。

父母如果將孩子喜、怒、哀、樂的力量都歸於環境，不僅太物質化，也容易讓孩子失去仰賴自我的能力；相對地產生自我懷疑、自尊不足。相信孩子的能力，因為每個人都有解決問題的潛能，也讓孩子去做適度的嘗試、體會。恢復且熟悉本有的能力，可以讓孩子過得更自動自發、收放自如。父母親要讓孩子有協調個人需求與環境之間的能力，不是過度操控環境，也不是被環境控制，而是最後能夠「自我依賴」（Clarkson & Mackewn, 1993）。

此外，父母親除了提供孩子生長的客觀物質環境，注意孩子的人際關係之外，還要體會到孩子的內心世界與感受。當外界環境不容許孩子做真正的自己，應該要如何協助釐清與肯定？由於孩子生活在社會中，也需要與周遭環境有適當連結；與環境（包含了他人）的關係是保有自己，但不是太自我，也就是保持彈性的「界限」與分際。

（三）當下經驗

每個「當下」的集結就是未來、就是一生，只有將所有感官打開去充分接觸、體驗當下的生命最真實。沒有過去的憂懼或是未來的焦慮在作用，這種「不逃避」的方式也會促使個體願意為自己的行為負責任、與生命做最真實的接觸。

現在科技發達，手機的自拍功能常常讓家長努力去「捕捉」孩子當下的珍貴舉動，卻忘了體驗與欣賞當下的經驗，殊為可惜！孩子要的就是與家長相處、同在、創造記憶，而不是留在手機裡的影像。

「活在當下」是最好的生命教育

- 專注當下、認真過生活。
- 誠實面對自己與生活。
- 生命就是體驗，體會喜怒哀樂不同情緒的感受。
- 願意去嘗試、探險，開發新經驗。
- 珍惜與所接觸每個人的互動機會。
- 為自己的選擇與行為負責。
- 感謝每個經驗豐富我的生命。

孩子需要養成的能力（節錄）

能力	功能或效果
閱讀	充實知識、拓展視野、培養創造力與判斷力、增加語言與辯證能力、休閒嗜好
運動	開發腦力、促進腦部發展、強健體魄、與人互動、休閒嗜好、情緒管理
好問與質疑	對世界好奇、願意探索答案、主動找資料、願意思考問題、具解決問題能力
願意嘗試的勇氣	不受困於思考、有行動力、表現主動、較少遺憾
欣賞與美感	接納與欣賞新事物、充實生活、對人性的了解與寬容
延宕滿足	挫折忍受力、不衝動做決定或行動、給予思考空間、有較大成就

 知識補充站

　　完形學派重視身、心、靈合一，身體感覺也會反映我們的心理狀況及需求。

Unit 4-9
人文取向的諮商理論（九）

（四）未竟事務與負責

　　人基本上是希望可以經驗完整、全部，而不是中途受到打擾，這樣子就會出現「未完成的情況」——就是所謂的「未竟事務」。

　　一般家長在教養孩子時其實也很注重這一點，希望孩子做任何事都可以有始有終、不要半途而廢，結果如何尚在其次，可以經驗整個過程，才是重點。而用在親子關係上也是相當重要的，如果孩子沒有受到父母親良好的照顧，他會覺得遺憾，好像與父母親之間的關係受到干擾或破壞，因此會在心理上留下缺憾。

　　比如說，沒讓孩子在親人過世時做哀悼悲傷的動作，或是做得不夠，孩子可能在往後的生活中，就出現對許多事物冷漠、不敢用情的情況。

　　許多人將過去的傷害或遺憾帶到目前的生活中，不僅對目前生活產生干擾，也限制個體發揮應有的能力與作為。倘若都不做處理，可能就會讓個體「卡」在某個地方、自己陷溺其中，也妨礙了往後的發展（Corey, 2001）。

　　父母親自原生家庭或是童年經驗裡所帶來的「未竟事務」（如與父母手足的相處、受傷經驗或未完成的悲傷等），也都可能會影響著自己的親職效能。家長儘量讓孩子可以充分發揮、表現自我，而不是刻意壓制或是傷害，讓孩子可以在安全自在、受到適當保護的情況下去體驗生命中的一切。孩子做錯了什麼，或者是做得不夠，都應該給予第二次機會去作補救，如果父母親自己發現需要做彌補動作，也

儘量在覺察之後有所行動，以免後悔。在這一點上就非常「當下」、「存在」，也深具生命意義。

　　父母親可以協助自己與孩子，檢視這些讓自己與真我不能做真實接觸的防衛機轉，看是不是太過害怕被傷害，所以不敢用心、用情？不敢與人接觸，怕失去自己的完整性？太在乎該與不該，失去了應有的彈性？覺察不夠，卻突顯了自己的無知？不敢向外尋求協助，因此對自己傷害？認為控制一切才是成熟，所以慢慢失去了自發性？害怕不同、害怕分離或死亡，因此不敢獨立自主？

　　此學派所謂的「負責」是「能夠」對自己的期待、想像、渴望、行動等「做反應」（being able to respond）的意思（Korb, Gorrell, & Van De Riet, 1989）。父母親放手讓孩子去嘗試、適時給予協助與指正，孩子就學會承擔責任。鼓勵孩子覺察、感受、接受自己的感覺與想法，不會要求孩子為了符合自己期待而需要許多虛偽的假面具（或說謊）。孩子在家長願意接納、聆聽的情況下，就可以更自在表現、表達自己。

　　每個人都是自己人生的作者，不逃避、不否認、真誠面對與接觸，就可以過自己想要的生活。儘管環境有許多阻礙，不讓我們做真實、完整的接觸，這些也都可以克服到相當程度，因為人不是受害者。

完形學派提到「未竟事務」的影響

影響	說明
「不敏銳」（desensitisation）	降低自己對外界的敏銳度、甚至麻木，避免自己受傷。
「折射」（deflection）	逃避與另一人做接觸，害怕受到影響。
「內射」（introjection）	內心有個「應該如何如何」的尺度，不敢踰越。
「投射」（projection）	在他人身上看到自己沒有覺察的部分，例如：偏見。
「反射」（retroflection）	想要對別人做的卻不敢，於是就反而轉向對自己做，不能滿足自己的需求，也阻擋了自己的能力。
「自我中心」（egotism）	控制一切，不相信直覺或自發性。
「融合」（confluence）	將自我與環境混在一起、無法分離，不敢表現不同，因為害怕會失去。

（Clarkson, 1989, pp. 51-56）

人格結構面向

結構面向	說明
虛假（the phony）	我們玩遊戲、迷失在所扮演的角色裡，我們「假裝」自己是那個角色，不跟自我做真實接觸。
恐懼（the phobic）	害怕自己必須面對或承受情緒上的痛苦，而刻意迴避、否認那些會引發不快情緒的情境或事物，也因此限制了自己許多發展與探索。
死角（the impasse）	當我們企圖控制周遭環境、去爭取想要的東西時，很容易就因此限縮視線與思考，而陷入死胡同；不要太堅持，且讓自己多些彈性，可能就會製造了其他可行性。
內爆（the implosive）	容許自己去體驗那種進退無據、被逼到牆角的無望無力感之後，卸除想要繼續否認與逃避的心態，這個感受雖然痛苦，但是卻可以激發願意做改變的動力。
爆裂（the explosive）	將偽裝虛假的面具剝除，把許多花在這些掩飾否認上的壓力解脫了，也釋放大量精力，開始面對真實的自己、過真誠生活。

（Perls, 1970, cited in Corey, 2001, pp. 199-200）

注：Perls將人格比擬做「剝洋蔥」，有不同的層次，而人必須要剝離這些神經質（neurosis）的面向，才可以達到真正的成熟人格。

115

Unit **4-10**
認知行為取向的諮商理論（一）

本單元會針對行為取向、認知取向等不同學派的親職運用做一些介紹。

一、行為主義諮商學派在親職教育上的運用

行為取向的諮商學派重視環境與外在的影響力量，也認為只有行為的改變才是真正的改變。行為的改變可能經由不同管道接收訊息，然後從行為中表現出結果，而觀摩也成為學習途徑之一。

目前的行為主義已經不單是以環境為唯一決定行為的因素，還須考慮到個體情緒與認知的部分。行為主義的許多理論都是家長常常使用到的，而且是「行而不知」。行為主義強調環境，它的基本信念是改變可見的行為才是目的，使得許多父母親信服其功效，甚至也身體力行。

行為主義的親職教育重心放在藉由環境力量來加以約束或形塑行為的操作上，也因為其已加入社會學習的觀點，因此不再將人視為被動的立場，而是有主動學習的能力。「經驗」與「學習」在人類學習上擔任關鍵角色（Liebert & Liebert, 1994），因為親職技巧基本上，就是憑藉著「經驗」與「學習」管道得來。

（一）重視可觀察、可評量的行為

孩子的行為是可以看得見，也可以加以數據化的。我們常常聽到父母說：「我的孩子常常說謊。」「常常」雖然表示次數很高，但還是不具體，因此也許會要求父母親做一些實地

的觀察與記錄，讓事實的面貌真正呈現，一來可以說服佐證之用，也就是看到說謊行為的嚴重性如何，有沒有必要加以處理？二來可以得到一些可用的資訊，包括：孩子是在什麼情況下特別容易說謊？其背後的可能動機或是引發的事件為何？孩子的行為經過具體的觀察與評量之後，可以釐清其嚴重性如何，不會誇大或太抽象，也容易取信；而就親職教育的立場來看，描述具體事實也是比較合理的方式，不會引起孩子的不滿，不管是在鼓勵孩子或是糾正孩子的行為上，也都需要具體可見的行為為依據，效果才彰顯。

（二）「觀察」與「示範」

學習理論的觀點主要就是「觀察」與「示範」，觀察也稱為「替代學習」（vicarious learning）。孩子會根據父母親的行為來模仿學習，以父母親的身教為「示範」。孩子很早就學會觀察，可能會立刻就模仿，也可能延宕模仿。因為孩子是很棒的觀察家，家長的以身作則最具說服力，因此家長若是有言行不一或雙重標準，孩子也看在眼裡。

基本上，要指責、糾正孩子的錯誤行為，最好在私下場合進行，保住孩子的自尊是很重要的，而孩子在這種被尊重的情況下也比較願意改正。當然，有更多的學習是不必要有具體的事物或行為呈現的，特別是孩子有抽象思考能力時，孩子可以從閱讀或聽故事時，從而仿效電視、電影或是傳記人物。

建立新行為或是養成新習慣可使用的原則

使用不同增強方式	對於新行為的建立，要在行為剛剛出現的關鍵時刻，增加增強的次數與強度，可能是每表現出一個可欲行為（desirable behavior），就立即給予增強或鼓勵（連續性增強）。而當行為已經建立，就可以減少增強的次數，甚至變成「間歇性增強」（interval reinforcement，就是隔一段時間給予增強），或是用「比率性增強」（ratio reinforcement，就是在可欲行為出現多少次之後給予增強）。
連續漸進原則（proximity）	連續漸進是行為改變技術裡的一種技巧，也就是在新行為建立之初常常使用的方法，在整個過程中要用到許多增強的技術。主要是針對要達成的目標行為、循序漸進細部化，當孩子表現出接近目標行為的相關動作，就給予增強或讚賞。
皮馬克原則（Premark principle）	把孩子不喜歡做的事安排在喜歡做的事之前，就可以增加不喜歡做的事頻率。比如要孩子先寫完功課才可以看電視；先喝完牛奶才可以出去玩。寫功課、喝牛奶可能不是孩子喜歡的，但是看電視與出去玩是孩子喜歡的，這樣的安排就可以讓孩子先做我們希望他多做的，少了親子之間的爭執。

知識補充站

　　孩子最直接的學習就是觀察與模仿，這說明了家長以身作則的重要性，孩子也會觀察家長是否言行一致。若家長說的與做的不一致，孩子較會相信行為表現的部分。

Unit 4-11
認知行為取向的諮商理論（二）

（三）增強原則

所謂的「增強」，就是可以促成更多或是減少某項行為的「處理」動作。依增強形式來分，可以是「有形」與「無形」的增強，前者包括物質方面的獎賞，像是吃的東西或金錢，後者包括抽象、社會性的獎勵，像是記優點、拍肩、鼓掌、微笑、鼓勵的眼神、誇獎讚許的話。人都需要被看見、被鼓勵、受到重視，孩子年幼時用有形的鼓勵〔或是所謂的「原級增強物」（primary reinforcer），如食物、獎品〕效果較佳，但是也要慢慢地把增強形式加以變化，以社會性增強或「次級增強物」（secondary reinforcer）（如鼓掌、微笑、記優點）來取代。最後是希望孩子不必要經由外在的增強而得到鼓舞，而是有「自我增強」（self-reinforcement）的能力，也就是將增強的來源放在孩子自己身上，孩子不會為了討好他人或是迎合環境而喪失自己作主的能力。

一般所謂用來增強的「增強物」，可以有「生理的」（比如可以用來滿足基本飲食需求的，像是食物、糖果、飲料或是金錢、玩具等）、「社會－情緒的」（如讚美、微笑、擁抱等），以及「活動性的」（如電影、電視、可以玩久一點、看故事書等）（Jensen & Kingston, 1986, p. 185）。然而孩子如果只是仰賴或依據外在的尺度作為評量自己行為的標準，不僅不會負責任，也沒有獨立做決定的能力。我們的教養過程中諸多是符合增強原則的，像是起初孩子會因為要獲得雙親或大人的稱許與注意而做，後來自己不在乎他人的獎勵，而是在做之中就有酬賞。比如說閱讀或運動，原本是成人看到這些行為而稱讚，後來自己在閱讀之中發掘了樂趣，使得閱讀本身就是酬賞，自己願意花時間去閱讀，甚至培養成為一種嗜好，這就是「自我增強」。

但是「增強」也常被誤用，也就是父母親在使用之時不小心，反而會造成後來的失敗！比如說，孩子在百貨公司前面因為要不到某個東西而哭鬧，父母親當然希望可以堅持不給，以免孩子養成予取予求的習慣，但是當孩子堅持得比父母親還要久時，父母親可能就沒有耐性，或擔心自己的面子問題，因而放棄與孩子抗爭、屈就了孩子的要求。孩子在屢次嘗試之後成功了，下一回當同樣的情形再發生，孩子會堅持得更久，因為上一回已經嘗到甜頭了，他們相信只要堅持得比父母還要久，最終父母還是會投降。這樣的增強所造成的結果或行為，通常很難消除，這就有點像賭博的「間歇性增強」一樣。許多賭徒都相信只要堅持夠久，總是會等到他們想要的，這一點也提醒了為人父母者，要特別注意管教的一致性與持續性。

小博士解說

社會性增強（給予鼓勵、讚美或敬佩、羨慕眼光）是效用很大的一種增強方式，不僅可以擺脫低層次的原始增強（如食品、物質），讓孩子不會太功利取向，也滿足了人需要被「認可」的自尊需求。最後不需要任何增強物，依然可以有良好行為出現。

對於不同發展階段的孩子使用增強方式注意事項

年齡	增強方式
二到六歲前運思期	需要原級（primary）增強物，使用連續性增強較為有效；使用「暫停」（time-out）技術是用來教育他們為自己的行為負責，但由於孩子們發展情況的限制，其時間觀念會較為模糊，處罰時間不宜過長。
六到十一歲具體運思期	可用次級增強物或代幣制度，增加社會性增強很重要。
其他年齡層的孩童	社會性增強的使用較其他原級增強或次級增強來得有效，其進度也是希望由具體物質增強，慢慢以社會性增強取代，然後達到孩子「自我增強」的目標。

（O'Connor, 1993, pp. 293-294）

增強的類別

正增強 （positive reinforcement）	是指一個行為出現之後的結果，會讓孩子繼續出現類似行為的機率增加，像是誇獎孩子助人的行為之後，可以預期孩子助人的行為會增加，因為助人之後的結果——誇獎，是讓人愉悅、高興、正向的，所以孩子會希望再有機會表現出相似的行為、得到喜歡的結果。
負增強 （negative reinforcement）	就是移除讓人不喜歡的、不舒服的東西（像是限制活動、打掃或是有處罰意味的事物），因此如果把那種不喜歡的結果拿開，就可以增加行為出現的頻率，就是所謂的「負增強」。比如說媽媽嘮叨孩子房間髒亂，一旦孩子把房間整理乾淨了，媽媽的嘮叨就停止，在這個案例裡，媽媽的嘮叨就是「負增強」，因此為了減少負增強的最好方法就是常常整理房間，也因此會增加整理房間的行為。

Unit 4-12
認知行為取向的諮商理論（三）

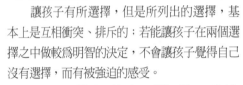

（四）選擇互斥

讓孩子有所選擇，但是所列出的選擇，基本上是互相衝突、排斥的；若能讓孩子在兩個選擇之中做較為明智的決定，不會讓孩子覺得自己沒有選擇，而有被強迫的感受。

如果孩子們為了搶玩具爭鬧不休，可以告訴孩子做以下選擇：兩個人都不能玩，或是要他們商量好如何一起玩。孩子很聰明，會衡量最佳的處理方式，也可藉此機會讓孩子學會與人合作、分享。

（五）處罰

處罰就是刻意使用讓孩子不舒服的方式，希望可以阻止其不適當的行為。處罰的形式一般可分體罰、剝奪特權，以及言語責難（Jensen & Kingston, 1986）。

處罰的使用，通常是針對危險的行為所做的立刻制止動作，像是孩子玩火而立刻打他的手，就是處罰。但是處罰之後倘若沒有後續的糾正，處罰可能會無效。處罰只能暫時「遏止」目標行為的發生（治標），但是沒有達到根本修正防堵之效（治本），因此接下來的動作就非常重要，也就是要有「正確處置行動」（corrective behavior）的出現，特別是當孩子不知道什麼是正確行為的時候！

比如前例孩子好奇玩火，可以讓他在一個安全的環境中（比如周遭沒有易燃物的一塊空地，而且在成人的監控下），在一個鐵製垃圾桶內劃火柴。孩子打架是處理衝突的一種方式，要孩子商量彼此願意讓步、共同分享或玩

耍的規則，這也是示範，還提供了孩子下一回處理類似衝突情境的能力。

處罰通常是由成人定規則，然後執行之。在孩子尚年幼時，其實就可以開始與孩子共同研擬規則與獎懲方式，因為經由共同努力定下來的規則，孩子也參與一份，要共同遵守就比較容易。如果只是父母親單方面的約束，孩子不是發自自由意識，其效果較差。此外，孩子犯錯，讓孩子理解錯誤的地方在哪裡、要如何修正，甚至接受怎樣的懲處，也可以經由共同的會議協商來訂定，孩子可以參與提供意見，在執行上就容易心服口服。

有研究指出：家長使用語言的斥責或是體罰與孩子的問題行為是成正比的（Brenner & Fox, 1998），也就是言語和肢體處罰愈多、孩子的問題行為就愈多，而嚴厲的管教也會讓孩子的身心與行為問題增加（Deater-Deckard & Dodge, 1997; Reid & Patterson, 1991; Takeucki, Williams, & Adair, 1991; Velez, Johnson, & Cohen, 1989）。

一般人詬病處罰主要是因為：處罰是運用外鑠的力量來控制或約束行為，會阻礙個體內控力的發展，容易為了逃避懲罰而陽奉陰違、沒有真正改善。父母親處罰孩子，正好給孩子觀察學習的機會，孩子容易模仿父母親這種處理事情的方式，甚至是「以暴制暴」。處罰容易造成孩子與家長對立的情況，阻礙親子關係（李丹編，1989）。

處罰的特性

▶ 處罰表現出執行處罰者的個人威權與力量。
▶ 不符合邏輯,行為與處罰之間沒有合理的連接。
▶ 涉及到道德批判(成人的判定好壞標準)。
▶ 與過去行為或歷史連結(讓孩子覺得很難改正)。
▶ 往往是氣憤的表現,也常常在處罰之後會後悔。
▶ 沒有給對方(或孩子)選擇的餘地。
▶ 接受處罰的孩子是在「忍受」,卻不是心服口服。
▶ 處罰常常是出於衝動的結果。
▶ 被處罰的人覺得自己很渺小或無價值。
▶ 處罰常常伴隨著嘮叨。
▶ 使用的方式是說教與強迫。

(Sweeney, 1989, p. 95)

有效的處罰

▶ 處罰的安排應該是孩子不可能逃避的。
▶ 處罰的嚴厲性要夠大。
▶ 每個反應都要受到處罰。
▶ 處罰應立即。
▶ 處罰不是循序漸進,而是一下子就夠嚴厲。
▶ 不在情緒不穩定時施行處罰,因為可能會過於嚴厲或是失去理智而造成傷害。
▶ 考慮其他處罰方式(如剝奪特權或是言語責難),不要一味採用體罰。
▶ 運用處罰時,要提供其他可接受的行為方式與方向,如此孩子重蹈覆轍的機會才會減少。
▶ 威脅要處罰與執行處罰時間不要間隔太久,以免失去時效或處罰效果打了折扣。
▶ 處罰應與該行為作適當配對,也就是要區分嚴厲性與行為的輕重緩急。
▶ 明確告訴孩子受罰原因。
▶ 使用言語的責難要針對行為,不要損及孩子的自尊,也就是不要「因其行、廢其人」。

(Jensen & Kingston, 1986; Norton, 1977, cited in Jensen & Kingston, 1986, pp. 202-205)

Unit **4-13**
認知行為取向的諮商理論（四）

（六）代幣制或次級增強（token economy or secondary reinforcement）

使用孩子喜歡的貼紙或象徵獎勵的物品（卡片或是記號）作為「代幣」，與孩子商量哪些表現可以得到獎賞，又可以兌換什麼東西？孩子的行為可以讓他自己或是父母親記錄，實行一段時間之後結算成果，然後施予獎勵。

代幣制的執行要有效果，主要還是增強物是否為孩子真正喜歡或想要的，以及執行的一致性，同時要適時將計畫做調整或改變，以防孩子對獎勵失去興趣。許多代幣制的獎賞，可以把家人一同的活動放在裡面，不僅增進家人的情感，也達到想要的目標。

父母親在使用「代幣制度」時，也要注意一些施行的方式。運用「集點」或是「獎勵卡」的方式讓孩子因為好行為得到獎勵，而「兌現」的方式不一定要是實質的東西，可以用活動（比如說下棋、出去玩、看電視等），甚至把家人的活動也安排進去（像是聽音樂會、郊遊、出去用餐），把其他社會性的獎賞加進來效果更佳（比如說全家出遊就有許多社會意涵在裡面），或是將家人也包括在計畫中，彼此互相支持（如減重計畫可以母親邀請孩子一起來做，效果會更好）。「代幣制度」不需要執行得很長久，孩子或是家人已經習慣了，也遵照一些不錯的生活規則，「代幣」的存在就不是很必要。

（七）行為改變技術（behavior modification）

指的是運用前面所說的增強原理，讓行為達到改變（增加可欲行為，或減少不可欲行為）的一系列有組織的執行計畫。進行行為改變技術需要一段時間，而且每一次設定的目標行為不要太大（最好是與上一次相比較，有進步就行），否則只是徒然增加失敗的機會（如本來考個位數，卻將目標訂為60分）。計畫也要具體可行，每週或隔一段時間做適當修正，效果會相當好，當然家長有興趣做，也要投入相當的時間與精神，因此如果家長認為值得一試，不妨嘗試一下。

行為改變技術的進行步驟：設立改變目標（愈具體愈佳）──→建立基準線（了解計畫執行前行為的概況）──→設計改變行動（增強方式、增強物或處罰）──→每週做總結評估（看平均數是否有進步）──→調整增強方式、增強物。

小博士解說

由於行為主義似乎把孩子的表現放在外力的評估上，特別是家長的酬賞或是處罰上，一旦孩子行為出現問題，可能就會認為是太過縱容、沒有約束，或是使用行為原則失當，因此讓家長認為只有更為嚴厲才可能收效（Jensen & Kingston, 1986, p. 80），這樣的處置效果可能適得其反！

行為改變技術案例舉隅

目標	減輕體重
基準線	每天量體重（記錄下來並繪成折線圖）、計算平均數（體重）＝68.5公斤
平均體重	68.5公斤
第一週目標	＜68.5公斤
改變行動	(1) 每天運動三十分鐘。 　　（一週達成三次就算成功） (2) 飯量減少：由一碗變2/3碗。

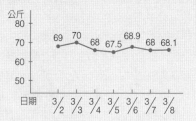

增強物	一週量一次體重，只要減少0.1公斤就存50元；減少0.2公斤就存100元；減少0.3公斤可以與朋友出遊一次。

減重日開始就通知大家「我正在減重」，若有人邀約吃飯，就先在半小時前喝500c.c.的水，食物也以汆燙或蒸煮為主。

行為主義運用在親職教育

▶ 行為主義是在孩子的自然生活環境中進行，不是人工刻意安排的情境，這樣易讓孩子容易將所學加以有效運用。

▶ 處理的是目前所遭遇的問題，且不咎既往，這也讓親職工作不會因為孩子過去的紀錄或歷史而喪失了改進的機會，這一點是極具鼓勵作用的，因為每個人都會擔心自己的過去影響未來發展。

▶ 身教重於言教，著重在做而非說理說教，行動可以讓目前情況改變，有些情況是需要教導一些特殊技巧的，不是「不教而成」。

▶ 行為主義強調「自我控制」（及「自我增強」），運用在親職教育中，就是要讓孩子會去行動，也評估行為後果，為自己的行為負責任。

▶ 每個行為主義的運用都是因人制宜的，也就是會因為不同的孩子而做適度的調整或量身打造。比如對每一個孩子來說，「糖果」（增強物）不一定是每個孩子的最愛，而常常被處罰的孩子，體罰對他的效用就有限；有的孩子需要鼓勵、練習才敢踏出下一步；有的孩子可能在觀看他人的表現之後就可以自己履行，行為主義提供了這項彈性。

▶ 行為主義的親職教育是親子合作的關係，而不是威權或上對下的關係，親子一起學習並一起成長。

▶ 行為學派的親職教育重點會放在環境的營造上，我們看到許多家長願意將孩子送到安親班或補習班，講究孩子的學習環境可見一斑，甚至希望可以到某些老師的班級「接受陶養」，都是認可行為學派的做法。

Unit 4-14
認知行為取向的諮商理論（五）

二、認知取向的諮商理論在親職教育上的運用

　　認知取向的諮商理論強調一個人的想法可以影響他的感受與行動，因此改變一個人看事情的方式，就可以讓其產生行為上的改變。中國人是很具強烈認知取向的，但是也因此可能囿限於「知而不行」或「知易行難」的陷阱。運用在親職教育上，就會發生「知道卻做不到」的遺憾！目前的許多認知取向都已經不以認知為唯一主軸，而是加入了「行動」的因素，讓其理論與臨床工作更為契合。

（一）認知行為學派在親職教育上的運用

　　認知行為學派是結合了「行為學派」與「認知學派」的觀點。「認知學派」著重在一個人如何將吸收的資訊加以處理、分析、了解、歸檔與運用的過程，而在心理諮商上，認知學派是指一個人是如何看事情、做解釋，而這個解釋會影響到一個人的行為；相對地，一個人的行為也會影響到他的想法，因此「處理訊息」方式與「如何行動」，甚至「如何感受」，是互相影響的。將這個理論運用在親職教育上，就必須至少考量三方面：行為、認知與情緒。

　　我們一般的生活經驗是「看到才相信」（to see to believe），但是認知行為理論所說的卻正好相反——「相信就看得見」（to believe to see）。舉例來說，如果相信鬼神的人，會容易看到神蹟或鬼影，而一個人的行為

124

（如「有人看我」），卻可以在不同的人身上發酵不同的效果與行為（像是「他好像恨我」、「他欣賞我」、「他覺得我很奇怪」或是「他很欠扁」等），這樣「解讀」結果不同，可能引起的情緒（像是「很氣憤」、「很歡喜」、「很難受」或是「很討厭」）與行為（像是「瞪回去」、「微笑」、「低頭」或是「揮拳過去」）也就有差異。我們在生活中的許多經驗也是如此，在還沒有做之前會假想許多情境，造成躊躇不前，但是一旦去做了，卻發現實際沒那麼困難。

　　人有理性與非理性信念。理性信念就是符合事實、邏輯、彈性的，相反地，非理性信念就是不符合事實、邏輯偏誤及僵化的。理性信念可增進我們生活的滿意度，而非理性信念則反之。「非理性信念」可能是承自父母親的身教言教，也可能是自己慢慢自我灌輸來的，但是人依然需要為自己的困擾行為與感受負責。

　　Ellis的「非理性信念」與認知學派（cognitive therapy）創始者Aaron Beck所說的「自動思考」（automatic thoughts）是異曲同工的（Trower, Casey, & Dryden, 1988），而Ellis除了注意非理性思考的辯論之外，也注意一些相輔讀物與行動作業的重要性，但是Beck基本上認為個人的「領悟」能力會產生行動上的改變。

小博士解說

　　通常引導我們行動與感受的，是我們所相信的事或是價值觀。有些觀念是不證自明或是想當然耳的，除非親眼看見證據或是親身遭遇到一些經驗，才有可能做改變。認知行為理論告訴我們，這些觀念或價值觀可以經由不斷地灌輸新觀點或是接受新資訊而改變。

理情行為治療學派（Rational-Emotive-Behavioral Therapy, REBT）
創始人 **Albert Ellis** 認為，人們常有的破壞性非理性想法有：

- 我「必須」要生命中重要他人愛我或贊同我，才有價值。
- 我「必須」要把工作做得很完美。
- 我需要別人對我絕對體貼與尊重。
- 如果我不能得到我要的，就太可怕了，我不能忍受。
- 逃避生命中的難題，比面對它容易多了。

（cited in Corey, 2001, p. 300）

Beck 提出思考上的認知曲解類型

認知曲解類型	說明
斷章取義 （arbitrary inferences）	通常是將事情想像得很糟糕，甚至「災難化」，因此認為對於結果沒有力量去改變，就灰心喪志。如「天啊，我忘了給孩子送便當，她一定餓死了！」
選擇性推論 （selective abstraction）	故意忽略掉其他訊息，而專挑一些線索來形成結論。如「你才考九十九分，我還有面子當你爸爸嗎？」
過度類化 （overgeneralization）	把單一事件的結果也運用到其他相似的情況中。如「上次你就是因為說錯話被記過，你就不能乖乖閉嘴嗎？」
誇大或小覷 （magnification and minimization）	如「是啊！我媽媽說我連地都不會掃，虧我要去當兵哩！」
個人化 （personalization）	把不相關的外在因素都攬到自己身上來。如「孩子出事了，一定是我昨天沒有注意到，是我太小心了，我真該死！」
標籤或是錯誤標籤 （labeling and mislabeling）	用自己不完美或是過去的錯誤，來斷定自己的現在或未來。如「以前我就不是好學生，我當然也不可能是好媽媽。」
兩極化思考 （polarized thinking）	「全有或全無」或「非黑即白」的思考方式。如「孩子沒有被編在好班，也不要冀望她會考上大學了！」

（Beck, 1976; Corey, 2001）

125

Unit 4-15
認知行為取向的諮商理論（六）

126

（二）理情行為治療學派在親職教育上的運用

理情行為治療學派要我們去思考自己的生活中有多少的「應該」、「必須」、「絕對」？這些想法會讓我們的行為與感覺都因此受到拘束與影響，雖然想法不容易改變，但是如果可以從行動中獲得一些驗證，也許就可以慢慢改變想法，想法一旦改變，接下來的做法與感受就都不同了！

認知學派觀察發現，我們常常以為自己想的就是真的，卻自困在有限、無效思考的牢籠裡不可自拔！心理學上有所謂的「比馬龍效應」，這說明了家長對於孩子的期待可能會影響孩子對自己的看法與能力，進而往家長「期待」的方向發展。認知行為學派提醒家長留心自己不合理的意念，因為這也會傳達給孩子，甚至像Ellis所說的，孩子自己也會灌輸自己這些信念。

認知行為學派將焦點放在一個人的想法上，固然在許多地方可以看到其適用性，但是親子之間的許多不同理念與生活習慣不是經過「合理辯證」就可以說服對方的，而是需要輔以其他方式。比如說家長不會在孩子不聽話時，就認為孩子是「故意挑釁權威」，檢視一下自己可能先入為主地認為孩子「應該服從」父母親才是好孩子，這樣的觀念是不是也會窒息了孩子的發展與表達自己的機會？把「孩子應該服從父母」的想法改成「孩子有自己的想法也是不錯的」，也許處理類似的爭執上，就會有較適當的方式。

鼓勵與支持孩子做適度的冒險、學習新事物，而不會因為自己的想法，而影響了後續的行動。當然，「提供不同思考方向」或是「幽默」態度，也是親職教育中可以善加利用的概念。

（三）現實治療學派在親職教育上的運用

現實治療學派指出成功的親職教育是教導孩子運用有效的方式，而不是無效的方式過生活。人要為自己的行為負責，也兼顧現實世界的限制與條件。現實治療學派主張一個人的生活與行為都是自己選擇的，與成功的生活及良好的人際關係有關，生活上之所以出現問題，主要是人際關係上出現了問題。

將焦點放在孩子的問題行為上，基本上對於解決或削減問題行為沒有幫助，倒不如把重點放在「如何解決」上，這也是現實治療學派強調的「不聚焦於徵象上」，而注意「如何採取有效的因應方式」的道理。現實治療學派強調「參與」（involvement），可以讓孩子知道父母親是關心的、在乎的，也願意協助他們，例如：孩子做功課或是勞作，父母親的關切與願意參與（不要越俎代庖），傳達的是對孩子所從事的事情有興趣並願意分享。由於每個人要為自己的選擇負起責任，家長可以做的就是協助孩子開發更多可行的選擇機會。在孩子做了錯誤選擇時不要聲屬氣粗，而是協助孩子檢視有沒有可以挽回或是修正改善的地方，此外也一起看看有沒有其他可能的選項。家長的鼓勵對於孩子來說是很重要的支持力量，現實治療學派強調「永不放棄」的觀點，這也說明了在親職教育工作中，父母親也是永不放棄的角色。

幽默的功效

- 為問題解決打開空間。
- 減少防衛或抗拒。
- 在壓力減低時促進溝通。
- 可鞏固關係。
- 為互動添加趣味。
- 以正向觀點看事件與生活。
- 可以催化頓悟。

使用幽默的注意事項

▶ 幽默是雙方都可意會，並認為是好笑的（是「兩個巴掌」的事）。

▶ 幽默不是嘲諷或傷害。

▶ 幽默不宜用來當作否認、壓抑或退縮的藉口。

▶ 幽默不是挑逗或表現敵意。

▶ 不適當使用可能會造成不尊重對方。

知識補充站

　　若要孩子相信某種觀念或做法，當說服不一定有用，甚至舉證也無效時，就不需要強力灌輸，此時不妨聽孩子怎麼說、怎麼想，然後與其做詳細討論。

Unit 4-16
認知行為取向的諮商理論（七）

（四）溝通分析學派在親職教育上的運用

「溝通分析」（transitional analysis, TA）顧名思義就是著重在與家人的溝通與了解功夫上。溝通分析將人際之間與個人內在架構中的互動模式做了深入的分析與探討，它談的不只是人際之間的關係，也深入個人內在的不同自我狀態。首先，TA提到人有被看見、希望得到注意的需求，這就是所謂的「撫慰」（stroke，即認可的需求，包括身體上的與心理上的，可以藉此來建立與他人的信賴關係、學會關愛他人，與自我心理學派的「認可」觀點是一致的），孩子希望得到重視、得到關愛，才可以有最佳的成長。

而「正向撫慰」包括得到喜愛、讚許、溫暖、鼓勵等激勵人的行為，負向撫慰則可能是澆冷水、指責、嘲諷、貶抑等回應，但是儘管是「負向」撫慰，總是比一點撫慰也沒有要好，這也證實了許多孩子可能在得不到父母親的正向撫慰時，寧可尋求「負向撫慰」，可能遭來毒打或是凌虐，或是讓孩子覺得自己沒有價值、不重要，這總是比「被忽略」要好。

每個人都有自己獨特的「生活腳本」，指的是一套繁複的溝通，是一個人在童年時期就已經規劃的。腳本受到實際生命歷程中個人遺傳、父母因素與外在環境的影響，腳本是父母親加諸在孩子身上的，而孩子也有能力丟棄掉這些原先有的版本，重新開創自己的生命腳本（Stewart, 1992/2000, pp. 78-79）。「生命腳本」的觀念可以用來解釋我們自幼襲自父母親的價值觀，父母親用約束、禁止或是讚賞鼓勵的方式來指導我們是非對錯，這些方式有的明顯、有的隱晦不彰，常常只是一個眼神或是口吻，孩子都可以學到裡面蘊含的意義，然後慢慢地將這些價值觀內化吸收成為自己的價值觀。即使小時候做了錯誤的決定，還是可以在後來領悟覺察之後，再度做修正，所以也預留了改進的空間。

自我狀態（ego-states）是人格結構的模式，包括父母（P-parent）、成人（A-adult）與兒童（C-child），指的是在「自我」（ego）系統中的認知、感覺與價值觀（Berne, 1966, cited in Stewart, 1992/2000）。「自我狀態」是指一個人與他人互動時的情況，每個人都有這三類自我狀態，其中的「父母」與「孩子」是受到過去經驗的影響而存留下來的，其中的「父母」是模仿而來，早年的自我狀態則是「兒童」的，目前的自我狀態就是「成人」，而每一類自我狀態都有固定一套的行為表現方式（Stewart, 1992/2000）。

自我狀態是一種能量的流動、是不固定的，但是也有人因為習慣只使用單一個自我狀態，而造成了「僵化」，這並非最佳的自我狀態。父母親可以藉由對自我的了解，以及自己在某個時候的自我狀態，讓彼此或是與孩子做更有效、建設性的互動。這三種自我狀態應該隨著互動關係與脈絡做彈性的調整及搭配，不僅可以維持彼此良好親密的關係，也展現了人際智慧。

溝通型態

溝通型態	說明
互補溝通	彼此之間的互動是符合期待中的，也是可以持續下去的，像是孩子與父母、孩子與孩子，或是成人與成人狀態之間的溝通。
交錯溝通	彼此間的互動沒有發展成所期待的，容易造成溝通的中斷，除非另一方做改變，溝通才可能會繼續下去。像是孩子（自我狀態為「成人」，期待對方的反應也是「成人」）說：「這一題怎麼寫？」但是家長（自我狀態是「父母」，期待對方的反應是「父母」）的反應是：「你自己應該要去弄懂的！」孩子自覺無趣、摸摸鼻子走人，溝通也就不會持續下去；但是如果家長這邊又接下去說：「你看，我會不幫你嗎？來，給我看看。」家長的自我狀態改成「成人」，溝通就可能會持續。
曖昧溝通	溝通的方式都含有社交層面與心理層面的意味，但是在曖昧溝通裡，真正要傳達的不只是字面上的意思而已，這些字面意義會因為臉部表情、語調、手勢或其他非語文性的訊息而將字面意義做了改變。例如：我們用不同語調來說以下的句子：「你可以出去玩。」接收到的訊息不一定就是「可以」出去玩，甚至可能變成：「你出去玩就給你好看」的意思。

注：溝通型態可以由不同的「自我狀態」來分析解釋，知道在不同溝通型態裡每個人所呈現的自我狀態，比較容易了解在溝通過程中彼此的需求為何，進而可以做建設性，提供適當撫慰的溝通交流。

（Stewart & Joines, 1987/1999）

孩子在成長過程中經歷的心理地位

我不好你好（沮喪的心理地位）	沒有安全感，覺得自己一無是處，而別人說的就是對的。
我不好你不好（精神分裂型的心理地位）	孩子開始可以獨立行走，父母親不再像以往那般呵護，孩子感受到被拋棄、困難重重。
我好你不好（偏執的心理地位）	孩子開始學會鼓勵自己、治療自己，不需要一定自父母那裡得到認可或安慰，這是一種自我救贖的措施。
我好你好（健康的心理地位）	孩子自己在實際經驗中習得能力，也重新做決定，不再視自己為受害者。

注：「心理地位」指的是一個人心目中對於自我與他人價值的評估，來看自己所處的「地位」如何；前三種地位是以感覺為基礎，進入第四種就是加入了自己的思考、信念與行動。

（Harris, 1969, pp. 67-75）

Unit 4-17
焦點解決理論在親職教育上的運用

圖解親職教育

130

焦點解決（solution-focused）的理論是將焦點放在「可以達成」的有用行動上，不去探討原因，而且相信每個人都有解決問題的能力，也運用不同角度的思考，對問題作新的詮釋，運用在親職教育中，會讓苦於管教艱難或是覺得無力的家長，重新去認識、肯定孩子的能力，營造鼓勵、正向的氣氛，給彼此關係注入新生力量。

焦點解決是針對「解決」而非「問題」而採行的方式，在親職教育中，許多的需求或是親子間配合度的問題會產生，但是父母親在「愛之深，責之切」的情況下，常常會對問題的解決採用了重複但是無效的方式，有時候只是把問題弄得更糟而已！焦點解決提供了另一個向度的思考，可以用來順利解決家庭紛爭或是孩子的行為問題，而且強調「成功」的「例外」經驗、注入希望，也讓家長從孩子小小的改變中給予支持鼓勵，讓孩子可以做更大的改進與學習。

父母親在處理孩子的問題時，常常試過某些方法，但是即使效果不佳卻仍持續使用下去，焦點解決建議家長無用的方式就不要繼續使用。人生是解決問題的過程，親職過程中自然也會遭遇到許多挑戰，因此不必浪費時間去找問題原因，而是針對可能解決的方向來思考，同時運用現有的資源與優勢。家長的創意常常是因為孩子的「刺激」，這裡所謂的「刺激」沒有負面的意義，而是指孩子出一個「問題」讓父母親去思考「解決的方法」，這也就是Alfred Adler所謂的「是孩子訓練我們當父母」！同時注意到「從不同觀點來看同一件事情」，而且最好是從「正向樂觀的觀點」來著手，鼓勵彈性與創意。

家長總是希望孩子可以改變，儘管剛起步時改變的幅度不大，但卻是一個很好的開始，也可以從此出發，造成想要更大的改變。因此不要在短時間內期待有出乎意料的突破，要慢慢來。家長有任何決定，記得將孩子包括進來一同商量或執行問題解決的行動，就是以親子「合作」方式來努力，孩子也會有自己解決問題的成功經驗，可以一起貢獻點子，這樣考慮到孩子的意見，執行起來的成功率更高！有時候碰到問題是因為能力被「卡住」，要相信孩子有能力，尊重其為自己問題的解決專家，喚起其原有能力，自然達到有效的解決之道。

總而言之，焦點解決在親職工作中可以運用的是：

1. 家長希望講求時間與效果，也希望在短時間內看到成果。
2. 家長比較希望可以針對問題的解決方式，而非探討原因。
3. 讓孩子與家長合作，而不是對峙、敵對。
4. 不用威權的壓制，而是希望孩子可以主動做修正與改變。
5. 只要有改變都是好事，何況還可以看到更大的改變。
6. 維持樂觀正向的家庭氣氛，讓生活在其中的成員都可以很自在快樂，也相信孩子有能力處理面臨的挑戰。

焦點解決的優勢

▶ 認為人是會使用自身資源去做最好的運用，不強調問題，而強調解決方式。

▶ 充分利用個人的優勢、能力與資源來做解決問題的努力，接納與尊重個人對於問題的看法，把遭遇問題的個人視為問題解決的最佳要素。

▶ 節約原則。方法既然無用，就應該捨棄，並採用不同的方式去解決，也就是不浪費時間與精力在無效的嘗試上。

▶ 改變是不可避免的。小小的改變可以造成「漣漪效應」，就像是水壩會潰堤，常常只是一個小洞的問題，重大的改變也是從小的改變開始。

▶ 聚焦在目前與未來。過去已不可挽，把重點放在問題的解決與未來發展才是主要。

▶ 強調合作關係。威權式或單向的要求與建議，通常收效不彰。如果了解當事人對於問題的看法，從對方的立場來看問題與目標，可能比較容易取得他人的合作與協助，也容易完成目標。

（Berg & Miller, 1992; Murphy, 1997）

焦點解決觀點總覽

● 不強調問題，而強調解決方式。

● 充分利用個別孩子的優勢、能力與資源，來做解決問題的努力，也接納與尊重孩子對於問題的看法。

● 方法既然無用，就應該捨棄，並採用不同的方式去解決，不浪費時間與精力在無效的嘗試上。

● 小小的改變可以造成更大的改變，大改變也是從小改變開始的。

● 把重點放在問題的解決與未來發展上。

● 尋求合作關係。

131

取得青少年的合作，可以嘗試的方法

▶ 採用「大使」觀點──表現出對於問題的好奇、困惑與試驗性的推測，請孩子協助釐清問題與情境。

▶ 配合孩子的語言──用孩子描述問題的用詞，可以更貼近孩子的情緒，讓他知道我們了解。

▶ 配合孩子的立場──了解孩子對於問題解決的信念與處置的理論。

▶ 運用推測的語言──運用解決問題或改變行為的暫時性推論，或運用孩子喜歡的活動、人物或是讀物，來做一些「轉移」與「譬喻」，也可以達到贏得合作的目的。

▶ 鼓勵其他資源的加入與支持──許多孩子所面臨的困難，不是家長單方面的努力就可以解決，還需要其他學校與社區資源的協助。

（Murphy, 1997, p. 61）

Unit 4-18
精神分析學派在親職教育上的運用

132

精神分析學派很注重兒時經驗、個體與父母親的關係，以及人格發展的階段與任務，運用在親職工作中，有其堅持的重點。精神分析學派的理論認為，孩子是從父母親的互動與角色上學習與人相處、對自己性別角色的認同，而親職管教方式如果太過嚴厲，可能會導致孩童後來人格發展的缺陷，也影響到成年後的生活功能。父母親如果在教養孩子的過程中要求太嚴苛，無法適當滿足孩子的需求，可能讓孩子的發展停滯或是變得神經質。現代父母為了避免這樣的後果，卻演變成盡其所能去滿足孩子的需要，因此在教養方面表現出太過縱容的情況（Jensen & Kingston, 1986, p. 80），孩子因為立即可以滿足其需求，因此就變得比較焦躁、速食、自我中心，對於韌性與耐力的培育是很大的阻礙。

精神分析學派對親職教育的提醒，包括提供孩子「安全穩定」的感受，包括餵奶定時、固定的照顧人，還有穩定、變動不太大的環境，能夠因應孩子需求提供適當照顧。此外，提醒家長可以對孩子的情緒表達採開放態度，有助於更了解孩子的內心世界。

精神分析學派將人格分為「本我」（id）、「自我」（ego）與「超我」（super ego）。人初生到這個世界上時，是完全「本我」的，也就是追逐生存條件的滿足、一切依直覺行事。後來「自我」的機制慢慢培養出來，用來調整「本我」與外在現實世界的平衡，也就是開始有大環境力量的涉入影響。「超我」指的是生存社會的「道德」與規則，一個人畢竟是生活在人群之中，必須要適度遵守大家共同的行為規範。父母親在教養孩子過程中，也大半是依循著這些階段來進行，而主要還是把重點放在孩子「自我」統整力量上，讓孩子的自我增能、行為恰當。

人會有焦慮，焦慮是行動的動力，但因為因應焦慮、保護自己，因此有所謂的「防衛機制」（self-defense mechanism）。家長若了解自己與孩子防衛機制背後的緣由，也可以做適當處理，協助孩子成長。當然，企圖舒緩或抵擋焦慮是人之常情，焦慮讓我們有行動力，但是過多卻也會妨礙我們的行動。因此如何給予孩子適當壓力、給予足夠資源，讓其可以努力向上，而不是一味期待卻不加以支持，導致逼迫孩子進入絕境。

小博士解說

合理化、否認、退化、昇華等防衛機制，可以紓解焦慮或增進自我成長。每個人都會使用其中一些，但是若經常固定使用其中一、兩種而不知變通，可能會引發更大的焦慮。

發展歷程與需求

（前者為Freud提出，後者為Erikson的想法）

發展歷程	Freud	Erikson
口腔期 （出生到一歲半） 嬰幼兒期 （信任與不信任）	著重基本生存、飲食飽足的滿足，如果這些需求沒有獲得滿足，可能會導致「固著」（fixation）的行為，造成往後人格發展上的問題。	嬰兒基本生存條件的滿足，可以讓嬰兒對於照顧的人及外面世界產生較大的依賴與信任感，如果未能達成，就會有不信任，甚或敵視。
肛門期 （一歲半到三歲） 兒童早期 （自主與羞愧懷疑）	除了滿足排泄方面的舒暢需求之外，是孩子學會自我控制、獨立、嘗試到自我的力量，也開始發展一些負面的情緒表達。	孩子開始學會爬行走路，也會離開照顧者身邊做適度的探險，體會自己的能力與限制。若遭遇失敗，會有羞愧、懷疑自己能力、不如人的感受。
性器期 （三到五歲） 學前期 （主動與罪惡感）	孩子發現男女生的不同，會探索自己的性器官，會在探索自己身體中獲得興奮與快樂，也是孩子對於同性父母親學習角色行為的重要階段。孩子開始接觸其他同儕團體，開始發展社交能力。	開發能力、主動探索的動力持續。孩子在遊戲中發展自己的多方能力（控制物品、與人互動、制定規則等），父母親容許其有適度自由去冒險，孩子也對自己的自信提升。
潛伏期 （六到十二歲） 學齡期 （勤奮與不如人）	正值孩童就學階段，孩子迅速發展自己在家庭之外的關係，把許多精力都花在遊玩與學習新的事物上。	探索周遭世界的行動持續著，有一些基本技巧能力與成就，也在努力後嘗到成功滋味。然而若屢次遭受挫敗，情況就相反。
兩性期 （十二到十八歲） 青少年期 （自我認同與角色混淆）	是性慾再度甦醒的時期，加上生理上的成熟，青少年已經有性行為能力與表現。在與伴侶（異性或同性）的交往中，發展出較久的親密關係，也在與人分享的經驗中學會愛人，在挫敗中學會面對與因應。	是從童年過渡到成人的轉型期，有許多需要適應與挑戰的地方，知道自己是誰、要的是什麼，也塑造屬於自我的獨特風格。
成年早期 （十八到三十五歲，親密與疏離）		建立與人的親密伴侶關係，甚至組成家庭、延續下一代，如果不能達成這個任務，可能會孤獨過一生。家長開始安排沒有孩子在身邊的生活，重新找回自己的生活。
成年中期 （三十五到六十歲，延續與停滯）		除延續家庭的任務外，還要擔負起家庭之外的「傳承」工作。通常事業已經達到平穩狀態，對於社會有相當貢獻。如果未能達成，可能會產生停滯不前、被卡住的感覺。
老年期 （六十歲到死亡，整合與失望）		孩子有自己的家庭與生活，年老的家長開始面對伴侶的死亡，也許有的需要照顧孫輩；除了做傳承生命的工作，也開始檢討自己一生的榮辱悲歡，將一些未竟事業完成，希望可以做完整的結束。

Unit 4-19
家族治療學派在親職教育上的運用

　　家庭是孕育個人成長的最初也是最重要的搖籃，家庭是一個人的最初與最終，歷來的心理學家也一直注意到這一點。家族治療學派著重在人與社會網絡的關係，認為個人不可能獨立於環境之外，必須將其周遭環境考量在內，包括環境的建構、個人與他人互動的關係與情況，尤其是個人的原生家庭。如果個人發生問題，可能只是突顯家庭失功能狀態之一斑而已！

　　家族治療學派將整個家庭視為一相互關聯的系統，可以牽一髮而動全身（Corey, 2001; Goldenberg & Goldenberg, 2000）。

　　一個家庭的運作不是各自獨立的，而是有其操作規則，家庭內的不同次系統彼此間的關係與互動，也會影響整個家庭的運作，因為一個家庭是一個運作有年、有其制式規律的系統，因此家庭的主要功能都會朝向讓整個系統可以重新恢復平衡的方向運作。

　　家族治療學派的系統觀，提醒家長在親職教育上要注意環境、歷史與脈絡，家庭環境、家族歷史與周遭脈絡（包括全球化、經濟、社區）都深深影響在其中生活的人。我們一般會將問題歸為個人，很多時候是錯誤的，也就是如果孩子出現問題行為了，可能孩子本身只是將家庭問題「表現出來」的徵兆，或者是家庭問題的「代罪羔羊」而已，真正的問題往往可追溯到家庭、父母親親職的功能問題。孩子是家庭的一分子，也希望對家庭有貢獻，若是家中出現問題（如父母爭吵）會想協助解決，但可能因為一個不小心的行為（如打架），結果家長同時到校關心、表現了孩子所期待的行為（和好），孩子可能誤以為自己「解決」了問題，而寧可犧牲自己（持續打架或展現偏差行為）來讓家長和好。

　　家庭治療學派著重家人之間與外面世界的「溝通」，以及家庭結構與其權力關係，也將個人與周遭文化等因素納入考量。家庭系統是變動不居的，也就是提醒家長要隨著孩子發展階段與外面世界的更迭，做出較適當的管教與處置，本身也要吸收新知與孩子一起成長學習。

　　孩子發生問題，不一定是孩子本身的問題，而是家裡出了狀況需要處理；倘若家長之間有權力不均（如母親自覺力量小），卻拉攏孩子來共同抵制父親（「三角關係」），真正的問題未能解決，同時讓孩子不能「在其位」好好做孩子，可能是家庭失功能的開始。因為家庭是一個系統，只要家中有一成員變動，就會影響整個家庭的平衡，因此若想要家庭朝新方向改變，只要其中一人願意做出改變行動，就可以帶動其他人的改變。

小博士解說

　　「界限」（boundary）是指規範人與人之間倫理的分際以及情緒的投入，包括所擔任角色的職責與限制。

從家族治療的觀點來看親職教育

▶ 家庭規則的建立常常是隱而不顯、行之久遠的。

▶ 親職的「適當性」與「速配性」（match）可以是成功的關鍵。

▶ 注意代與代之間的傳承關係（如價值觀、生心理疾病、家族祕密等）。

▶ 權力結構與互動（不同位階與權力關係，如父子）。

▶ 家庭的結構，基本上是一些不同系統的結合（如父母、母子、手足），有上下的階層（hierarchy）或倫理關係，彼此之間感情雖然親密，但是也有自己的空間。

▶ 失功能家庭（通常是家人彼此間的互動溝通模式趨於閉鎖性，而許多失功能家庭的現象都是先出現在孩子的不適應行為上）。

▶ 每位家人與其他家人之間的彈性「界限」是維持關係的最佳原則，若過於緊密、不分你我（「過度融合」），或是彼此間好像陌路（「過度疏離」），就可能進退失據、不能獨立或親密。

（Corey, 2001; Goldenberg & Goldenberg, 2000; Nichols & Schwartz, 1995）

個人出現問題或徵狀的原因

1 為了家庭而有其功能與目的。

2 家庭不小心讓這個徵狀持續下來。

3 家庭無法有效運作，特別是在轉換期時發生。

4 可能是世代傳承下來的失功能模式。

（Corey, 2009, p. 412）

第 **5** 章

男女大不同

 章節體系架構

Unit 5-1
男女性的基本差異與迷思

「性別（角色）教育」（gender education）應該是囊括在「性教育」（sex education）的大標題之下，從以往到目前的性教育，許多教育機構都將重點放在生育、健康或醫療方面（Centerwall, 2002/2002），而不少文化社會依然避諱談性，但是當我們看到許多媒體與社會新聞都在「炒作」與性相關的議題，包括壯陽、性趣、女性身體等時，似乎還暗示與瀰漫著父權至上、性只能說不能做的矛盾觀點，只是透露了女性可以「解放」自己身體的權利增加而已！Alice Schwarzer（2001/2001, p. 54）認爲性行爲是具有文化教化與學習意味，受到心理社會的影響大於生物性驅力，而每個人都是雙性的，「異性戀」可說是社會文化強迫壓制的產物。

我們一般說的「性別」（sex）主要是依據生理上的構造來區分，而「性別角色」（gender）則是根據社會的期待而產生，也就是後天教導訓練的成果。以前的社會因爲分工的緣故，把不同性別擔任的工作、角色都做了劃分與規定，成爲一種習慣之後，就形成了「男性」與「女性」專屬的「刻板角色」（stereotypes）。如果有人逾越了這種性別劃分的舉止行爲，就可能受到懲罰或是社會的制裁。父母親對於不同性別的態度與潛移默化，會深深影響著孩子對於自己、自己性別與親密關係的看法與做法，不可不慎！

新一代受到女性主義、人權運動衝擊的父母親，看到自己原生家庭中的男尊女卑，甚至性別歧視不公平（生活、職場或其他領域）的對待，也不希望自己的下一代承襲或重蹈這樣的痛苦，但是卻在自己的親職工作中無形地「灌輸」了孩子同樣的觀念（所謂的「複製父權」）！要有怎樣的改變才可以不讓歷史重演呢？父母親的身教與宣導當然最重要！研究也指出，跨越性別界限的男女性在適應力都呈現較佳狀態，也就是說兼具兩性特質（androgynous）的人，在心理健康的分數較高、適應力最佳（O'Heron & Orlofsky, 1990, cited in Liebert & Liebert, 1994），這似乎也提醒了新一代的父母在教養下一代時，鼓勵適「性向」（或能力）的發展比鼓勵適「性別」的發展更重要。

本章會就性別差異迷思、可能的教養方式與需求不同、平權性別教育的實施、性傾向，以及與性別相關心理疾病等方面作探討。

儘管不同性別或許有發展差異的事實，最近的腦神經醫學研究都曾陸續證明（Carter, 2002; Moir & Jessel, 2000/2000），發現主要是因爲男女的腦部構造與賀爾蒙分泌及影響的結果，也就是有生理上的原因，只是這些差異在實際的社會教化過程中，受到過分強調或是「偏差化」，使得兩性差異更大（Moir & Jessel, 2000/2000; Sax, 2011/2011）。

小博士解說

性別教育自小就開始，家長常常在無意間就傳遞或灌輸了有關性別的觀點與價值觀（潛在教育），孩子因此遵循不踰矩。萬一孩子所接觸的環境與家長世代有所不同，容易與家長衝突，或擔心家長責怪及不知變通，可能會讓自己的生活添加變數。

男女性基本差異

女性	男性
初生時女嬰的生理與神經方面的發展較男嬰為佳。	男嬰在心肺功能與肌肉組織的發展較女嬰為佳。
女嬰學走路、生理成熟度較男嬰為早。	男嬰的死亡率高過女嬰。
	男嬰與女嬰相較之下，比較容易罹患遺傳上的疾病，有發展上的遲滯或是對於疾病的抵抗力較弱。
女孩子在嬰幼兒期到小學早期階段，語言文字的發展顯然較同齡男孩子為佳，然而小學後期到青少年階段的差異就很小或不明顯了。	在小學中年級左右，男孩子在視覺空間上的能力發展快速，後來中學時期數學能力就更佳。
女孩子的攻擊較不直接，傾向於使用社會性力量或人際關係來作為攻擊他人的手法。	男孩子比較容易展現攻擊行為，喜歡競爭式的活動。
對於成人的要求，女孩子服從性較高。	對於成人的要求，男孩子有較多面、較彈性的反應方式。
對女性來說，說話是互動。	對男性而言，說話就是傳遞或交換訊息。
女性的話題是放在關係上。	男性的話題會放在活動上。
女性在談話中傾向感情與關係。	男性喜歡在談話中著重理性論點。
女性用談話企圖與另一人更親密，完成表達性目標。	男性用談話來達成工具性目標。

（Hetherington & Parke, 1999, p. 590; Tannen, 1990）

注：女性成就感與自尊不比男性低，女性沒有比男性更精於背誦的科目，女性與男性在接受暗示或建議上無差異。

 知識補充站 ·········

　　一般東西方文化通常將屬於女性的特質視為較差或劣等的，男性特質被視為優勢、屬於管理階層。因此若女性擔任管理職，可能需要兩性兼具的特質，才能管理有效、獲得認同。

Unit 5-2
父母對不同性別孩子的教養方式和兩性特質與發展

一、父母對不同性別孩子的教養方式

　　性別角色主要是「社會化」的產物，而「社會化」就是個人將社會所期待的行為加以學習、內化的過程與結果，與生理上的性別無關（Basow, 1986），也就是男女性的行為，主要是受到社會期待與價值觀的約束。男女性的社會化也是自出生之日（或更早）就開始（像是男嬰以淺藍色被巾、女嬰以粉紅色被巾包裹），尤其受到父母親的對待態度影響最大，像是父母親對於女孩子的態度比較傾向照顧關愛，對男孩子則傾向鼓勵活動，尤其是大動作的活動（Fisch, 1976, cited in Galinsky, 1987; Ricks, 1985），而這種趨勢一直延續到孩子進入青少年期（Montemayor & Brownlee, 1987; Power & Shanks, 1989; cited in Snarey, 1993）。家長雖然也有讓孩子社會化的責任，然而時代在進步，性別社會化已朝多元、開放的方向前進，家長不要只是針對孩子的生理性別為指標，除了要孩子知道如何照顧自己健康、保護自己之外，也不要受到生理性別而侷限了自己的發展。

二、兩性特質與發展

　　早期對於男女特質的研究，發現父親功能的發揮，最大的在於男女性別角色行為的學習（Russell, 1978），而「兩性兼具」特質的人在行為表現上較具彈性，也就是「兩性兼具」特質的父親與母親都比較容易表現出照顧、溫暖的行為（Bem & Lenney, 1976; Bem, Martyna, & Watson, 1976; cited in Russell, 1978）。

　　男女性特質依照Carl Jung的說法，本來就是存在每個男性與女性身上，只是因為社會對於兩性的刻板要求與規定，使得兩性的行為受到制約（表現符合期待的就獎勵，反之則處罰）。女性與母親的關係可以持續下去，但是男性就必須與母親有所區隔，甚至被要求分離、以突顯對於男性所要求的「獨立自主」（Chodorow, 1989; Pollack, 1998）。

　　男性與女性從事教養下一代的能力沒有因為性別而有差異，主要是因為「情勢所需」。Redican（1976）與Mitchell（1974）等人（cited in Russell, 1978）對於恆河猴哺育幼猴的觀察研究也指出：當母猴不在時，公猴也會挑起照顧下一代的責任！Dee Higley與其研究團隊的發現是：幼時缺乏雙親照顧（沒有依附）的恆河猴，很容易在成年（四歲）之後染上酒癮（China Post, Sunday edition, 8/18/02, pp.1 & 3）。因此，是誰照顧沒有多大關係，而是照顧的品質。

　　父母親對於孩子的人格特性與才能的深入了解，鼓勵其發揮潛能，不受性別刻板印象的影響，可以讓孩子充分發展「兩性兼具」的特質。當然父母親也受到社會期待的影響，不免會有許多壓力，但是時代在進步，許多原本制式傳統的角色觀念也慢慢在接受考驗與檢視，父母親可以有更廣的心胸去接納、支持、開發，甚至示範非性別刻板印象的行為，相信孩子也會因此受益。

父母對不同性別孩子的教養方式研究結果

▶ 父母親自小就鼓勵男嬰的活動，但不鼓勵女嬰也如此。

▶ 母親較常以語言方式回應女嬰，而以動作回應男嬰的需求。

▶ 父母親對於男嬰給予較多刺激與回饋，女嬰則較少。

▶ 男女孩到三歲左右就會選擇「適合」其性別的玩具，這也是延續自父母親早期對於孩子玩具的選擇而來。

▶ 男孩子比較喜歡活動，女孩子則是傾向與成人發展親密關係。

▶ 父母親鼓勵男孩子的成就、競爭或攻擊性的行為與野心，對女孩子則否。

▶ 父母親鼓勵男孩子較早獨立自主、控制結果與負責任。

▶ 父親對於男孩子性別期許較為傳統，也較喜歡以體罰方式管束男孩。

▶ 父母親對於女孩則是可以容許身體的親近，給予較多溫暖，而父母親也比較信任女孩。

▶ 父母親對於女孩子的行為要求與監控較多，雖然對於女孩子的非性別刻板行為較能容忍，但是依然期許女孩子「表現得像有規矩的女士」一樣。

學校對不同性別學生

➤ 教師對於男同學的反應多於對女同學。

➤ 男女生在學業成就上的表現自六年級起就開始有較大差異，主要是因為女生必須在與人的關係及智力成就之間做選擇。

➤ 男女生對於自我形象的關切點不同，女生關心自己的外表、男生則是關心自己的效能與成就。

（Lewis, Hayes, & Bradley, 1992, pp. 58-61）

 知識補充站 ●●●●●●●●●●

哈佛大學的Carol Gilligan（1982）批判Kohlberg的道德發展研究是有性別歧視的，因為Kohlberg只研究以男性為對象的道德發展，然後將之套用在女性身上，不將女性所擅長的關係能力擺進去，沒有針對社會文化與依據男女性別被要求的不同，而看其道德發展的情形。女性被教育成較傾向「他人導向」（other-oriented），也就是以他人的觀感為批判自己價值的標準，而男性則是傾向「自我導向」（self-oriented），對於自我價值較有掌握。

Unit 5-3
性別與情緒教育

有許多研究也發現，父母親對於不同性別孩子的情緒教育有差異，母親比較願意花時間跟孩子談情緒的部分，而且對於女孩子更是如此（Adams, Kuebli, Boyle, & Fivush, 1995）；父親雖然也對女孩子談情緒的部分，但是著重在「悲傷」的情緒（Fivush, Brotman, Buckner, & Goodman, 2000）。女孩子的悲傷情緒似乎較容易被接受，而男孩子的「氣憤」表現是較被容許的。

有研究發現男孩子比較不會談到或是直接就否認「害怕」的感覺（Hudson, Gebelt, & Haviland, 1992），這也許與我們一般對於性別的期待有關，即認為「害怕」應該不是屬於男性情緒表現的內容（Fabes & Martin, 1991），是「軟弱」、「不堅強」的表現，就如同女性被要求不能生氣一樣（Lewis et al., 1992）。

女性遭遇到問題，會希望找個人談一談，情緒上就較為舒緩，甚至初步問題就得到解決；男性則不同，男性在聽到朋友有困難或問題時，習慣為對方想辦法，也就是把焦點放在真正「解決問題」上，忽略了情緒的部分，但是這也意味著「情緒」是不重要的（Lewis et al., 1992），因為與問題解決無關。然而習慣這樣處理的結果，卻相對地沒有關照到男性的情緒需求，以及女性可能需要適當解決問題的建議。男性也需要發洩情緒、做適度的宣洩與表達，然而卻因為社會期待與內化標準的關係，逼使他們採取壓抑、否認的方式，卻也相對地造成了情緒上的困擾、失控與心理疾病的產生（Pollack, 1998）。

既然母親對於孩子的情緒開發擔負的責任重大，也暗示著母親本身的情緒對於親子關係、孩子情緒管理的決定性。當然這不是意味著父親對於孩子情緒的發展與管理就不需要注意，夫妻間的互動與情緒表現，仍是孩子學習的最重要楷模。現代的父母親對於男女情緒的表達與教育，有比較寬容的趨勢，但偶爾不免會承襲上一代對於男女刻板期待的影響，而有了一些無形的限制或不當的鼓勵。

其實對於孩子的情緒教育，父母親的以身作則依然是很重要的。父母親本身對於情緒的表達很鼓勵，也持開放態度，甚至沒有性別刻板的要求，鼓勵孩子去經歷各種情緒，進一步願意教導孩子如何分辨情緒、表現情緒與適當管理情緒，這都是不分性別的。

在親職教育中，把情緒「正常化」是很重要的，也就是說情緒無所謂好或壞，情緒就是情緒，有其重要功能，也可協助我們了解自我、增進人際知能。隨著年齡與經驗的增加，我們會學著「延宕滿足」，調整與適當抒發情緒，因為情緒的正常表達與管理，也是健康生活中重要的一環。

小博士解說

不同性別所受到的社會「情緒規範」及約束不同，接受情緒是自我的一部分，接納、面對、處理與放下就是情緒管理。

不同性別孩子的遊戲

女孩	男孩
遊戲較簡單。	遊戲較複雜（有規範）。
遊戲參與人數不超過十個。	遊戲人數較多。
喜歡合作式的遊戲，即使是競爭比賽，也是以輪流方式居多。	喜歡從事競爭意味的遊戲，而且是面對面的挑戰。

（Lever, 1978, cited in Hetherington & Parke, 1999）

注：男孩子的遊戲提供了男孩子處理不同情況、與制度有關事物的練習機會，也學會了將個人目標與團體目標結合、增進技巧，以及學習領導者的技能，因此也在競爭中學習自我控制；女孩子的遊戲似乎是以「建立關係」或是「維持親密」為主要目的。

父母親在性別教育上可以做的

- 檢視自己的性別刻板印象，多些自我覺察行動與改進，包括自己是否有很明顯的「重男輕女」，甚或「重女輕男」的偏見。

- 用不具性別刻板的方式來教育孩子，男孩、女孩享受平等待遇與要求，注意身教與言教的一致性，儘量做到公平，與孩子討論的時候是維持平輩、相等的關係。在生活中接觸到的許多議題，也可以作為與孩子或是家人一起討論、辯論的主題，甚至可以單就「性別」來看問題，將焦點縮小，可以看到更多！

- 孩子會因為已經受到社會期待與要求的制約，不可能馬上配合家長「兩性兼具」的教育方向，不妨也依照男女性的特質先去做了解與處理（如與兒子打過球後再討論關心事項），循序漸進、不躐等以求。

- 不要以「性別」為藉口來要求孩子的行為或表現，比如說「女孩子應該要端莊一點」、「男孩子怎麼可以哭？」等，而是因為行為的緣故，如「請不要把腳放在茶几上，不衛生」或「每個人都會有情緒，哭是正常的表現，我想你一定是很難過了」。

- 提供孩子的學習楷模不限性別，包括鼓勵去看不同性別的傳記人物故事，鼓勵從「能力」與「抱負」的角度去學習，而不是以性別評斷成敗。每個性別的經驗都有其價值，不會因為是屬於男性價值就高一些。

- 孩子如果因為自己表現的行為不符合典型性別要求，如男孩子比較容易表現出情緒化、哭、較注重與人的親密關係，或是女孩子很決斷、有衝勁義氣、喜歡打球，而受到他人的批評或異樣眼光，父母要立即做善後處理工作，必要時可以請批評的對方一起來探討；如果是學校老師有這樣的情況，可以直接與老師面談，表達家長的關切與期待，但是事先告知孩子且取得孩子的諒解很重要。

- 釐清「力量」與「性別」是不一樣的，固然男性自青春期開始，生理上（尤其是上半身）的力量就開始超過女性，但是「力量」的其他來源不是僅止於生理上的，其他包括對於自己的信心、看法，還有對於能力的把握，學術或職業地位、意志力、關愛、正義或道德勇氣等，都可以表現出個人的力量，鼓勵孩子培養自我的信心與力量。

- 鼓勵孩子開發與發展非典型性別的能力與興趣，比如女性可以鼓勵其往數學、物理、釣魚、運動、觀看天文景象等方向發展，男性則是編織、說話、文學等。孩子選擇學習方向或志願，還是會受到大環境中對於性別制式要求的影響，家長要能做最好、最重要的支持，孩子才有可能堅持下去。

- 儘管女性是在「關係」中成就自我、男性是在成就裡完成自我（Miller, 1991），但這不表示女性須拒絕「成就」，男性須割捨「關係」，雖然社會化的影響力不能一時幡然改變，但是父母親可以做最適當的教育與補充，因為男孩子也需要維繫適當的親密關係，才不會憂鬱沮喪，何況人類社會是需要合作與相互依賴的，女孩子也要成就一些什麼，才可以感受到自我的價值與貢獻。

- 不要強調男孩或女孩表現出不同典型的行為，因為有時候地點或時間不對，他們要承受的壓力很大，像是在同儕都在場的時候，男孩子不希望母親擁抱他，因為他還要向同伴交代，讓他當眾出糗也不是家長樂意的。

143

Unit 5-4
性別與心理疾病（一）

圖解親職教育

144

在《心理診斷與統計手冊》（*Diagnostic and Statistical Manual of Mental Disorders*, 4th ed., 或DSM-IV）裡，會發現某些心理疾病彷彿有性別上的差異，但是現在的臨床治療師會把社會大環境的因素考量在內，希望可以減少許多的誤導。我們可以解釋爲什麼有許多心理疾病與性別有關的可能影響因素，比如說社會比較允許女性表達情緒，期待女性是比較依賴的，因此也發現女性的求助行爲遠高於男性，這種趨勢的影響之下，當然會「發現」女性罹患心理疾病的特別多。較「屬於」女性的心理疾病，包括「憂鬱症」、「飲食失調」、「邊緣性人格」；反之，社會要求男性要表現出堅強、有力、有成就，所以我們發現在「反社會人格」、「強迫症」等暴力宣洩的心理疾病統計數據上，男性居多數。

一、飲食失調

青少年階段是相當重視外表與同儕的眼光，此階段在行爲上也較表現出傳統性別刻板行爲。美國國內統計，罹患飲食失調症的女性占了全部的85%到90%；飲食失調症又分「厭食症」（anorexia）與「暴食症」（bulimia），其中罹患「厭食症」的患者有五分之一左右會死亡（Roth, 1995）。但是，對於在男性的肌肉慢慢成熟，被等同視爲「男性氣慨」的同時，女性卻要爲自己日漸成熟豐腴的身體與體重覺得自卑、羞愧、不對勁（Striegel-Moore, McAvay, & Rodin, 1986），這是對女性的一種不公平。

飲食失調基本上還是以女性患者居多，如木匠兄妹合唱團中的妹妹Karen就是飲食失調的犧牲者，其中的「暴食症」（如英國黛安娜王妃）指的是在極短時間之內大量進食，然後又害怕這些食物會讓自己發胖，於是就採用激烈手段，如催吐或是腹瀉，讓剛剛吃進去的食物在最快時間內排出來。有些人一天之內可以自行催吐好幾次，造成食道與胃壁因爲常常受到藥物刺激、沒有吸收功能，後來造成極重度營養不良或器官衰竭，甚至讓腦部掌控飲食功能的機制失調，最後即使是用強制灌食也已經無效。

早期發現飲食失調的徵象，也可以及早做處置。Gross與Rosen（1988）發現可以用憂鬱沮喪、不佳的身體形象，以及社會焦慮來預測飲食失調症（cited in Capuzzi & Gross, 1989）；而Striegel-Moore等人（1986）也發現與女性飲食失調有密切相關的因素，如完美主義性格、相信體重是非常重要的、家庭對於個人的高期待、重視外表條件、天生體質有過重傾向、沮喪又有低自尊問題。飲食失調症的預後情形不佳，特別是厭食症，因爲病患對於自己外表與食物的一些信念很難改變。通常治療的重點會放在：協助病患對於自己的身體與問題有較爲實際的看法，可以接受合理的體重，學習控制自己的體重，不要有傷害自己的行爲，也需要學習如何處理壓力（Jaffe, 1998）。

現在因爲許多傳媒也將男性的身材與能力結合在一起，已經有不少男性也有了飲食失調或是服用藥物（如類固醇）來保持「男性形象」與「男性氣慨」的習慣，而運動員更容易罹患飲食失調（Pope, Philllips, & Olivardia, 2000/2001; Romeo, 1994）。

飲食失調症

▶ 「瘦」已經成為一種道德標準。

▶ 體重或身體形象也已經成為評量「自尊」的重要指標。

▶ 女性被物化——許多的傳播媒體中,都把女性的身材當成商品,用來展示(如香車美女的汽車廣告、流線形訴求)、推銷(美容、減肥、隆乳藥品或食品),甚或汙衊(男性發洩性慾、展現雄風的成果)!

▶ 女性對於自己身材的不滿意度,也遠遠高過男性同胞。

▶ 多數女性認為自己比理想中的體重要重更多。

▶ 「想瘦」成為衡量女性魅力與美麗的重要標準,而這些都是社會文化所形成的壓力使然。

▶ 女性對於壓力的處理方式因為文化因素的影響,比較不會向外宣洩,而是採取向自己(內在)攻擊的方式,因此會發現到比較多的自我傷害行為(如憂鬱症、自殺傾向等)。

厭食症與暴食症徵狀比較

飲食失調	厭食症	暴食症
心理	低自尊、自殺意念、扭曲的身體形象、順服、完美主義、僵化、害怕食物或體重增加、憂鬱、否認問題、過度的成就、焦慮、對身體的控制感、無感、情緒起伏大	低自尊、羞赧、焦慮、憂鬱、情緒起伏大、將自我價值放在體重減輕上、依賴他人的讚許、一直擔心體重與身體形象、自殺傾向/企圖
行為	過度從事體能活動、疲乏、與家人爭吵、自我孤立、強迫運動、過度使用瀉藥或利尿劑、獨自進食、吃太多(或為家人烹飪、控制家人飲食)、漸進式地腦中被食物與吃東西盤踞著、睡眠問題	衝動控制差、自我耽溺行為、獨自進食、不誠實、偷竊食物/錢、藥物或酒精濫用、催吐、瀉藥或利尿劑的實驗、腦中被食物與吃東西盤踞著、沒有正常活動、社會孤立/遠離家人與朋友、在短時間內大量食用高熱量食物、濫用瀉藥與利尿劑
生理	體重下降太多(體重的15%以上)、營養不良、對冷的感受強烈、漸漸失去思考能力、心肌梗塞、倦怠(疲憊)、蛀牙及牙齦疾病、臉上與身上長毛、頭髮、皮膚與指甲問題,對於飢餓、飽足感與其他身體感官感覺失常、電解質不平衡(衰弱)、關節疼痛(走路與坐下困難)	正常體重貧血、牙齒損壞、慢性喉嚨痛、電解質不平衡、脫水、心律不正常、疲倦、無感、易怒、腸胃問題、呼吸、吞嚥困難、低鉀血症(鉀量過低)、健康不佳/常常生病、心臟裂損或食管炎/腹膜炎

(Capuzzi & Gross, 1989, pp. 175 & 177)

 知識補充站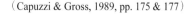

　　國內對於青少年階段的高中職做過類似的調查,發現許多年輕女性已經有飲食失調的傾向,估計共約有五萬人有此毛病,男女比率為一比九(China Post, 3/27/00, p. 20),實際數字應該比這個結果更高。將自己的信心放在身體外形上的人,或是自我表達有困難的人,也是飲食失調的危險族群(Lawrence & Thelen, 1995)。

Unit 5-5
性別與心理疾病（二）

二、憂鬱症（depression）

儘管女性較男性願意說出自己的感受或問題，但是女性罹患憂鬱症的比率依然高過男性，這可能與女性在社會的地位與處理事情的內控方式有關，不像男性以對外宣洩的方式處世。

許多研究認為憂鬱症是正常青少年生活的一部分，因此在臨床上常常被忽略（Garrison, Shoenbach, & Kaplan, 1985, cited in Capuzzi & Gross, 1989）。另有研究者發現青少年族群女性罹患憂鬱症的人數比相同發展期的男性多二到三倍（Hart & Thompson, 1996），當然家族的遺傳因素也不能忽略。也因為青少年的善於掩飾，因此許多的症狀其實是求助的表現卻往往被忽略，像是易怒、過動、攻擊行為或偏差行為、身體病痛或裝病、飲食失調、肥胖、學業成績低落、害怕上學、沒有動力、退縮行為或睡眠問題等（Capuzzi & Gross, 1989; Pollack, 1998）。

青少年族群除了身心發展與適應的壓力、學校課業、家長期待、家庭功能失常、自尊低落或是生命中有重要失去（如搬家、朋友出國、親人過世或生病）等複雜因素的摻雜，都可能引發進退失據、情緒的困擾。對於年紀更小的兒童來說，可能因為不知如何形容這樣的情緒，而多半用行為宣洩方式表現出來（Schwatz, Gladstone, & Kaslow, 1998）。

三、抗拒或挑釁行為（oppositional defiant disorder）

許多人會認為青少年階段的許多反抗權威行為，可能是一種爭取自我認同、獨立、不依賴成人的表現，但是如果這些行為一直持續到成人，甚至演變成更嚴重的攻擊行為，如傷害他人或破壞他人財物的行為（行為違常），就可能在成人階段出現「反社會人格」與犯罪行為（Barkley & Benton, 1998）！抗拒或挑釁行為在兒童期出現的機率，男童遠高於女童，但是在青春期之後，兩性就都差不多。

兒童期出現挫折忍受度低、不能延宕滿足（想要什麼，就要立刻得到）、踢打等（Kronenberger & Meyer, 1996）；青春期的抗拒與挑釁行為，可能是社會學習，或是認知不當、歸因錯誤的結果（Friedberg & McClure, 2002）。因此，提醒家長培養孩子情緒管理技巧與問題解決能力的重要性。

父母親碰到孩子不願意服從，或是直接挑戰父母或師長權威，自然會覺得不高興。但是只要能去聆聽、了解，不用先入為主的批判來對待，就可以適時做機會教育，讓孩子也學習到與人合作、尊重他人與維持自尊。對父母親不尊敬（尤以母親為然），這些惱人的行為如果不加以處理，將會繼續影響到未來成長階段。抗拒或挑釁行為的影響因素可能來自：孩子本身的個性、家長與孩子互動的歷史、家長的個性，以及其他家庭環境相關因素（Barkley & Benton, 1998）。

小博士解說

許多青春期的不服從與抗拒，常被視為此發展階段的特色而被忽略，家長要清楚一般的違抗行為與偏差行為的區別，也要適時注意孩子在家與在校的行為是否一致。

可能造成憂鬱症的發生或嚴重性因素

▶ 像是長大之後對於周遭環境的無力感加深
▶ 家庭關係薄弱
▶ 學校競爭激烈
▶ 不能從生活中找尋意義

（Jaffe, 1998）

憂鬱症的一般徵象

▶ 經常心情不好或常常哭泣（自我陳述或他人觀察；孩童則是易怒）。
▶ 對於許多事情失去當初的興趣。
▶ 體重有極大變化（過重或過輕）、胃口大增或大減。
▶ 失眠或睡眠時間很多。
▶ 身體或動作上的表現很激動或是遲緩。
▶ 疲累或失去精力。
▶ 覺得自己無價值或極度的罪惡感。
▶ 不能專心或思考能力減退，表現得沒有決斷力。
▶ 一直想到死亡或有自殺念頭與企圖。

（DSM-IV, 1994, p. 327）

「抗拒或挑釁行為」的判定準則

▶ 常常脾氣失控。
▶ 常與成人爭論。
▶ 常常主動積極地反對成人的要求或規則。
▶ 常常故意擾亂他人。
▶ 常常因為自己的錯誤或不良行為而怪罪別人。
▶ 很容易發脾氣或覺得他人很煩。
▶ 常常生氣、憎恨。
▶ 常常表現出鄙視或報復行為。

（DSM-IV, 1994, pp. 93-94）

知識補充站

　　法國等幾個歐洲國家嚴禁「紙片人」模特兒，也不允許網路上散播減重的資訊，這都是爲了保護下一代的身心健康。

Unit 5-6
性傾向 —— 性傾向是天生自然的

有個說法是現代許多父母親不擔心孩子吸毒、性濫交、功課不好，而是擔心自己的孩子是同性戀，這一點倒是說明了目前社會對於同性戀或雙性戀族群的看法與容忍程度的確不夠。儘管近年來媒體對於同性戀或族群有比較多的報導，坊間也有同志相關書籍的出現，有調查顯示年輕e世代似乎對於同性戀者的接受度漸增。台北市為同志族群舉辦的「同玩節」，造成一時轟動，高雄也有同志遊行活動，這些固然反映了國人對於少數性傾向族群的正面態度，但是仍然有許多對於同／雙性戀者的負面報導。

有研究（邱珍琬，2001b）與報導發現，身處同一性別的學校（在台灣尤其是高中或某性別占多數的職業學校），好像同性傾向的比率較多，固然有些同志或是雙性戀者主要是因為生活方式的選擇，也就是出於個人意願，但是並不能證實同性環境為「醞釀」同性戀族群的溫床（如軍中、監獄）。

目前研究沒有所謂的「假同性戀」（因所處情境無愛戀對象，因此找同性）存在，性傾向是天生如此！目前的許多學術研究也希望可以在生理因素上找到結果，像最近腦神經醫學的若干研究發現，似乎給同志「生理」因素一些證明（Seligman, 1993/2002），或許可讓身為少數傾向族群的人少些社會壓力，可正向地認同自己，當然也會讓許多父母親少了許多自責與愧疚。

性傾向是天生的，只有極少數是自己的選擇（或是有過創傷經驗，如被異性性侵）。一般社會對於女孩子之間的情誼容忍度比男孩子要高，女性之間的親密較被容許，但是男性之間的肢體碰觸被嚴格規範，致使男性只能在運動場所（如球場）表現親密（如擁抱）。其實男／女性都需要異性朋友，不僅可以拓展視野，也需要了解不同性別的思考與經驗，增進自己的生命廣度與深度。

現在仍有許多父母親會因為「教養」出了同／雙性戀孩子而不免自責，認為是自己造孽才會有這種「報應」，這些都是無稽之談、毫無根據。父母親擔心孩子的同／雙性傾向，主要還是因為現今社會對於性少數族群的態度與福祉依然欠缺，當然影響少數族群的未來、工作、福利與被對待方式，因此才會如此抗拒與掛慮。

「恐同」（同性戀恐懼）不是性傾向少數族群的專利，同／雙性戀者害怕承認自己是同志／雙性戀，因為不能面對自己，也擔心一旦自己的性傾向曝光了，不僅會失去父母、手足、朋友、親人的支持，還會讓自己家庭蒙羞！對於大多數異性戀者而言，性傾向是理所當然的，自然不會為此所困擾，但是發現自己與「眾」不同，就有很大的焦慮與壓力。然而，「性」（包括性傾向、性認同）也是自我的一部分，自己不能正視接受這一個部分，就是否定了自己的一部分，生命就不完整、不真實（Kroger, 2000）。

錯誤想法	事實
娘娘腔的都是同性戀	許多外表看起來很男性氣概的也是同性戀，因為他們擔心別人看出來，所以就反其道而行，表現得更男性；行為比較不男性的，或是心思比較細膩的可不一定就是男同志，這只是個人特質的不同。
中性打扮的女生都是同性戀	與前一個迷思一樣，中性或是男性打扮的不一定是女同志，固然有些較為傳統的女同志會將自己裝扮成男性的模樣，甚至還更改成為男性名，但是一般的女同志不是肉眼觀察就分辨得出，而許多的女同志還是非常符合一般人對於女性的刻板印象。
同性戀是一時迷失，可加以改變	「同性戀」不是因為一時的迷失，如果孩子因此「變成」了同志，只能說是時候到了、孩子成熟了，願意接受自己的性傾向，也認為只有自己接受，才能面對真實的自我，不必像以往遮遮掩掩。
同性戀都是家裡有問題的孩子	孩子性傾向與眾不同，並不表示這個家有問題，許多有問題的家庭也沒有因此就出現「同志」孩子，同性戀族群的家庭背景與一般異性戀者相同並沒有特殊。
只有異性戀者有「同性戀恐懼」（homophobia）	「同性戀恐懼」就是害怕自己會是同志，也擔心同性的人與自己太親近或讓自己「變成」同志。「同性戀恐懼」不只是發生在異性戀者身上，同性戀本身也有。因為意識到「異性戀」社會的不友善，因此也擔心別人「看透」自己的性傾向，因此反而壓抑、遮掩得更厲害，甚至表現出「歧視」、「厭惡」同性戀族群。
同性戀者都是肉體的交流居多，特別針對男同志族群是如此，彼此很少有真感情、而且戀情很短	同志族群由於人數少，親密伴侶的選擇自然就較少，但是並不是每個同志都是以肉慾滿足為主，雖然有研究將男同志的「多彩」性行為歸納為「性認同」過程的一部分，可是也不能就此認定男同志「濫交」。性對象紊亂也不只是同志的專利，異性戀者所在多有，主要的擔心可能是性病或其他傳染病的考量。
愛滋病只發生在同志身上	愛滋病雖然最先是在同志族群中發現，但是愛滋病不是同志的專利，而是性濫交的產物。男同志的肛交行為的確比較容易傳播愛滋，可是歸咎到最基本的問題，還是在於「不安全」的性行為。目前罹患愛滋病的異性戀者已經迅速增加，並不亞於同性戀者。

Unit 5-7
性傾向——性傾向是自我的一部分

一個同志從懷疑到肯定、接受自己性傾向，通常要花費一到三十三年的時間，而在青少年到早期成年階段是最常自我認同為「同志」的階段（McDonald, 1982, cited in Hunter, Shannon, Knox, & Martin, 1998），由此可看出在青春期生理成熟與心理親密關係追求的需求之下，同／雙性戀者最能意識到自己性傾向的不同。一般多數的異性戀者似乎不會將「性認同」視為自我很重要的一部分，但是也會以「陽剛」或「陰柔」的方式展現。社會大眾彷彿對於女同志之間的行為比較容忍，對於男同志的容忍度就比較低，可能是基於一般對於性別刻板印象要求與期待的結果。

150

性傾向只是生活的一部分，如果是天生如此，就像是膚色種族不同一樣，是上天賦予的遺傳因素，就不應該有不同待遇。孩子的性傾向不敢曝光，除了擔心社會的壓力、會讓自己生活更為難過之外，孩子其實更擔心在家人知道卻不能諒解的情況下，被家人嘲笑、疏離、拋棄，甚至必須離開最關愛的家人，活生生割捨掉家人與他／她的情感連結（Kurdek & Schmitt, 1987; Savin-Williams, 1989; Wells & Kline, 1987），成了孤單的一個人，對其身心健康大不利！同／雙性戀者向家人或他人現身，最希望是能夠與人更親密，也希望可以面對真實的自己。有研究指出（邱珍琬，2001b）家人接納度高的同／雙性戀，在成長路上與未來應對壓力的能力，都比不被家人體諒的同儕要高。

「發現」或「感覺」自己不同是在生命早年時，而青少年階段是許多同性／雙性戀者在「自我認同」上掙扎最艱苦的階段。「現身」（coming out）通常就是此族群人願意「接受」自己性傾向，趨向「認同整合」的主要關鍵。許多研究顯示（如Harry, 1993; Troiden, 1989）：男同志「現身」早於女同志，但是對男／女同志而言，大約都在青春期或十五到二十歲初之間（Lewis, 1984; Minton & MacDonald, 1984; Cates, 1987; Troiden, 1989）。

男女同志或雙性戀者的「自我認同」，對他們的人格發展與自我概念十分重要，但因為所處「異性戀為主」的社會，在許多方面都受到極大阻撓與壓制。根據美國的統計，每一百人中，有四到十七個人是同志或雙性戀者（Gonsiorek, Sell, & Weinrich, 1995），比例不低。在親職教育的內容裡，實在也不能忽視這些所謂的「少數族群」（minority）。隨著社會的開放與進步，心理健康服務的需求將與時俱進，許多站在第一線的家長們都需要了解同志／雙性戀族群的現實與實際，不僅在面對孩子的性教育時可以做開明溝通，而在孩子需要時也可以伸出援手。孩子是母親十月懷胎所生下的，母親愛子是天性，通常母親也較能接受孩子不同的性傾向，只要記得孩子是愛的結晶，就會愛其所「是」——愛他／她真正的模樣，總是比失去一個孩子要更好。

小博士解說

男孩子或女孩子表現出不是典型的男／女性行為，並不表示他／她就是同志。許多男孩子因為行為較細膩、體貼，而被稱為「娘娘腔」或「同志」，其實他們只是個性較陰柔；女性表現像「哥們」，也常被譏笑「沒人要」或「嫁不出去」，這些都是對於性別刻板印象的僵固、不願變通。

家長檢視自己對同志的迷思

迷思	事實
大部分的男同志在外表與行為表現上是女性化的，而女同志則是較男性化的。	事實上許多的男同志與女同志都與一般人無異，不是在外觀上就可以斷定的。
大部分的同志伴侶在他們的關係中，都沿用了男性／女性（或主動／被動，0號與1號）的角色。	反而一般的同志伴侶在性別角色上的劃分比較不明顯，許多家庭事務與觀念意見也是傾向於「平權」，角色的扮演也是很有彈性，採「相對」的標準。
所有的男同志都是性行為紊亂的。	前面提過同志性行為，尤其對男同志而言，給人比較紊亂的感覺，但是異性戀者又何嘗不是如此？
男同志相信自己是女人錯裝在男性的身體裡，而女同志相信自己是男人錯裝在女性的軀體裡。	不一定，雖然許多有「性別認同障礙」（裝錯身體）的人最後選擇做了同性戀者，但是基本上與同志還是有所區隔的，而且大部分的同志還是寧可維持自己的原來性別。
大部分的同志如果經濟情況許可，會希望做變性手術。	沒有，延伸自上一個敘述，只有「性別認同障礙」（gender identity disorder）的人希望可以藉由手術的方式，讓自己的「身心」一致。
大部分的男同志是戀童症。	不是，戀童症是精神疾病的一種，他是以未成年的男童為性行為對象，一般的同性戀者不是這樣。
同志是人們做的選擇。	有些同志是因為與異性有不好經驗，或是失敗挫折才自己選擇走同志的路，但是畢竟還是少數，因為「刻意選擇」這麼一條艱辛窘艱的路來挑戰自己的人太稀少了。
大部分同志對自己的性傾向都覺得不快樂，希望可以轉換成異性戀者。	有些同志是這樣，但是同志族群最大的障礙與不快樂不是來自自己的性傾向，而是置身於敵意、歧視的異性戀為主的大環境。
諮商師報告說，將同志轉換成異性戀成功率很高。	一般的專業諮商師已經明白性傾向不是可以「轉變」過來的，如果是因為之前不好的經驗而導致做了這樣的決定，希望可以過更真實貼切自我的生活，當然諮商師義無反顧；家長們也不必去相信以改變性傾向為標榜的諮商師。
大部分的同志可以從他們的穿著與表現上認出來。	不是，如第一項陳述，外表看得出來的可能只是極少數傳統型的同志，比較少人願意在這個敵視同性戀者的社會「異軍突起」，成為矚目及被攻擊的箭靶。
同性戀行為是不自然的，因為在其他動物身上並沒有發生。	事實上同性戀行為發生在魚身上最多，其他動物種類也有，而且不在少數，同性戀不是人類唯一的專利。
同性戀是遺傳缺陷的結果。	目前仍有許多科學家希望「找出」同性戀的原因，但是許多研究都證明同性戀者沒有所謂遺傳上的缺陷；相反地，許多同志的才能也一直在歷史上留名且受到注意。
同性戀會影響到人類種族的繁衍。	目前也有許多不婚族或選擇不生小孩的配偶，由於絕大部分的人依然是異性戀者，而且現在科技發達、繁衍下一代的方式有許多，不會妨礙到人類種族的延續。

（Gartrell, 1983, cited in Goldenberg & Goldenberg, 1994, p. 204）

Unit 5-8
性傾向 —— 同志／雙性戀青少年現身過程的阻礙

圖解親職教育

152

「現身」或「出櫃」（coming out，coming out of the closet）是對他人吐露自己是同志或雙性戀者的過程，也是尋求他人認可自己的價值、希望得到社會接受的一個期許與需求，對於同志本身而言是相當重要的（Goldenberg & Goldenberg, 1994）；也就是說讓其他人知道自己是誰，除了是對自己生命的真誠接納之外，也希望其他自己在乎的人可以知道真實的我、接納我這個樣子，與我有更親近不虛假的關係。現身也是一個終身持續的過程（Rust, 1996）。雖然普遍而言，男同志在現身認同過程中，較之女同志要艱難、遭受的壓力較多，多半是因為大社會對於男女角色期待的因素，對於男性的要求較多也嚴苛，認為男性應該「獨立自主」，是可以獨挑大梁的。男性間的親密不應該發生，因為有違男性氣慨，而女性之間的親密，是較被社會認可、允許的（Esterberg, 1994; Sears, 1989）。

同志或雙性戀者會選擇性地讓他人知道自己的性傾向，這是基於安全、不被排拒、減少焦慮的考量。根據調查，男女同志選擇向好友「現身」的居多，最擔心向家人（尤其是父母親）吐露自己的性傾向，因為有許多負向的後果可能會接踵而來（Savin-Williams, 1994），包括被拒絕、斷絕關係、羞辱、言語或肢體虐待，造成許多同志／雙性戀青少年會以其他像離家、逃學、性濫交、嗑藥、酗酒等「宣洩」行為（acting-out behavior）來抗拒這些壓力與焦慮，甚至企圖或自殺以結束這些痛苦（Coleman, 1989; D'Augelli & Hershberger, 1993; Proctor & Groze, 1994; Rotheram-Borus, Hunter, & Rosario, 1994; Schneider, Farberow, & Kruks, 1989）。所以儘量不露出「馬腳」是最安全的方式，至少不會對自己與家人造成傷害，或與家人保持地理空間距離、維持最低限度的聯繫（Brown, 1989），換言之就是維持曖昧模糊的空間，反而讓彼此比較可以接受。

青少年階段由於還需要在經濟與情感上依賴家人，因此「現身」的負面後果更令同／雙性戀青少年覺得不能承受，許多的同志就因此延後了對家人的「現身」時間，而是等到自己有經濟能力了、可以獨立自主了，甚至是找到親密支持的伴侶了，才願意對家人做現身動作；但是萬一「現身」會影響到他們賴以謀生的工作，可能就會更小心謹慎。

同志或雙性戀青少年現身過程，遭遇最大的阻礙仍然在既存的「異性戀主導」的社會（Isensee, 1991），包括「同性戀恐懼」、暴力事件（Hunter, 1990, cited in Hunter et al., 1998）、霸凌或虐待等，倘若社會可以更開放、接納多元族群與其貢獻，才是真正文明社會。

小博士解說

Newman與Muzzonigro（1993, pp. 21-22）綜合各家說法整理出三個同志認同階段：感受期（sensitization，感覺到自己的與眾不同）──→覺察困惑期（awareness with confusion, denial, guilt, and shame，知道自己可能是同性戀者，卻有許多複雜情緒伴隨而來，也會有「同性戀恐懼」）──→接受期（acceptance，知道自己的同性傾向且可以接受，包括「現身」動作）。

| Cass 所發展的「現身模式」 ||
階段	說明
困惑迷惘 （identity confusion）	對於自己的想法、感受覺得很迷惘，不知道為什麼自己的感覺不一樣，像是同伴們都在傳「男生愛女生」或「女生愛男生」的時候，自己卻沒有特別的感受，甚至發現喜歡的對象正好與大家期待的相反。
比較 （identity comparison）	會開始比較自己與其他人的不同，哪些地方不一樣、為什麼？也因此會主動或被動地去找答案。
忍受 （identity tolerance）	經由外來的一些資訊，自己刻意地比較，發現自己「可能是」同志，有害怕與衝突，甚至會故意去漠視或企圖改變，發現這些企圖只會讓自己更難受時，只好接受這個事實。
接受 （identity acceptance）	掩飾或是喬裝「正常」是很難受的，也發現自己與他人之間的親密度受到考驗，要成全這樣的親密，就必須「坦然接受」自己是同志的這個身分，雖然不是公開，但是自己先要承認「同性戀」是自己的一個重要部分。
引以為豪 （identity pride）	認為自己是同志沒有什麼好羞愧的，只是這個社會的人沒有開放到可以接受這些少數族群，自己的獨特性是要受到尊重的，有些被忽視的權利也應該極力爭取，不因為「不同」而沒有力量，這個階段會將「異性戀者」視為不同國的人。
統整 （identity synthesis）	不會因為自己的不同而排斥異性戀者，明白一些不能忍受同性戀者是他們的自由，沒有必要因此而歧視或仇恨異性戀者，自己的價值不需要靠他人來成就，自己很驕傲可以做自己，而不是因為自己的性傾向。

（Cass, 1979, 1984, 1996）

女性主義的觀點用在親職工作上

▶ 讓孩子清楚女性在生理、心理發展與社會文化期待等議題，以及目前女性在社會上受到壓迫與不公平待遇的現實。
▶ 女性對於自身處境與身為女性經驗的自我覺察才是改變的開始。
▶ 覺察社會與文化上的許多性別議題與性別歧視的情況。
▶ 以培養自身的能力為主，而非以性別為主的生涯選擇，也不因孩子性別而有不同對待或是期許。
▶ 營造平等自由與智性的家庭風氣，家人可以分享許多生活經驗與省思。
▶ 日常生活與其他人互動過程中，注意偏見或是歧視語言的使用。
▶ 讓孩子形成自我獨立的價值或評價系統，相信自我的力量。

Unit 5-9
性傾向——父母親對於同雙性戀子女的因應態度

父母親如果懷疑孩子有同性戀傾向時，對於兒子的態度可能會較為擔心且嚴厲，也會想盡方法去「扭轉局勢」。萬一發現已經是事實，有許多的否認、生氣、自責會跟隨而來，甚至有的會提出條件與孩子作交換或交易。男同性戀者的社會處境之所以較之女同性戀者困難，主要是因為女同志比較不容易被發現，而且一般人對於女性之間的親密與「關係導向」的特質比較認同、接受，也習以為常，但是對於男同志的不能容忍，還是傳統對於男性角色期待的要求使然，這種情形也會反映在父母親的態度上。

有些父母親，先是自我譴責或認為自己或上輩子做錯了什麼事，才受到這樣的「懲罰」，父母親必須要擺脫掉這樣非理性的想法，因為孩子的性傾向不是因為遺傳或是「罪愆」的因素而來，更不是因為父母親做錯了什麼事情的「報應」，雖然少部分可能與家庭的互動與功能有關，但是絕大部分沒有這樣的因果關係。

檢視自己對於性傾向弱勢族群的一些迷思與刻板印象為何，這也許可以協助父母親更了解自己的激烈情緒，然後才可以對於孩子的性傾向與困擾做進一步的了解，可以協助自己釐清一些迷思，同時幫助孩子，因為孩子也需要你了解他的一部分——他的性傾向、他是誰。

有些父母親甚至採取激烈的行動，企圖「阻止」或「轉變」孩子的性傾向，許多父母親也會在此時尋求精神醫師或是心理治療諮商的協助，威脅斷絕經濟支援、斷絕親子關係也是常有的（Harry, 1988）。家長採取激烈行動

無法扭轉孩子的性傾向，而且讓親子關係更惡化。有許多同志就是因為家人不諒解而被迫離家，永遠不與家人聯繫，有的甚至以自殺來結束這些痛苦，造成親子雙輸的結果。

同志或雙性戀者與異性戀者一樣，多半是自大眾傳播管道上獲得性知識（Kielwasser & Wolf, 1992），然而分析結果卻發現，同志與雙性戀觀眾的需求沒有被照顧到，反而有意、無意中被汙衊扭曲，使得此類族群的人更難找到健康的角色模範。這也提醒家長對性教育抱持尊重與開明的態度，願意與孩子討論，並且善用資源，讓孩子可以接觸正確健康的性知識。與孩子做開放溝通、了解彼此的想法、提供相關資訊、陪伴孩子成長，也是父母親可以做到的最好親職工作。

若孩子不願意向家長吐露心事，可以求助於孩子信任的老師或心理諮商專家，讓他協助孩子做自我整理與給予支持。孩子的性傾向可能也讓他在生活上碰到許多挫折（如同儕的異樣眼光、師長的不公平對待，甚至是社交生活上的孤單），父母親與家人的支持就非常重要了。

接受孩子是同志的事實，也協助孩子接受自己的性傾向，可以向孩子保證自己對他的關愛，不會因為他的「不同」而有所改變。此外，也協助其他家人對於不同性傾向的了解與接納，甚至可以多做相關宣導，為孩子爭取更多的生活空間與接受度，這也包括人權與法律的層面。

同志「現身」的影響因素

- 性別因素（對於自己性別、想要現身的對象性別的考量，男同志比女同志有較多顧慮）。
- 異性戀／同性戀經驗的多寡（加上經驗的好壞感受）。
- 雙親對同性戀的態度（父母親對於此一族群的態度保守，導致現身困難度增加；反之，則減少。因此，當事人會用不同方式「探知」父母親的想法）。
- 與父母之間的關係（保守傳統的家庭對於性別的刻板印象更深，家人也比較不能接受這樣的事實，而當事人也深怕引起家庭風波）。

（Newman & Muzzonigro, 1993, p. 216）

Cass（1979）提醒心理諮商工作員的輔導策略，可用來提醒面臨到這項考驗的家長

協助孩子	說明
協助孩子重新定義所謂「不同」的意義。	每個人都不一樣，「不一樣」不會造成人的優劣，而是在於一個人怎麼接受及發揮自己的獨特性與潛能。
避免太早予以標籤，試著去肯定孩子的感受是正常的。	青少年在現階段有許多對於自我了解試探性的動作，家長如果碰到類似的疑問，可以與孩子一起去研究、判斷，同時同理孩子此時可能有的一些情緒感受。
處理孩子的孤離感、被排斥的感受、焦慮與害怕，提供角色模範，協助孩子建立或開拓支持系統。	孩子發現自己的性傾向是少數的、弱勢的，再加上看到這個族群所遭受到的待遇，以及社會，甚至身邊家人的負面反應，因此害怕、焦慮等情緒很早就會出現。家長不妨提供一些現存或已逝的同志角色楷模，甚至協助孩子找尋一些自己心儀的偶像，作為效仿對象，說明性傾向只是人的一部分、而不是全部。一個人最重要的還是做自己，成就自己想要達成的目標，過自己想要的生活！
解析負向的經驗、談論「暴露」性傾向的擔心、如何做「現身」的決定、提供認同過程模式與採取措施、促進人際關係技巧等。	如果孩子覺得不自在，不必急著做現身的決定，因為現實世界仍有許多的阻礙與歧視，現身可能也會影響到他（她）的人際關係、未來工作環境等，將現身的決定權交給孩子，也協助孩子發展更佳、更自在的人際與親密關係。
教導安全的性行為、肯定自我價值與提升自尊。	親密關係的發展是很重要的認同與歸屬的需求，教導孩子安全、保護自己的性行為，也是一種自尊尊人的表現。
支持其自我接受是同志、避免與異性戀之間的「二分法」（抗拒或排擠非我族類的觀念與行為）。	不管孩子的性傾向為何，都是父母親摯愛的寶貝，這個保證與關心的傳達對孩子是最重要的。接受自己的性傾向，就是接受自己的一部分。
協助孩子作自我統整的功夫。	很清楚自己是誰、想要完成的使命與願景又是什麼？人生的重點不在於性傾向，而是這個人本身。愛自己、疼惜自己、發揮所長，也關切周遭的人、事、物，對他人與社會有所貢獻，做自己想要做的自己。

155

第 **6** 章

家庭經驗傳承

章節體系架構 ▼

Unit 6-1
收手放手都是愛——做孩子的導師

圖解親職教育

158

孩子最早的社會經驗是在自己的原生家庭，因此家庭經驗就是孩子許多學習與影響的出發站，到底父母親要把什麼經驗傳承下去？又如何將這些經驗傳承下去？寬嚴鬆緊之間的分寸要怎麼拿捏？的確是值得思考的議題。

一、母體對胎兒的影響

胎兒在母體的最後三個月是腦部發展最關鍵的時期，因此母體子宮內的環境對胎兒相當重要，胎教說明了「環境」的重要，尤其是指「人」（即母親體內）的環境。孩子在受精之那刻起就已經開始發育，由於與母親以臍帶親密相連，母親本身的身體狀況、生活情況，都會影響到孩子的發展。孩子在父母酗酒或嗑藥的家庭中長大，比較容易出現性行為紊亂或其他偏差行為（China Post, 9/1/02, p. 6），也就是對自己行為較無自制力。

二、父母親的健康及生活習慣

父母親的健康情況與生活習慣是影響下一代的最主要因素，最重要的影響是遺傳上的生理發展與智力，但是資賦優異的孩子不一定會成為最成功健康的成人，而天資聰穎也可能因為後天的失調而無法發揮到極致。孩子的學習過程中，最大的影響力量還是來自父母親與其所提供的環境，固然經濟上的因素也會影響到家長對於孩子的培育，但是父母親是否有心、有承擔才是關鍵。

三、父母親的教養方式

父母親對於孩子的關愛與管教，如果是嚴格、捨不得放開、想要緊緊呵護，就是收手；而相對地如果是放鬆、願意忍受孩子不在身邊，讓孩子去發展自己的前程與生活，就是放手。收手或放手，都是父母親愛孩子的表現：孩子年幼時，父母親比較容易採取收手的方式管教，而當孩子漸漸成長，就必須要給孩子適當的空間與時間去發展。倘若應該收手卻放任、應該放手卻不捨，這就不吻合「最佳搭配」的教養方式，孩子可能就無法獨立生活或不知收斂、任意胡為。

沒有所謂「最好」的親職教育，所謂的「最好」就是親子之間「最適當」的教育與關係，當然基本上是以孩子為主體，做適時適性的教養最關鍵。管教到底要如何拿捏才是適當？太嚴或是太鬆的標準在哪裡？當然收放之間就是需要智慧，掌握的分寸是很微妙的。當然家長都希望將孩子放在身邊可以好好照顧與保護，但是不要忘記孩子有他／她自己的人生，慢慢放手讓孩子去成長、發揮自己的能力，即便還是有擔心，但可以成就孩子想要的生活。

母體對孩子的影響

母體情況	對孩子的影響
母親罹患德國麻疹	導致孩子肢體不全或死亡。
母親在懷孕六週內接觸到輻射（如X光照射）	孩子可能會有障礙或死亡。
母親是愛滋病患	會垂直影響到孩子（但只要治療就沒事）。
父母親的遺傳疾病（心臟血管疾病、癌症、精神疾病等）	會在孩子身上發現或潛伏。
母親抽菸	其孩子會比一般的孩子容易醒來，醒來的頻率較高。
母親在懷孕之前攝取咖啡因過多	孩子安靜時間短、易怒、容易興奮。
母親嗑藥	孩子自出生之日起就患了毒癮，而且容易夭折。
母親酗酒	孩子在感官知覺上都較為遲鈍，或容易產生「酒毒徵候群」（fetal alcohol syndrome, FAS）的胎兒，也就是孩子的中樞神經系統會有問題，造成發育遲緩、智力低下，甚至是頭顱或臉部的畸形。

159

知識補充站

　　繪製至少三代的「家族圖」可以看到許多的代間傳承，像是遺傳疾病（如發展遲緩、心臟病、癌症或罕見疾病）、心理疾病（如憂鬱症、思覺失調）、互動方式、婚姻狀況等。

Unit 6-2
家規與價值觀

父母親的互動、家庭價值觀與氣氛等，都是孩子的第一手經驗，許多學派也認定家庭或父母經驗對孩子的影響甚鉅，甚至可以延續到成年之後。因此父母親與家人所建構的經驗，對孩子未來生命與生活哲學都有重要影響。

一、家規的遵守及制度

父母親的許多價值觀念與信仰，是透過家規在傳承運作的，也許是因為父母親重視，當然也希望孩子遵守，因此會在家庭相關的生活作息中特別注意。許多潛在的信仰或價值觀，是從家長的身教而來，但也有孩子自己的推測或假設。許多人對於自己原生家庭家規的了解，都是從家庭的「儀式」得來的，像是全家人一起用餐（家人一起的重要性），或母親生日家人一起相聚（知道要懂得感謝、知恩圖報）。有些則是從日常生活中的要求而來，像是見到客人要打招呼、全家都要做家事等。但是一般說來，家長卻很少正式將家規列出來，因此許多孩子都是在碰到「地雷」之後，才意識到自己家有這麼一條「規定」。

關於家規的規定，許多是與孩子的管教原則相重疊的，父母親在孩子小時可以自行規定，但是有個原則要遵守，就是夫妻出招要一致，不能讓孩子覺得有機可趁、懂得破壞規則，那麼再嚴屬的規範都行不通。但是當孩子漸漸成長，他們在家的地位與責任也會隨著年齡成熟而慢慢增加，父母親要體認到這一點，讓孩子參與「決策」就變得很必要。唯有經過

參與的過程，孩子履行的可能性才會更高。因此，定期舉行全家人都可平等參與的「家庭會議」很重要，這也是養成孩子尊重、合作與負責的機制之一。「家規」顧名思義應該是「全家共同遵守的原則」，沒有人可以例外，因此父母親不單是（協同）規定的訂立者，自己也要遵行，不要有「雙重」標準。

二、價值觀的養成

價值觀主要是指一個人主觀認為生命中所重視與在意的是什麼（張春興，1989），可以反映出個人的需求，也是決定行動與未來方向的指標（Braithwaite & Scott, 1991，引自李柏英，2002）。每個家庭重視的價值觀不同，有些還是世代傳遞的（如書香傳家、政治參與），家長除了從教導、宣告或勸說、社會學習，以及角色扮演的方式（詹棟樑，1994）進行，若能夠多一些討論，可以釐清許多迷思或誤解。

隨著時代的變遷有些傳統觀念（如寡慾、守成）在衰退，但同時添加一些新的如公德、了解自己。孩子價值觀的養成，包括雙親自己認為重要的處事做人原則的傳承，身教重於一切之外，也可以藉由教育途徑來傳承，像是在為孩子選擇的故事書裡下功夫，願意花時間解答孩子可能有的疑惑，培養孩子批判性的思考（願意與孩子討論不同意見），或是與社會現象對照做辯論或討論。

家規制定原則

▶ 一家人共同決定，互相信守的成功率就增大。

▶ 具體、清楚、明白，不容易誤解。

▶ 隨著孩子成長或是家庭的變化，可以適時將家規做協調與修正。

▶ 解釋家規背後的目的與動機，也讓孩子知其所以然。

▶ 家長的以身作則與堅持（不是說說就算，或是只堅持幾次），家規才容易執行成功。

家庭價值觀的養成

● 尊重他人、尊重不同。

● 討論不同，並找出和平合作的解決方案。

● 堅持與毅力，不怕困難。

● 承諾與堅持所做的承諾。

● 維持一個人的人格完整。

● 對他人體貼，也儘量提供協助。

● 知道社區的需求，也有能力貢獻。

● 良好溝通。

● 家人共同一體的感覺。

● 有精神支柱或信仰。

（Knox & Schacht, 1994, p. 574）

 知識補充站 ．．．．．．．．．．．．

　　價值觀的類型：理論型（注重合理與科學探索）、經濟型（重效率與利益）、「審美型」（重視美與和諧）、社會型（重視與他人間的關係、他人的福祉）、「權力型」（重視統馭與領導）、「宗教型」（重視心靈慰藉與信仰）（引自鄭雅蓉，2000）。

Unit 6-3
家規與價值觀（二）

家長對於孩子價值觀的影響只居其一，其他的因素還包括同儕關係、大社會環境中的許多變數，因此即使是建立好的價值觀也會經過檢視與挑戰，父母親願意與孩子討論、交換意見，也提供個人經驗與相關資訊，而價值觀的評價也需要有特殊情境或議題的出現，才容易探究影響這些觀點的價值為何。家長不妨養成與孩子有談論與辯論的習慣，可以將自己的意見做表達，也吸取他人的觀點，讓自己在做價值判斷時有比較周全的考量。

價值觀有很多，諸如美感、眞誠、助人、金錢觀念、生活方式、婚姻、信仰等價值觀，家長也可以刻意培養。然而，許多的價值觀不是經由「強逼」而來，最好的方式就是「溝通」，先放下自己想要灌輸的東西，專注去傾聽孩子所思考的邏輯，然後在這個過程中做適當的提問與釐清，父母也可以提供自己這樣思考的依據與證據為何，最後要記得留空間與時間讓孩子去思考。

一項關於青少年與其父母親價值觀的比較發現：青少年對於教育、重要生命價值、信仰、偏差行為上的觀念與父母親多有一致，政治觀念上的價值觀約莫有一半相似，但是在金錢使用、約會行為的價值觀則較不一致（Bachman, 1987, Reed, McBrown, Lindekugel, Roberts, & Tureck, 1986, cited in Gecas & Seff, 1991），家長已成形、堅持的價值觀，也會隨著經驗與見聞有所修正或添加，孩子的情況也一樣。

三、道德與自律

道德是規範人與人間適當對待彼此的方式，也是人們共同生活及行為的準則與規範。孩子道德發展及重視生命中的哪些價值與親職教育是息息相關的。社會道德的式微與大環境當然有關係，如過度工業化、物質主義瀰漫、都市化所造成的人與人間關係淡漠、社會不平等現象更趨擴大，還有個人主義盛行等，如果說學校教育是守住道德的重要機制，倒不如回歸到家庭教育裡，因為基本上即使是在叛逆、自我最高漲的青春期，父母親的價值觀依然持續對孩子發生極大約束作用。縱使個人道德發展有兩股勢力在影響著（內在的良心與羞惡之心，外在的環境包括家庭、同伴、學校、媒體、法律規章等），但是成功的道德教育可以抗拒外在的誘惑與壓力。

許多的道德判斷是需要在生活經驗中履行的，孩子如果沒有足夠的生活歷練，可能無法清楚明白應該怎麼做正確判斷，家長可以藉由日常生活中的小事件、媒體披露的新聞與觀點，或是書籍讀物作教材，協助孩子做更準確的決定。此外，即使孩子很能分辨善惡對錯，然而在許多外在因素的壓力下（如同儕、威權），可能就無法眞正做正確決定或有所行動，因此還需要培養孩子說「不」的能力，這也說明了所謂的道德觀還是需要道德行為來成就，而非只是觀念上的抽象名詞而已。

道德發展階段與特色

Piaget（1932）道德發展的三個階段

1. 前道德期（premoral stage）：出生至五歲，對於遊戲規則不太注意，而是樂在自己可以如何操弄手中玩具或物品。
2. 道德現實期（moral realism）：六歲至十歲，開始會關心且尊重規則，認為規則就是權威所訂、不可變更，如果違反就會受到處罰。
3. 道德互惠期（morality of reciprocity）：從十一歲開始，會質疑遊戲規則，也不認為遵從規則是一定必要的，會考慮到行動的意圖，而非只是以行動結果為判斷依據，也就是會去體會到他人的感受與想法。

Kohlberg（1985）道德發展三階（傳統前期、傳統期與後傳統期）六期（每一階有二期）

1. 服從與懲罰導向：逃避懲罰、以服從權威人物為尊，判斷好壞是以可見的行為結果為根據。
2. 天真享樂與工具導向：為了得到酬賞而表現好行為，了解互惠的觀念（或是「抓背原則」）。
3. 好孩子導向：希望贏得他人的讚許與維持良好關係，也開始接受社會規範，會考慮到行為的動機，不單是以行為後果為判定標準。
4. 社會秩序導向：遵守社會規範，服從法律秩序。
5. 社會契約、個人權利與民主法治：為了社會秩序與他人權益，個人之間的契約關係必須遵守。
6. 個人原則與道德感，社會規範與個人內在價值都可以作為行為的參照，避免自責與他人批判，人們依據公正、同情與平等做決定，不一定需要得到他人的認可。

（引自Cole & Cole, 1993, pp. 623-629）

道德觀（主要是為了維持社會公正與福利）

- 助人行為
- 符合社會規範的行為
- 將社會規範內在化
- 同情、羞恥感、與罪惡感的激發
- 對是非善惡的判斷
- 將他人福祉置於個人利益上

（陳英豪，1985，引自詹棟樑，1994，p. 612）

 知識補充站 ••••••••••••••••

　　Piaget與Kohlberg都將道德發展視為認知發展中的一環（Cole & Cole, 1993），但是Kohlberg的理論也受到批判。如Carol Gilligan（1982）就認為這些道德發展是以男性觀點為出發，以男性的標準「獨立自主」為唯一依據，沒有考慮到女性的社會發展與期待（關係導向）不同，是有失公平的。

Unit 6-4
家務與隱私權

一、家務應分工

一般的家長會希望孩子協助家務，理由是：可以塑造孩子的品格，孩子對協助家務有責任，父母親也需要協助，孩子也因此學會如何做家事（White & Brinkerhoff, 1981, cited in Knox & Schacht, 1994）。當然許多家庭性別刻板印象的觀念依然根深蒂固，仍將家務視為女性職責所在（Benin & Edwards, 1990, cited in Knox & Schacht, 1994），然而家長對於家事分配的做法可以改變這些刻板印象。家事是大家的事，每個人責無旁貸，也是回饋家庭的一種方式，還可以養成分工合作與利他的道德，但有些家長會在孩子完成某項家務時給予實質的物質酬賞，無形中讓孩子養成功利心態。

二、重視個人隱私

美國重視個人隱私權，所以連孩子嬰幼兒期，大都安排在與父母親不同的房間。中國的父母親基本上還是認為對於孩子的「產出」品質必須負責，所以管得較多，無形中就可能會侵犯了孩子的隱私，然而有愈來愈多的父母親已經知道放手，與孩子之間保持適度的尊重與距離。之前也提過，隨著孩子年紀漸長，對於「獨立」與「自由」的需求更多，因此也需要給予適當的自我空間。何況以心理健康的角度來看，一個健康的人除了需要與他人做適當互動之外，也要能夠獨處。

家庭治療裡面的「界限」觀念，也就是維持親子之間適當倫理分寸的一些準則，維持適當、彈性的界限，可以在尊重自主權的同時，維繫親密關係。隱私權理應受到尊重，當然也有限制。孩子漸漸成長，要發展他的獨立與特殊性，所以許多家長也發現孩子不讓他們知道的事情愈來愈多。父母親因為擔心或要保護孩子，會適度限制孩子的隱私權，倘若擔心孩子有偏差行為或誤入歧途，不妨攤開來與孩子討論，切勿窺探孩子的隱私，容易就此破壞親子關係；不單是孩子的隱私權應該受到尊重，父母親的隱私權也是如此。父母親彼此尊重對方的私有空間，也讓彼此有獨處的時間，孩子看在眼裡即為最好的學習楷模，這也是「尊重」、「民主」的教育精髓。

三、尊重隱私及良好溝通

孩子的隱私權與父母親的監控應該可以並行不悖，因為父母親還是孩子的監護人，只要家長對孩子本身與生活其他方面的了解足夠，平日的溝通也不錯，是可以較放心孩子處理其私人事務與隱私的。對於孩子生活其他部分的了解，比如交友、功課或是社團活動等，平常維持對話或是討論的習慣就可以得知，甚至與孩子的朋友或是教師有規律性聯繫。如果希望從孩子房間或是上網網站等得到相關孩子生活的情形，可以先讓孩子知道父母親的擔心與做法，孩子願意父母親進入房間聊天或是詢問，通常就不需要太擔心，主要還是家長細心的觀察與留意，可以讓家長在處理意外或突發事件時有跡可循，並且做迅速明確的處理。

培養孩子家事能力

▶ 家事是大家的事，家需要由大家共同來維護。
▶ 家人從家事分配與協調中，學習與人分工合作的能力。
▶ 處理家庭日常事務，也是培養往後獨立生活的能力。
▶ 不同家事是讓孩子學習如何妥善完成一件工作。
▶ 家事是生活的一環，也可以調劑身心。
▶ 完成家事也是成就感的一種表現。
▶ 了解家事瑣碎繁多，管理一個家不容易，應該懂得珍惜。

口頭告誡不要重複太多次原因

➤ 說多了就沒有「價值」，也容易讓孩子覺得不重要。
➤ 嘮叨太多次，許多孩子因此會出現「媽媽聾」（mother deaf）的情形，就是只要是媽媽（或其他成人）一開口說話，孩子的耳朵就「自動」關閉。
➤ 說太多次，說者與聽者都覺得很無趣、不耐煩。
➤ 重要的事情只要言簡意賅就好，提醒兩次就足夠了，頂多是再提醒一次。
➤ 如果擔心孩子閃神、沒聽清楚，就直接請孩子重述一次，確定沒有聽漏或聽錯就可以了。
➤ 很多時候「行動」比說更大聲。

知識補充站

　　許多父母親就是不願意體罰，認為這樣對孩子身心的傷害大，所以才採用口頭訓斥或責難的方式。有研究指出（Brenner & Fox, 1998）父母親運用嚴厲的口頭或是肢體的懲罰，最能預測孩子的心理疾病與偏差行為，因此如何善用口頭訓斥也是要留意的，除了不必要涉及人身攻擊外，在執行處罰或是其他形式的懲罰（如剝奪特權）之前，有必要先做告誡或警告的動作，目的是提醒。

Unit 6-5
協助孩子有效學習

父母親最關心的還是孩子的學習情況，現代的父母尤其更不希望孩子輸在起跑點上。到底在孩子學習過程中，父母親擔任怎樣的角色？什麼樣的工作？或是如何可以讓孩子有快樂學習的童年？

每個人有不同的個性，來自不同環境，也搭配著不同的學習型態，因此學習其實是許多因素的共同運作結果。每一種行業都需要天才與專家，如果所有的人都去念了博士、去擔任研究的工作，對於一個社會與國家的發展未必有利，因為還有其他的工作需要有菁英人才來做。正因為每個人有不同的個性、喜好與才能，因此每個人可以適才適所、各司所職，整個社會機制才可以運作順暢，這也說明了每個人都有他的價值與貢獻，所謂的「天生我才必有用」，實在不容妄自菲薄。

現在除了學校之外的許多學習機構，都如雨後春筍般發展，這些教育機制開放，也給了家長許多的選擇；雖然有這麼多的選擇，可以協助家長教育孩子，但是許多家長也不免躊躇：到底應該讓孩子學多一點，還是學專一點？何況家長都有望子女成龍鳳的熱烈期盼，這些學校體制外的花費自然不少，相對地孩子也必須付出更多額外時間。

作者曾經訪談小學三年級的孩子們（邱珍琬，2002現場訪談），他們最大的擔心竟然是「時間不夠」，許多小朋友在正常上學時間之外，還有兩、三個補習班或安親班要上。週末假日更不得閒，學校老師規定的作業要做、補習班的也不能忽略，有些還有家長規定要做的評量練習，所以孩子忙到半夜也算是正常。這樣日以繼夜，一般成人都有點吃不消，更何況是還在發育中的孩子！小學階段已經如此，更往上升級，補習只有增加沒有減少！

家長要協助孩子做有效的學習，首先還是要依照孩子的性向與興趣，做適度的開發與培育，當然最重要的還是家長的「身教」與「境教」。身教與境教基本上是不可分的，不是讓孩子去一個很適合學習的環境就功德圓滿，回到家卻沒有兩樣。孩子最常待的地方還是家庭，將一些教育責任外放給相關機構，並不能因此推卸了家長應負的職責。如果希望孩子可以多花心思在課業學習上，父母親相對地也要在這方面多用點心力，不能只是口頭上督促、要求，孩子會沒有學習榜樣且無動力。如果要孩子可以自動看書，家長是不是可以犧牲掉自己看電視的活動，也與孩子一起閱讀呢？或是及早養成與孩子一起上圖書館或書店的習慣？希望孩子可以動手學習，家長也不能以逸待勞。

家中環境的硬體安排也是很重要的，給孩子保有自己念書、學習的獨自專注空間，也是父母親可以注意到的。有些父母親會安排一起吃飯的時間，那麼不妨也安排一起活動或閱讀討論的時間。許多家長都希望選擇有文化薰染的大環境，除了許多正向條件的提供外，學習資源也會比較豐富、容易得到。

一般孩童的思考（認知）發展次序

發展階段	說明
直覺動作	直接與周遭世界互動，如用手抓取探索、用嘴咬等，在動作中思考，因此常常會受到環境中其他事物的吸引而馬上轉變了注意力，此時的教導以行為示範最佳。
具象思考	學齡前期的思考特徵，依照事物的表象與關係來進行思考，因此在這個階段要教孩子思考，是必須運用實物解說較為清楚（如加法用糖果數來呈現數目更佳）。
抽象概念思考	運用統整經驗後的概念來思考，也有判斷與推理。

（李丹編，1989）

讓孩子學習有效

- 父母以過來人的身分，常常會提供給孩子一些學習的「撇步」，鼓勵孩子去試試看一段時間（也許兩週或一個月），不要狃於急效、想要速成，也不要讓孩子輕易就放棄，提供適當的鼓勵與成功經驗。
- 家長提供的方式是容許做適當修正的，甚至鼓勵孩子依據自己的需求做若干修改，如此可以與孩子研擬更佳的執行途徑。
- 給孩子嘗試的機會，如果想要讓孩子去學習其他才藝，鼓勵孩子參加活動或相關課程是一個好的開始，然後讓孩子去決定想要繼續下去的活動是什麼；一旦孩子做了決定，也要鼓勵他堅持下去，為自己所做的選擇負責。
- 提供孩子適當資源，必要時請教他人或專家。
- 了解孩子學習的特色（例如：喜歡用聽的、說的、寫的、喜歡變化或是不喜歡變化等），也留意孩子學習時，有沒有特殊的困難或狀況。
- 開發並示範不同的學習方式，提供角色典範，也讓孩子有機會去嘗試不同的學習策略，讓孩子知道彈性運用學習策略。
- 學業成就不僅可以看出孩子學習的多寡與優劣，也是學習障礙的重要指標。
- 不要以單一學業成就，或是筆試成績為評量孩子優劣的圭臬，因為孩子的才能不同、表現也有差異。
- 注意過程與孩子的努力，不要只以最後的成敗論英雄。
- 協助孩子對學習有興趣是第一步，最終目的還是希望可以讓孩子養成自己主動學習的習慣。
- 父母親刻意營造安全、不易分心的環境，加上自身的示範，都是很重要的配套措施。
- 孩子年幼時，家長可以為孩子選擇讀物，也要慢慢教孩子如何做選擇的能力。
- 學習可以是多方面的，做家事、與人應對、財務管理等，都是可以學習的技能。
- 孩子如果特別對某些領域或是技能有興趣（如打網球、電腦或樂器），家長可以提供教練或學習課程，讓孩子的技能更增進。如果家長有其他考量，如經濟不勝負荷、對孩子要學的有意見，事先的溝通與協調很重要。
- 家長不要老拿孩子的成就或學習情況與他人做比較，當然也不需要在子女間造成「惡性競爭」，徒然造成孩子的壓力，這可能誤導了孩子的價值觀。

Unit 6-6
協助孩子有效學習和培養孩子的創造力

　　了解孩子不同發展階段的思考方式，以及孩子習慣的思考模式，可以做適性教導。當然每個人的思考模式不會只是單一的，而是同時或多或少都存在。思考模式與能力的搭配很重要，想要有創意卻沒有這方面的能力，也是不成的，而思考模式當然也可以刻意培養。不同的工作也需要不同的思考模式，因此需要有彈性的潤滑（Sternberg, 1997）。

　　對於思考的訓練與能力的養成，一般會針對問題解決、聚斂或邏輯思考、擴散或創意思考、推理判斷與做決定等來作標竿（Sternberg, 1998），正好可以給家長們對於如何培養孩子思考能力有比較清晰的方向，如果要讓孩子具備思考、判斷、解決問題的能力，家長們也要給孩子適當的引導與啟發，親子可以自由互動、交換想法，甚至一起研究問題的解決之道，或容許有「出乎意外」的答案，都是很好的訓練方式。

培養孩子的創造力

　　家長若能在孩子年幼時就培養其閱讀與運動的習慣及能力，基本上孩子就具備了過好生活的能力，因為閱讀與創意的大腦迴路重疊，閱讀有助於創意的發展。現在教育改革中很重要的一環，就是希望可以培養孩子思考的創意與彈性，以及問題解決能力。許多研究者也證實了家庭環境與教育影響孩子的創造力，父母親的民主、非權威的教養方式，給子女適當的自由，安排安全充裕的身心環境，多予鼓勵支持、避免太多批判、不過度保護等，都是有利於孩子的創意發展與表現（鄭英耀、王文中，2002）。父母親開放的觀念、幽默的態度、容許不同角度的思考與意見，都可以成為孩子效仿的榜樣，這樣的民主自由氣氛，自然可以養成思想開明達觀、不墨守成規的孩子。

　　父母親可以留意這些環境或是人為的限制，儘量提供鼓勵思考、創新與彈性的環境給孩子，父母親自己是否重視創意的價值，也是關鍵因素。構成「創意」的因素有四個，家長必須要考慮到：創意的主體「人」（person，認知特質、人格、情緒與成長經驗）、創意的過程（process，「如何」產生新的想法、不同組合、對既存知識的新想法）、創意的成品（product，結果是新的、對社會有貢獻），以及環境壓力（environmental pressure，許多的創意是在環境或外在因素逼迫下，必須有所改變與創新）（Witmer, 1985; Feldhusen & Goh, 1995; Tardiff & Sternberg, 1988，引自邱珍琬，2002e）。

　　運用在親職教育中，父母親要去了解孩子的思考特性與習性，提供適當的成功與失敗經驗，注意孩子的努力與過程，而不是以結果為唯一評量標準。在日常生活中，父母親的一些改變，如在「伴讀」時與孩子一起創造新的故事內容與結局，願意與孩子玩不一樣的創新遊戲，容忍孩子偶爾沒道理的無厘頭行為，與孩子去外面世界探索未知、經歷新的經驗等，都是很好的引導。

不同的思考模式（forms of thinking styles）

（By Robert Sternberg）

思考模式	說明
獨斷式（monarchic）	單一向度的思考，一次只能朝向一個目標而且全力以赴的思考方式。
階級式（hierarchic）	會按照事情的輕重緩急安排優先次序，較具組織力。
寡頭式（oligarchic）	同時受到許多目標的吸引，也希望同時完成。因為所有的目標都被視為同等重要，常流於失焦，或覺得自己是「多頭馬車」。
無政府式（anarchic）	同時有許多需求與目標、過於簡化事物，雖然創意足夠，但是常常遭遇失敗。

（取自http://www.robertjsternberg.com/thinking-styles/）

（注：這些思考模式主要是依個人的喜好來決定）

創意思考的障礙

▶ 權威式、上對下單向的管教方式。
▶ 只有一個標準答案的教育。
▶ 不鼓勵多元思考。
▶ 只重視成果，不願意花時間與精力在過程上。
▶ 不尊重、不允許犯錯的環境與氣氛。
▶ 不重視個別差異與個人的獨特性。
▶ 只用一種方式來評量結果，甚至只有「成功」或「失敗」的評估。

（邱珍琬，2002e）

知識補充站

「有效的學習」就是適性適才的學習，適合孩子的性向、個性、才能與發展階段，也讓孩子有適度成功的經驗。家長願意營造一個學習氣氛，由自己領頭、孩子可以跟進模仿，像是全家一起看書或是做一些學習的活動（如參觀畫展、書展），慢慢培養孩子的閱讀習慣，孩子後來就會自動自發地學習。

Unit **6-7**
數位時代與親職（一）

170

一、網路世代的迷思

由於網路使用已經成為生活中的一部分（所謂的「i世代」），每個人幾乎不能逃避網路的影響，然而也因為網路是人類發明，當然可以由人類掌控。以前孩子使用網路，多半是為了課業，然而現在似乎成為一種時尚與流行，常常在台北捷運上看到的場景幾乎是人手一機的「低頭族」，還有媽媽滑手機、把孩子忘在捷運上的新聞。一群人相約好辦個同學會，卻發現大家坐在餐桌前互相line給對方，許多人走在路上眼睛盯著手機訊息，卻忘了欣賞路過的風景與人情，還常常發生意外或交通事故。如果與人聯繫是人類最基本的重要需求，為什麼我們捨棄了與人面對面的真實接觸，卻訴諸於藉由網路來聯繫的「隔空」交流呢？

網路成癮已經是世界性的問題，美國人口有八分之一至少有一項的問題上網行為。2008年美國醫學會估計兒童部分約有五百萬人遊戲成癮，而亞洲國家中的中國、韓國與台灣也極為普遍（Young & de Abreu, 2011/2013）。國外研究暗示了經歷過社會焦慮、憂鬱情緒或家庭衝突者，也是網路成癮的當然候選人（De Leo & Wulfert, 2013）。

網路成癮的致病因素有許多理論，有些可能是合併的因素使然，家庭也可能是造成孩子網路成癮的變項之一。張立人（2014）提到網路成癮家庭的特徵，包括家長過度保護或過度期待、孩子太早受到電子產品的誘惑（少自我控制能力）、忽略親職、讓電子產品當孩子的保母、兒童虐待或隔代教養。許多上網行為可能與工作之科技產品有關，然而卻也驅使網路使用增加，最後形成一種習慣，甚至成為強迫行為。

二、網路成癮的診斷與檢核

網路成癮型態基本上有五種：⑴網路遊戲成癮；⑵資訊超載（常常上網看資訊，無法判斷資訊的真偽）；⑶網路強迫症（如病態賭博或購物）；⑷網路性成癮（在網路上瀏覽有關性行為或與人做網路性愛）；⑸網路關係成癮（網路關係勝過實際的人際關係）（Young, 1999）。

網路成癮的核心特徵有：獨特感受（渴望上網，未上網時對網路念念不忘）、情緒改變、耐受性（滿足需求的限閾提高）、戒斷症狀（一旦不使用會焦慮難受）、衝突與爆發（容易與人有衝突及情緒爆發，復發上網行為）（Young & de Abreu, 2011/2013）。

低自尊與低自我效能者，常常與線上遊戲有關。線上遊戲玩家以成年男性居多（平均二十五歲），特別是角色扮演的遊戲。線上遊戲讓人有成就感（升級、競爭）、拓展自己社交層面（一起參與遊戲的某種社會承諾、遊戲本身有閒談功能、自我揭露），與沉浸感（改變外表、擴充裝備、扮演角色等），這些都有助於玩家的自我認同，但是卻無法將這些轉移到現實生活中（Blinka & Smahel, 2011/2013）。

網路成癮的致病因素

致病因素	說明
認知行為模式	用上網來逃避焦慮煩躁的情緒或現實，有負面思考的人常伴有自卑與悲觀，因此以匿名方式上網與人互動，藉此克服這些障礙。成癮式思考是在面臨困境時，不經邏輯思考的一種直覺，而成癮思考也需要一再練習而成為習慣。認知行為模式解釋了網路使用者形成習慣或強迫性上網，以及負面思考維繫強迫上網的模式。
神經心理學模式	由「中國青少年網路協會」心理發展研究院院長應力所提出：成癮與大腦神經傳導物質的變化有關，而所有的成癮（如性、食物、酒精或網路），都是由大腦內相似的反應所引起。非藥物的因素在開始使用藥物，以及成癮速度上可能相當重要，而非藥物的因素與藥物的藥理作用有交互影響，造成強迫性的藥物使用。
補償假說（compensation theory）	由中國科學院（Chinese Academy of Science）心理研究所提出：像是用單一系統來評估學業表現，致使許多年輕人藉線上遊戲來尋求補償，或是尋求自我認同、建立自尊心與拓展社交圈。網路成癮的學生有較高的孤獨感、較少社會支持，藉由線上的訊息交流來彌補現實生活中的失落，有些人在社交活動不自在，在網路上表現自己或交友較不會焦慮。
環境因素	多重成癮的人最容易成為網路成癮族群，而使用網路對他們而言似乎是方便、合法又不傷身的方式。中國的教育體制也是造成青少年成癮行為的主要環境因素，加上父母親對子女的期待殷切，以及其他的環境壓力，像是離異、喪親、失業等也都可能是造成網路過度使用的推手。

（Young & de Abreu, 2011/2013, pp. 7-17）

網路成癮判斷準則

- 是否過度使用？通常與失去時間概念或忽略自己的基本需求來考量。
- 有無戒斷現象？當無法使用電腦或手機時，會感到憤怒、緊張或憂鬱。
- 耐受性如何？需要更好的設備、軟體或使用時間變多。
- 負面效應產生，像是爭執、說謊、低成就、社交孤立與疲勞。

（Beard & Wolf, 2001, Block, 2008；引自Young & de Abreu, 2011/2013, p. 27）

Unit **6-8**
數位時代與親職（二）

目前有不少網路成癮相關的診斷問卷，上網就可以找到，計分方式也很簡單。家長可以經由觀察或讓孩子自行填寫的方式進行，最好是兩者都採用，因為孩子可能會隱瞞自己網路使用的情況。最簡易的是Young（1998）的「網路成癮診斷問卷」（Internet Addiction Diagnostic Questionnaire, IADQ）。

由於IADQ是屬於「自陳量表」，就是自我檢視的報告，只有自己誠實做答，才能夠了解自己上網的實際狀況，家人或他人的觀察也是一個切入點，大概可以了解孩子使用網路的真實情況。

國內台大陳淑惠老師也研發了一個類似的自陳量表，內容大同小異，共有二十六題，依據網路成癮的核心症狀與相關問題編製而成。一般成人如果一天使用網路超過四小時（除去工作上必須使用的之外），也可能是網路成癮的候選人（張立人，2014）。

在臨床上遭遇的個案，最初都不是因為網路成癮而前來治療，通常是因為情緒上的問題（如憂鬱、躁鬱、焦慮、強迫症）而來求助，透過進一步評估之後才發現是網路成癮（Young & de Abreu, 2011/2013, p. 23）。倘若有多重成癮（如菸酒、毒品、網路）的當事人最容易有復發的可能，暗示其有成癮性人格與強迫性行為的傾向，通常其經歷以下幾個階段，而且一直循環：⑴合理化自己的上網行為（像是書念一天好累，讓自己輕鬆一下而已）；⑵後悔花時間上網，結果正事都沒有做；⑶認為自己意志不堅，所以戒除了一段時間，回歸正常生活；⑷復發，就在壓力大或情緒緊繃時，容易回復原來的上網行為（Young & de Abreu, 2011/2013, p. 33-35）。

網路成癮有一些共病（同時伴隨著其他疾病）症狀，青少年方面包括酒精與藥物濫用、沮喪憂鬱、自殺意念、過動、社交恐懼、強迫症、反社會／攻擊行為、精神分裂症（思覺失調症）或身心症（黃偉烈，2014）。

三、兒童與青少年網路成癮現象與實際

網路吸引青少年主要是因為同儕壓力、互相炫耀（以達自我認同），以及網路可以提供的娛樂與功能。青少年面對壓力的因應策略有限，加上想要展現真我（Beard, 2011/2013, p. 226），網路就成為一個最佳管道。使用網路溝通的好處像是增加社會支持、與朋友聯繫較容易，或是產生新的情誼關係；網路提供較為安全的人際互動平台，也比較不需要社交技巧（van den Eijnden, Meerkerk, Vermulst, Spijkeman, & Engles, 2008）。有愈來愈多的研究發現：網路互動特別吸引人，對於那些想要陪伴、性興奮需求與改變身分認同的人而言，營造了一種強迫使用的氛圍（Young, 1997, cited in van den Eijnden et al., 2008, p. 656）。

使用網路者可分為「想要」（wanting）使用與「強烈渴望」（urge）使用兩類，後者就是上癮行為的表現（Utz, Jonas, & Tonkens, 2012）；上癮者通常是個性較害羞、內向，或是有社交障礙的人，網路所提供的自在感、安全與效率，是特別吸引這些有心理社會困擾者的原因（Caplan & High, 2011/2013, p. 60）。

網路成癮診斷問卷

依據自己半年內的情況做答，只要回答「是」或「否」即可。
若答「是」的題目超過5題以上，就可能有問題，需要進一步做診斷與治療。

1. 我會全神貫注於網際網路或線上活動，且在下線後仍繼續想著上網時的情形。
2. 我覺得平常要花更多時間在線上，才能得到滿足。
3. 我曾努力過多次，想控制或停止使用網路，但是並沒有成功。
4. 當我企圖減少或是停止使用網路，我會覺得沮喪、心情低落或是情緒暴躁。
5. 我花費在網路的時間比原先想要花的時間還要長。
6. 我會為了上網而可能失去重要人際關係、工作、教育或工作的機會。
7. 我曾向家人、朋友或他人說謊，隱瞞我使用網路的程度。
8. 我上網是為了逃避問題或是釋放一些情緒（如無助、罪惡感、焦慮或沮喪）。

使用 3C 產品對孩子發展的影響

孩子發展	影響
依附行為與關係	家長使用手機影響與孩子的直接面對面互動，也影響孩子日後與人的互動關係。
語言	孩子需要與家長互動，從對話中培養其語言能力。
睡眠	手機或電視藍光影響孩子的睡眠節律，孩子無法獲得充足有效的睡眠，影響其專注力與學習。
遊戲	手機遊戲讓孩子處於較被動角色，孩子還是需要傳統的遊戲活動——激發其創意、建立與人互動及合作能力。
身體活動	身體活動有助於腦部與身體發展。
營養	接收不良食物訊息或飲食不定時，都會影響孩子的營養攝取與發育。
執行功能技巧	影響孩子的專注力（如同時開許多電腦視窗）與學習力（孩子只是從電腦或手機「下載」與「卸載」，沒有真正去記憶或吸收）。

（Goodwin, 2016）

Unit 6-9
數位時代與親職（三）

　　已有不少研究指出：線上遊戲成癮者與孤單、較低自尊或較高攻擊性有關，而且有較多的內化問題（internalizing problems），也就是指情緒上的焦慮或沮喪，或是轉為外化行為（externalizing problems），像是吸毒、酗酒等（De Leo & Wulfert, 2013）。也有研究者提到網路上癮者被滑鼠所控制，將自己隔絕在外面現實世界的要求之外，同時也以虛擬方式替代了真誠情感與有意義的互動，這對於個人的發展有極大負面影響（Toronto, 2009, p. 131），因為只有面對面的接觸才是人們發展終身、深度互動與依附關係的關鍵（Winnicott, 1974, Eigen, 1993, & Beebe, 2005; cited in Toronto, 2009, p. 119）。

　　網路使用呈現「好者更好、壞者更壞」的傾向，也就是現實生活中有較佳人際者，使用網路可增進其心理健康或人際關係；反之若是人際較差者，使用網路反而影響其心理健康與人際（Kraut, Kiesler, Boneva, Cummings, Helgeson, & Crawford, 2002; Utz et al., 2012）。線上溝通（on-line communication）可能是成癮行為的主要因素（Caplan, 2002），特別是那些經常使用立即性的簡訊與聊天室功能者，而網路使用時間並不造成成癮行為（van den Eijnden et al., 2008）。

　　高雄醫學院柯志鴻醫師等人（2012）所做的調查發現，台灣國中學生有一成一左右、高中學生有一成八、大學生有一成三左右是網路成癮者。從這個數據顯示：國中是步入成癮的關鍵期，而醫師柯志鴻（11/6/2014）也表示，依據他的臨床經驗發現，倘若當事人到大四依然不能戒除網路成癮行為，很可能就會持續終身。

　　依據不同國家的統計研究，網路成癮青少年盛行率至少在4.6%，大學生則介於13%與18.4%之間，一般大眾則是有6%至15%（Young, 岳曉東、應力，2011/2013，p. 6）。目前因為智慧型手機的盛行，網路成癮與手機成癮似乎成為同義詞。

四、使用網路的溝通與管理

　　許多家長對於孩子的溝通方面有一個較常遭遇的難題，就是如何讓孩子可以養成自律習慣，特別是上網或是使用手機時間，因此本節也將此議題納入來討論。

　　身處在網路時代，已經有許多教育者與家長發現，網路世代的孩子與他們有極大的不同，包括較自我中心、無感，甚至無同理心，對未來沒有什麼希望與期待，也不相信努力就會成功或是有成果（邱珍琬，2013），這的確是目前許多國家對於下一代的擔心。家長對於子女網路使用的管理，在孩子尚未養成自律習慣以前，最好多注意。最重要的是：規定使用網路（包括手機）時間，不是平常上學日而已，連假日也都應該有所節制，因為不良習慣也是從放縱開始。

　　家庭方面的壓力也是造成青少年逃避到網路的原因之一，因此家庭曾有或現有的問題也不能忽略，要做適當的處理與解決。而家族成員也有必要理解為何網路對某些人具有成癮性，家人協助青少年找到網路以外的興趣或習慣，一起消磨時間，尋找適當的休閒娛樂，進而管理減少網路活動而多出來的時間（Beard, 2011/2013, pp. 240-241）。

網路使用管理注意事項

1. 將電腦放置在公共空間（如客廳），可以有利於監控。

2. 要孩子了解使用網路與電腦是特權而非權利，因此只要不遵守約定，就容易失去特權。

3. 要讓孩子了解，知道他／她在電腦上做什麼是家長的責任，孩子需要知道家長隨時都可以窺視他／她在電腦上或手機上做什麼。

（Sax, 2011/2011, p. 86）

家長應注意孩子在使用網路管理上的事項

1. 以身作則（家長使用網路要注意自己否有雙重標準）。
2. 避免使用電子保母（不要將孩子託付給電子產品）。
3. 培養安全感與歸屬感，讓孩子願意待在家裡與家人相處。
4. 培養孩子廣泛的興趣，就不會常常沉浸在電子產品中。
5. 給孩子適度的壓力而不是凡事都代勞，要讓孩子有責任感。
6. 尊重孩子，這樣孩子才會願意溝通，也學會尊重他人。
7. 有效溝通，避免責備、控制、服從、討好等型態。
8. 父母與長輩原則一致，避免不同標準。
9. 建立網路使用規則。

（張立人，2014）

175

 知識補充站 ....

　　家長要去熟悉孩子網路使用的情形，甚至了解孩子使用網路的內容與習慣，不僅可以作為親子互動與溝通的話題，也可以事先防止孩子誤用網路。一旦發現孩子可能有網路成癮的問題，即刻與學校輔導老師或身心科醫師聯絡，雖然戒癮像戒毒一樣不容易，但是需要專家協助與家人的支持及配合，絕不可輕忽！

Unit 6-10
數位時代與親職（四）

圖解親職教育

176

五、隱私權與親權的平衡

　　家長監督子女使用網路習慣與時間是預防青少年網路成癮的重要關鍵，然而子女也在「自我成長」，也需要有適當的隱私權與自主權，這就涉及家長親權與子女隱私權的平衡，有時候的確讓家長相當為難。因此，家長的堅持與溝通非常重要，與子女之間商量彼此可以容忍與退讓的空間，只要子女一違反規定就可以收回網路使用的特權。萬一子女不服，也有申訴管道，藉由家庭會議的方式，不僅可以誠實表達自己的意見與感受，也讓大家都清楚明白家規。一般情況下，因為子女還在成長階段，我們還是贊成親權大於隱私權，適當的親權控管也是防堵孩子網路成癮的成功之道。

　　由於目前傳播媒體與資訊的發達，孩子接觸電視與電腦的時間相對增加許多，加上一般家庭的電視機數量也超過一台，父母親對於孩子所看的內容可能會因為孩子長大、家長不在家或是監督時間減少而不太了解。電視節目與手機內容充斥著暴力與色情已經是不爭的事實，一般家長除了在意電視內容外，卻對年幼孩子看電視的習慣（如時間過久、靠得太近、邊寫功課邊看等）糾正較多，其實觀看的節目內容才是需要特別注意的。年紀愈小的孩子愈容易模仿，也可能就在日常生活中展現出來。

　　現在孩子使用電腦常常也是同時開許多視窗，容易讓人分心、影響專注力，因為大腦的機制就是不能同時做兩件事。

　　Newberger（1999, pp. 102-103）特別提醒家長們對於孩子看電視行為的注意事項，套用在目前的手機使用，其建議也一樣有建設性：

1. 多利用錄影機或是VCD的節目播放，而不是以電視台播放的節目為主，這樣子家長可以做較為明智的篩選。
2. 可以多花時間與孩子一起看電視，藉此了解孩子所看的節目與內容是什麼，也針對所觀看的節目做討論、互相刺激學習，增進親子情感。
3. 減少以看電視為增強或是酬賞孩子的方式，改以其他方式（如一起出去打球、活動或是下棋、閱讀）來作為酬賞，這樣家長也比較不需要抱怨孩子看電視時間過長。
4. 不要用看電視的方式來讓孩子安靜、不搗蛋，如果孩子因此而減少其他興趣或嗜好的培養，家長不能輕卸責任。
5. 看電視很容易上癮，也容易培養出不喜歡活動的孩子，對孩子的心智發展與身體健康都不是好事，家長要注意到看電視這種靜態活動與一般活動間的平衡。

小博士解說

　　家長可以先讓孩子選擇想要看的節目與時段，讓孩子先衡量自己應該在電視節目開始之前，把哪些應該要做的事做完；陪孩子看新聞節目或網路新聞，可以一起討論這些新聞事件，提供孩子不同的思考角度，也可以順便釐清一些觀點。安排一些全家都可以一起看的節目，可以增加討論的多樣性，以及親子間學習與親密的機會，孩子也可以體會到融洽的家庭氣氛。

家長使用 3C 產品注意事項

▶ 嬰兒需要與真實的人做互動，對其腦部發展與心理健康非常重要，這些是科技產品所不能取代的。

▶ 嬰兒與照顧人的互動、眼神注視，是嬰兒建立與人的依附關係及大腦發展最需要的，因此家長在與嬰兒互動時需要專注，不能因為3C產品而分心。

▶ 若要使用3C產品，最好跟孩子一起使用，一來知道孩子上網做些什麼，二來也可以適當與孩子做互動、問問題或教育孩子。

▶ 3C產品螢幕上所呈現快速又吸引人的影像，容易讓孩子很快就適應，但也會影響其專注力。

▶ 選擇「適合」孩子發展階段所需要的資訊或3C產品，而不是想要「加速」孩子的成長或全面拒絕3C產品。

▶ 睡前不使用3C產品，因為藍光影響睡眠節律與褪黑色素的產生，影響我們的身體免疫力。

（Goodwin, 2016）

對於網路霸凌的處理

★ 不要回應霸凌者

★ 封鎖霸凌者（同時保存證據）

★ 支持孩子度過這段時光

（Goodwin, 2016, p. 53）

知識補充站

手機與網路的普遍，使得霸凌更無遠弗屆、影響更多人，家長對於子女的手機使用習慣需要以身作則、妥善管理，也要讓孩子願意與家長討論所接觸的內容。

第 **7** 章

家庭溝通

 章節體系架構 ▼

Unit 7-1
優質時間和親子溝通

　　人際關係是心理健康的指標，罹患有心理疾病者常感孤單寂寞、無法與他人建立有意義的人際關係，而建立關係與同理心、溝通能力有極大相關。溝通有許多管道可以進行，不限於語言。有的孩子生性活潑，也願意說出自己的感受與看法；有的孩子害羞退縮、不善交際；有的孩子以行動來表達他／她的想法；有的孩子則是悶在心裡，因此即使是在與孩子的溝通上面，也不要要求孩子一定要「說」出來，只要能「表達」出來，不管用何種形式，其實都可以達到溝通的目的。

　　一般而言，母親與女兒較有話說、溝通管道也比較暢通；母親與兒子間的互動，彷彿不像跟女兒一樣親密。父親與孩子的互動也是親疏有別，父親較以行動方式表達對孩子的關愛。然而，最難處理的也是家人的溝通，多了一層血緣關係，反而較有顧慮，因此有時候實話不敢直說，甚至不說，使得家庭溝通變成難事。

一、優質時間

　　親子溝通或是家庭溝通的第一步，應該是「肯花時間」給彼此。即便再忙碌的父母，彼此要相聚的時間也不多，更遑論要分給其他家人。近年來，家長陪伴孩子的時間已經加速減少，或回到家後也各忙各的。陪伴孩子或家人的「優質時間」（quality time）是重質不重量的，人「出現」最重要，為孩子說床邊故事，或是讓孩子聽現成的故事錄音帶，其實就有很大的差別，多半的孩子並不是要聽故事，而是珍惜與家長「在一起」（being together）的時間。有些更費心的家長，是每講一次故事都會與孩子一起創造新的「情節」或「結論」，不僅同享創作之樂，也開發孩子的想像空間；另外，還傳達給孩子父母親的開明與接納新知的態度。因此，除了刻意安排親子或是家人相處的時間外，在這段時間內還要「全心全意」專心於這段相處，儘量排除一些可能會干擾的因素。隨著孩子的成長，「優質時間」的使用不必要拘泥於一定的形式（如談話或說故事），可以改變成活動性質（去爬山或是動手做菜）或是單獨約會（去逛街、看展覽、吃飯），也不一定要全家聚在一起才算。家長彼此的關係也要經營，只要家長關係好，親子關係自然佳。

二、親子溝通

　　親子溝通是最廣為討論的議題，坊間書店的書籍或是社區／學校講座都以此為主題居多，然而在實際應用時效果顯然有限。原來，有些家長常常是因為面臨到棘手問題、很難處理了，才希望來這個場合裡「取經」，而且期待「一擊奏效」。如果一擊無效或是效果不如預期，馬上就放棄。親職工作是經年累月的長期工作，需要無以數計的耐心，用在管教或親職議題上又怎能一蹴而成呢？家長狃於急效、沒有給自己與孩子充分時間去適應新方法做改變，可能也把好的方法錯用了。再好的方法，也要經過一段時間的試驗，才可以估計其成效。

親子溝通關鍵要訣		
要訣	說明	功能
傾聽	花時間與心力聽孩子的故事，在傾聽前要暫時擱置自己可能有的想法或偏見。	接納與尊重孩子，也表現出孩子很重要。
接納但並非接受	接納並不是說同意或是接受對方的看法，而接納可以表現在積極的傾聽上。	「接受」對方有表達自己的權利。
使用開放式問句	相對於「閉鎖性問句」就讓人較無選擇。	讓對方可以有較為充分的表達。
注意使用的語調與其他非語言訊息	人在說話時，其他身體的表現、表情和語氣等，都會同時傳輸一些意義。	清楚對方要表達的真正意義與一致性。
隨著對方的用語，或是使用對方的語言	孩子有他所接觸的次文化，有屬於他習慣的表達形式，這些也許是學校或是他所處的交友圈使用的溝通模式，表現出來與其他次文化不同的特色。	使用孩子陳述時的語言，可以拉近彼此的距離，當然最好要知道自己在說什麼，也不要刻意用得太多或是太假，更會讓孩子起疑。如果裡面牽涉到不雅用語，而你也不希望孩子使用，可以說：「有時候用一些話可以更表達一些自己的感覺，我還是想用比較清楚的方式來表現，而不是單單表現出情緒的發洩而已。」或是將用語轉成你／妳希望他／她也可以使用的，如孩子說：「我覺得心情很『幹』。」父母可以回應為：「你／妳覺得很不舒服、很生氣！」
不以單一方式或要求來做溝通	溝通管道有許多，孩子因為習慣或是個性，會有不同表達方式。	以對方擅長的方式來表達，也要多多觀察。
溝通要表達清楚，不要暗設陷阱	溝通的目的是讓對方在接收訊息時，可以很明白地解讀（decoding），不要讓對方猜測。	溝通清楚，對方接收就明確，不會引發不必要的誤解。

（Egan, 1998; Gordon, 2000）

傾聽案例舉隅

「爸爸，我昨天在家跌倒，牙齒流血了！」

「我就是不哭啊！」

「哇，一定好痛！」

「真是了不起。現在還痛嗎？」

「媽媽帶我去看醫生。」

「不會了，你看！」
（秀給爸爸看缺門牙的地方）

「結果呢？」

（很仔細地看了一下）
「哇！兩顆耶！」

「醫生就說我很勇敢沒有哭。」

「流那麼多血、很痛，你是怎麼辦到的？」

圖解親職教育

182

同樣是男生向爸爸報告，可能會出現不同的反應。反應不同，也會有不同的結果：

反應一	你應該要小心點。
	（警告或命令。小男生看了父親一眼，走開了。）

反應二	哦。
	（退縮。淡然處之，然後去做別的事，小男生可能就不會再說下去。）

反應三	你活該，我平常是怎麼教你要小心的？真是！
	（批判。小男生臭著臉走開了。）

反應四	你看看，現在長的牙很重要，你知不知道？跌斷了大門牙，真是破相！
	（說教。小男生覺得自己把事情鬧大了！）

反應五	說你豬頭豬腦，真是一點也沒錯！
	（責備。小男生認為自己就是笨，自取其辱。）

反應六	你是不是又玩得太過火了？
	（解釋。而且還「定罪」，小男生會覺得冤枉。）

反應七	下次不會這樣不小心了！
	（保證。而且還暗示「不要再犯錯」，小男生覺得挫敗、不被諒解。）

反應八	是怎麼發生的啊？你說！
	（探問。但語氣已有責怪之意，小男生會擔心受處罰。）

Unit 7-2
衝突處理

圖解親職教育

　　人與人之間的相處與互動，由於彼此是不同的個體，在溝通上也有不同意見，因此有衝突是必然的。衝突表示不能解決差異，有時甚至伴隨著緊張、敵意或是攻擊（Hall, 1987）。衝突的來源包括：行為引起的負面感受（一個人的動作或行為引起另一方的不快，比如爸爸將哥哥手中的玩具直接拿給弟弟）、觀點或認知的不同（如孩子認為自己會照顧自己身體，但是媽媽卻要他穿上衣服）、價值觀不一樣（如家長認為念書比較重要，不准孩子出去朋友家，但是孩子認為朋友才應該居第一位）、規則不一致（如家長認為孩子應該在放學後就回家，但是孩子認為只要在吃飯前回來就可以）、領導權不清楚（彼此認為應該是對方做決定或負責任，如孩子沒交補習費，認為應該是家長主動去交的），與壓力（工作或是功課的壓力會讓人情緒容易失控，也會容易發生衝突）（Knox & Schacht, 1994）。

　　許多家長認為孩子在青少年期時，比較容易與父母親有衝突況狀出現，這裡必須考慮到青少年想要獨立自由，但是又需要父母親的經濟與情感支持的一種矛盾。青少年在認知上與父母親較不同的，是出現在「個人事務」與「強硬要求」上，比如說穿著與學校功課，家長認為「應該」穿得如何才恰當、學校功課會影響到未來發展，但是青少年的解讀會

是：「這都是我自己的事，為什麼父母親要插手？」也因此許多孩子會認為自己的一切都是在父母親的「判決」之下（Smetana, 1989）。家長對於孩子的要求會隨著孩子成長，慢慢在交友或個人事務上放手，但是對於傳統的道德或是需要注意的安全議題上，還是持監管的態度。一般說來，父母親在嗑藥、喝酒與說髒話等議題上與兒子較多衝突，跟女兒的衝突則多發生在個人行為與事務上（Smetana & Asquith, 1994）。

　　孩子與父母親有衝突時，與母親的關係會繼續維持，因為母親通常常會退讓，但是父親就會堅持自己的立場很難妥協，因此Jaffe（1997, cited in Jaffe, 1998）建議父母親與孩子說明理由，不要老是訴諸「我是你爸爸 / 媽媽」的威權地位。

　　與人有衝突時，知道如何做最好的處理很重要。衝突並不是都是負面、不好的，再好的關係都不免有衝突存在，衝突也不一定就會傷害到彼此之間的關係，讓對方知道我們較負面的部分並不表示很糟糕（DeVito, 1999）。衝突意味著彼此間相互依賴的關係，表現了要改變的需求，以及問題存在的確實性（Trenholm & Jensen, 1995/2005）。如何處理衝突、朝向「雙贏」政策，讓彼此可以有更清楚的了解，衝突其實可以讓關係更進一步。

小博士解說

　　如果一味逃避而不去處理衝突，可能表示挽回這段關係不重要（DeVito, 1999），相對地，也失去了培養解決衝突能力的機會。

處理衝突的方式

▶ 去了解對方的想法與感受。

▶ 以「我訊息」來表達自己的感覺。

▶ 知會對方、先離開現場,以免情緒失控。

▶ 不要使用讓自己會後悔,或是傷害對方自尊與人格的謾罵。

▶ 暫時忽略,等氣消了再做處置。

以認知行為方式處理衝突

▌不要將對方的「批判」個人化(personalize)。

▌情緒上比較容易掌控之後,再去思考與對方的溝通與釐清。

▌說話要具體(如「你表現得好像不專心聽我說話」,而不是「你的態度惡劣」)。

▌言行一致(避免發出的訊息讓人迷惑不解)。

▌要掌握說話分寸(不要誇張不實,或刻意傷害)。

〔Trenholm & Jensen, 1995, 2005, p. 475〕

185

說話有兩種層面的表達

層面	表達
報告(report)	字面意義,就是白紙黑字(寫什麼就是什麼)的「報告式」溝通;簡單明瞭,不需要多加揣測。
要求(command)	因為彼此的關係,而有深一層意義潛藏著的「要求式」溝通,往往需要「體察上意」或做猜測的功夫。

 知識補充站

溝通當然是一種互動方式,以清楚表達出心意為最佳,親人之間不需要用「官場文化」來運作,委婉簡單就可以了。委婉是表示語氣與傳達溝通的善意,簡單則是清楚明瞭。

Unit 7-3
中國人的家庭溝通

　　我國有傳統的親子倫理、上尊下卑的位階，下一代的子女往往不敢說實話，或是有違逆的情況發生。即便有，也只是私底下做，不敢將其表面化，這也是維持家庭「和諧」的重要價值觀，只是表面的「虛性和諧」（或「假和諧」），通常要付出極大的代價。家族治療學者Viginia Satir特別強調人有自尊與溝通的需求，而父母親與孩子的三角關係，通常是孩子發展與人互動關係、對自我認同的關鍵（McLendon & Davis, 2002）。家人是我們最親密的關係，倘若家人之間的溝通常常無法真誠、坦白，那麼一個人又能對誰展現真我？人際間的真誠與信賴又如何形成？

　　「衝突」雖然是溝通的一種方式，只是它的過程不是我們這個講究「和諧」民族的習慣，當然也預期其結果「不佳」，因此我們在日常生活中通常會規避可能衝突的發生，只是存在的問題不解決，問題還是持續存在，於是採取間接方式或懸置在那裡，妨礙了彼此關係。

　　父母親是不同個體，當然也有意見不合的時候，然而子女也是家長互動的目睹者，他們會從雙親身上學會溝通或處理衝突，也會在稍後將這些學習遷移到與他人互動過程中，不僅影響其人際關係、對自我的看法，也相對影響其快樂指數。因此：

1. 家長若彼此意見不合，可以「大聲討論」，然而不要使用髒話或詆毀對方的字眼，因為是不當示範，也傷害彼此的自尊。

2. 一旦衝突發生，其中一人可以平靜地說：「現在不適合討論，我們之後再找時間好好商量。」也可以向對方示意之後，安靜離開現場。

3. 千萬不要在情緒上頭做出讓自己後悔的決定。衝突容易引發憤怒等不穩情緒，此時理性通常就無法有擅場之地，倒不如退一步，讓彼此有冷靜與理性思考空間，問題解決才有可能。

4. 衝突時，不要急著將自己的意見表達出來，先聽聽對方怎麼說，也要讓他／她有表達完整的機會，因此抱持著「無偏見」的傾聽是很重要的。

5. 倘若認為自己較不擅長語言溝通，也可以用書信方式或傳簡訊等。使用書信可以經由審慎思考後才寄（拿）給對方，多了一些考量，比較不會引發情緒上的刺激。當然也有人不願意看信，還是有其他的溝通管道，如繪畫、卡片、歌曲、影片或手製物品等。

6. 思考彼此之間的「公約數」，也就是彼此都重視與關切的部分（像是孩子、家人親密），這樣解決問題或妥協就有譜了。

7. 運用適當的幽默，可以潤滑人際間的關係。幽默是從自嘲開始，當我們開始學會嘲笑自己的缺點與不小心所犯的錯誤時，就給了自己更多進步的空間，也比較能夠寬容對待他人、同理他人。

8. 學會溝通技巧，可以減少衝突機會。如果父母親本身有意見不合的地方，可以運用溝通、協調、妥協方式做處理，也可以讓孩子看到最好的示範。

親子溝通的「十二種障礙」

①	命令、指示、指揮	⑦	誇讚、同意
②	警告、勸戒、威脅	⑧	罵髒話、嘲笑、羞辱
③	勸告、道德訓話	⑨	詮釋、分析、診斷
④	忠告、給建議或解決方法	⑩	再保證、同情、安慰、支持
⑤	說教、邏輯性爭議	⑪	探測、懷疑、質問
⑥	批判、挑剔、不同意、責備	⑫	退縮、分心、幽默化、轉移焦點

（Thomas Gordon, 2000，pp. 49-52）

促進家庭溝通家長可以做的事

做法	說明
父母以身作則，適當地表達抱歉、感謝與原諒	親子之間沒有所謂的「面子」問題，家長的好楷模，孩子會學習到。
少用負面語言與肢體動作	使用負面語言太多了，所傳達出來的訊息就變成「拒絕」、「不喜歡」，是相當令人沮喪，也很具破壞力的！
不要因言廢人，也不要因人廢言	這是尊重的表現。
不做歷史學家	不要把過去的錯誤又一直重複地搬上檯面，或是「不斷」提醒孩子曾有過的錯誤，會讓孩子覺得自己永遠無法改變。
不要預測未來	雖然父母親的用心是希望孩子不要再犯同樣的錯誤，因此有很多的警示意味，但是孩子不一定懂，也容易讓孩子反其道而行。
給機會，不要在未明白事實之前妄下定論或假設	給孩子機會將實情展現，讓孩子知道你會尊重他、聽他說完。
使用「我訊息」（I-message）	以「我」開頭，陳述自己的感受，而非以「你」為指責對象。「我訊息」表達了說話人的立場與情緒，而不是批判對方。
協助孩子解決衝突，也培養其解決衝突的能力	溝通的一個重要功能就是協調衝突，既然衝突的存在是本然的事實，可以以較好的方式解決衝突，才是一種能力的展現。

 知識補充站

「情感綁架」就是利用彼此之間的關係來威脅或要求對方妥協的方式，像是以自殺來要脅對方不能分手，父母親或孩子也會以這樣的方式來硬逼對方讓步。

第 **8** 章

霸凌、家庭暴力與性侵害

 章節體系架構 ▼

Unit 8-1
孩子可以從學校經驗學習到什麼？

一個人從學齡期進入學校的生活可以長達十年以上，如果加上念大學的四年、繼續進修，可能就超過二十年。從家庭發展階段來看，家長們在第一個孩子進入學校學習之後，發現自己的生活也因為孩子的學校生活而有許多改變。我國家長在孩子小學階段似乎涉入最多，慢慢就學會放手，只是對於孩子學習這一塊，父母親很難置之不理。

進入小學是孩子發展過程中很重要的「轉換」（transition）階段，就像進入青春期一樣，他們必須要將自己的生活面向做許多調整與改變，包括一下子接觸同儕、做學習與學校生活的適應，甚至原本獨享玩具或遊戲，現在要學會與人分享及合作，這些對孩子來說都是很大的挑戰。

到底孩子在學校裡可以學到一些什麼？除了課業與生活的學習之外，還有與人相處的智慧、培養容忍力或挫折忍受力（與情緒智商）、接納也接受不同背景的人與意見、看到自己所見不到的觀點、學習到不同的生活情況與智慧，也可多運動、活動的能力，還有學習領導或是與人合作的方式等不勝枚舉。即便現在有所謂的「在家教育」（home schooling），通常也不是家長一手包辦，而是需要結合其他家長與資源，還要花費許多心力，才能竟其功！有位在家教育的雙碩士（英美文學與教育）家長，在老大要升高中的年紀，她還是堅持將孩子送入正規學校就讀，原因是：「他可以在學校學到更多，而那些是我無法讓他學習到的。」

有些家長偶爾會遭遇到孩子問這樣的問題：「我為什麼要學數學？（微積分？分數？）以後又用不著！」家長可以很友善又好奇地問：「如果你／妳可以告訴我，你／妳未來想做什麼？在哪裡？我也許就可以告訴你／妳（怎麼用）。」孩子雖然不解，但是也會了解這樣的邏輯，因為現在所學習的也許在未來工作或生活上使用機會不多，一來有備無患，二來可以增加生命的豐富性，誰又能百分百確定呢？

當然孩子在學校總是會遭遇到一些挑戰與挫折，有些他／她可以學著自己去因應，有些則需要師長的教導。家長不要以孩子的學業成就為唯一要求的指標，因為學業成績不會跟著孩子一輩子，其他的與人相處、人際網路、行事做人的態度，以及對生命的價值觀才是一輩子的資產。家長若是擔心孩子，就要積極介入孩子的學校生活與情緒。所謂的「積極介入」不是老去學校找老師「多關照」自己的孩子，而是很清楚了解孩子在學校的各方面學習情況，並隨時注意到孩子的情緒，有時候孩子因為人際關係的問題（如與好友吵架或是被排斥），也會連帶影響其學習結果。在交友方面，不少家長會要求孩子「勿交損友」，還是有點模糊，因為這些標準都是家長自由心證的結果，缺乏客觀性也較不能體會孩子的情況。讓孩子有選擇朋友的自由與權利，而家長則負責監督與引導之責，甚至進一步認識與了解孩子的朋友或許更好。

學校所提供的經驗與學習（節錄）

▶ 與人互動的機會。

▶ 學習社交技能。

▶ 與人建立有意義的關係。

▶ 有所歸屬、不孤單。

▶ 認識不同於自己生長背景與環境的人，增進人際智慧。

▶ 在課業上有成功與失敗經驗，養成挫折忍受力。

▶ 系統知識與技術的學習。

▶ 從師長與同儕身上學習。

▶ 學校提供與人一起的遊戲與活動機會（有別於與電腦互動或虛擬遊戲）。

▶ 找到與自己同好者，建立更深、更久的情誼。

父母親可以如何關心孩子的在校生活

● 從孩子小時就參與其學校生活，不是有問題或是出了差錯才與校方聯繫。

● 關心孩子不同學習階段的適應情形，除了初期的主動緊密聯繫與問候之外，也要持續維持與老師、學校的聯絡。

● 參與孩子在校的重大活動，也隨時詢問孩子在校的情形。

● 在老師或同學面前說孩子表現進步的地方，但不宜過度誇大，因為孩子也需要面子；相反地，也不要在孩子的同學或朋友面前損害孩子的自尊心。

● 如果孩子不希望父母親在同學或師長面前表現出被「視若孩子」或「沒長大」的行為，或是讓孩子覺得尷尬的動作，家長可以尊重孩子不要做出來。

● 孩子有聯絡簿，儘量抽時間看孩子的聯絡簿，或是與老師在聯絡簿上做交流溝通。

● 了解孩子的交往情形，這些資訊可以從孩子口中、來電中或是到訪的同儕加以了解，也可以問老師或是同學。孩子出門「遊必有方」，家長要知道自己的孩子在哪裡、聯絡方式等。

● 不要單一以課業的成就做比較，每個孩子有自己表現不錯的地方，都需要成人與父母親的肯定。

● 學校可以用到家長協助的地方（例如：義工媽媽、導護、家長專長等），父母親可以儘量提供貢獻。家長藉由這樣的機會，不僅能貢獻所長、有成就感，更可以有機會知道孩子在校情形，也會因此而讓自己的專長更精進。

● 如果發現孩子有困擾或問題（如感覺統合失調、學習退步、情緒不穩等），家長可以尋求學校的協助；相對地，學校也可以讓家長留意並且採取必要措施。

● 了解孩子喜歡與不喜歡的科目與老師，可能的因素為何？有沒有可以協助或安慰的地方？

Unit 8-2
霸凌是一種人際關係問題

圖解親職教育

192

你的孩子在學校生活愉快嗎？有沒有受到同儕不公平的待遇或欺侮？許多孩子在學校碰到類似的事件，不會主動跟大人提出，擔心大人的介入會讓事情更複雜、情況更嚴重，也為了顧及自己的面子，有時候反而讓情況更糟！

隨著手機等三C產品的日新月異，霸凌的形式也更多、涉及範圍更廣。根據美國學者的統計，有四分之三的年輕人在求學階段曾經遭受同儕欺凌（Hazler, Hoover, & Oliver, 1991）。我國的情況也不遑多讓，根據兒福聯盟2014年針對國小到高中職學生的霸凌調查，推估至少過去一年有四萬人以上遭受霸凌，言語霸凌（73.1%）及關係霸凌（63.5%）最高，女性遭受此兩類霸凌者遠遠高於男性，男性肢體霸凌高於女性。校園暴力（包括屠殺）的確是目前美國校園最憂心的議題（Arndt, 1994, cited in Hazler & Carney, 2002）。

霸凌可能造成的嚴重後果，除了反社會行為，或是受害者的自殺之外，許多人會把這個不好經驗放在心上，一輩子的生活都受到干擾。Atlas與Pepler（1998）認為欺凌行為是一種「社會互動」的模式，意味著只要人與人之間的社會情境存在，就會有霸凌發生。雖然有學者（Ross, 1996）認為霸凌行為也有正向的功能，可以讓孩子在與人交往互動的情境下，學會相處的技能與藝術，甚至可以培養挫折忍受力。而大多數人可以在霸凌經驗裡恢復正常生活運作，少數人卻無法擺脫創傷的陰影。

儘管霸凌行為不是一般人所樂見，但是卻

長存於我們的文化之中，誠如Besag（1989）所說：有些霸凌行為可能是文化的一部分，是被接受，甚至鼓勵的（像是競爭比賽），因此「社會文化」因素也必須列入考量（Olweus, 1984; Hoover & Hazler, 1991）。霸凌行為不是侷限在學生時期或校園，職場霸凌也所在多有；讓孩子學習因應霸凌行為，對未來生涯可能遭遇的霸凌也有所準備。

男生的霸凌對象可以是男生或女生，但是女生霸凌的對象通常是同性女生（Sharp & Smith, 1991; Boulton, 1995）。男孩子比較容易受到肢體或恐嚇的欺凌，而動手或採取行動欺侮他人；女孩子則是比較容易受到言語或是社會性的欺凌，女惡霸常常運用同儕的力量，藉以削弱某特定人的影響力，甚至孤立某人、刻意切斷其社會支持脈絡（Lowenstein, 1977; Sharp & Smith, 1991; Siann, Callaghan, Lockhart, & Rawson, 1993; Whitney & Smith, 1993; Mynard & Joseph, 1997）。兩性霸凌形式不同，可能是因為霸凌行為對男性而言，是一種以「權力」為基礎的關係型態，是為了爭取或證明地位權力的活動；對女性而言，就可能是一種「歸屬」（affiliation）的問題，以欺凌行為來區分你我（Lane, 1989; cited in Clarke & Kiselica, 1997），因此霸凌行為其實也應該把性別角色的社會期待列為考量（China Post, 1/18/2000, p. 11）。

小博士解說

　　霸凌行為是由個人或團體刻意加諸於一位弱勢個體身上，是一種長期的、重複的生理或心理上的暴力行為。霸凌事件中的角色有「霸凌者」、「受害者」、「協助霸凌者」（在一邊叫囂、鼓動、叫好）、「維護受害者」，以及為數最多的「旁觀者」。

霸凌種類

種類	說明
肢體霸凌	打、捶、推擠、限制行動等。
言語霸凌	取綽號、用言語刺傷、調侃、戲弄、嘲諷弱勢同儕、恐嚇威脅等。
性霸凌	以身體、性別、性取向、性徵做取笑或評論的行為，或是以性的方式施以身體上的侵犯。
反擊型霸凌	是受霸凌學童長期遭受欺壓之後的反擊行為。
關係霸凌	藉由謠言、威脅、利誘等方式中傷、排擠或孤立某人。
網路霸凌	藉由網路散布不實謠言、圖片影片等傷害某人（或商店）聲譽。

注：勒索財物者也是霸凌行為。男性較多直接霸凌，如肢體霸凌、威脅勒索；女性較多間接霸凌，如言語、關係霸凌。

霸凌的迷思

迷思	說明
即使遭受欺凌，但是沒有受到傷害。	任何形式的欺凌行為都是暴力的一種，也都會造成傷害，只是每個人恢復的情況與影響不同而已。
霸凌或暴力行為是成長中的自然現象，不需要多加注意，長大之後會自然消失。	對於長期受到霸凌的個人又怎麼說呢？會不會就因此認為這個世界是不安全的？往後人生的路會走得更膽戰心驚、深怕再受傷害。
暴力可以讓孩子了解現實世界的景況，磨練孩子（受害）的性格，可以教會孩子（受害或欺凌者）防禦、保護自己的能力。	但是合理的訓練與折磨是截然不同的兩回事，前者可以讓孩子有能力護衛自己，而折磨可能會讓孩子對周遭世界產生恐懼，甚至妨礙了他的正常人格發展。
對於男孩子而言，可以經過這個階段而「淬鍊」成真正的「男人」。	以傳統男人沙文主義的方式來定義「男子氣概」，鼓勵競爭、力量、暴力，很容易流為「以暴易暴」、「以暴養暴」的模式，讓孩子誤以為暴力是唯一解決問題的方式。此外，也容易導致下一代對於自己性別角色的刻板化。
有些成人在求學時代曾為霸凌者，但是認為對自己沒有造成任何傷害。	施暴者合理化自己的暴力行為，這種嚴重的否認，也可能會無形中教育下一代成為暴力使用者。
肢體有形的傷害才是傷害，其他方式的攻擊並不算。	事實上許多肢體的霸凌行為都伴隨著其他形式的傷害，而且影響更大，像是言語上的侮辱、精神上的威脅迫害。
許多受害者都被威脅警告「不准告訴他人」，要不然相關人士都會受到傷害。	這種「不能說」造成施暴者更肆無忌憚，而霸凌行為愈演愈烈。

（續）

迷思	說明
霸凌行為比較容易在規模較大的學校或班級發生,小學校或人數少的班級就不必擔心這個問題。	只要是在學校、人與人之間,都可能有霸凌行為的存在。
霸凌行為的發生是因為學業上競爭或是挫敗的結果。	研究結果並沒有支持這個說法,霸凌行為不是因為學業上的爭勝或失敗而引發的報復行為,其動機不一而足。
霸凌行為的受害者通常是在外表外型上與眾不同。	許多的受害者並不是因為自己外表肥胖、怪異、削瘦或是有障礙才成為欺凌的目標,而與個人性格特質(如焦慮與低自尊)較有相關。
霸凌者只是外表讓人覺得很強硬,事實上內心是很沒有安全感、沒有自信的。	研究結果並不支持這個說法,也沒有發現霸凌者有較低的自尊。
霸凌行為在大都市比較嚴重,城鄉地區就大為減少。	霸凌行為普遍存在,未因城鄉而有差異。
霸凌行為通常發生在上學或放學途中。	雖然霸凌行為在上學、放學途中,也就是成人監控較少的地方比較容易發生,然而最常發生霸凌行為的地方依然是在學校內。
霸凌者來自於社經地位較低的家庭。	霸凌者來自各種社經階級,與特定之社會地位無關。

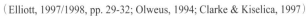

(Elliott, 1997/1998, pp. 29-32; Olweus, 1994; Clarke & Kiselica, 1997)

Unit 8-3
霸凌行為的影響

霸凌行為對於霸凌者、受害者與旁觀者都有影響。對霸凌者而言，霸凌行為可能會延續到成人，對整個社會造成的傷害無以數計。研究指出，曾為校園霸凌者的惡霸，在成年之前的「反社會」行為有增無減；成年期之後，其犯罪紀錄較之一般人要高出許多（Olweus, 1991）。霸凌者的暴力傾向，讓人際關係受損而造成孤單，或只是跟某些特定人在一起（包括參與幫派），會影響到其工作的持續性及家庭（如暴力傾向、下一代的模仿）（Farrington, 1991, cited in Clarke & Kiselica, 1997）。對於幼年時期受到霸凌的人來說，成年之後也會碰到許多生活適應上的問題，譬如交通違規、酒醉開車、家庭暴力、犯罪等（Gilmartin, 1987, cited in Hoover & Hazler, 1991; Husemann et al., cited in Hetherington & Parke, 1999）。

國小階段遭受霸凌行為的受害者，常常出現睡眠困擾、尿床、頭痛、腹痛等身體不適應狀況，也常覺得悲傷難過（Williams & Chambers, 1996），焦慮、過度敏感、警戒性高、孤單沒有朋友，甚至導致長期憂鬱沮喪（Gilmartins, 1987, Oliver, Oaks, & Hoover, 1994, cited in Clarke & Kiselica, 1997），以及缺曠課、不敢上學（Lee, 1993），有的甚至以自殺來結束一切（Roberts & Coursol, 1996）。受害者在學校受霸凌，也許會把挫折遷怒於其他家人，而有施暴動作。父母親不能做仔細探詢或有效處理，也會影響到家人關係（Ambert, 1994）。有些受害者有「重創後遺症」的徵狀出現，嚴重妨礙了日常生活功能（Brown, 1996）。對於女性受害者來說，長期的影響可能延伸到成年之後，青春期困擾增加，懷孕、生產或罹患婦女病的機率大增，對於自己擔任親職工作沒有信心，甚至過度保護或是忽略孩子需求（Zazour, 1995/1997）。

旁觀者害怕成為下一個受害者，覺得內疚或無力感（Elliott, 1997/1998）；在成人無法有效介入的情況下，更加深了他們的恐懼，可能會認為世界是不安全的、「權力至上」、個人價值不受重視、他人的感受不重要，也會質疑「合作」的價值（Gilmartins, 1987, Boulton & Underwood, 1992; Hazler, 1994; cited in Clarke & Kiselica, 1997）。霸凌要付出的社會代價，除了經濟上對於受害者身心治療、教育上對霸凌與受害者的處置、財務上的破壞損失之外，還有其他無形的（如暴戾社會、犯罪、價值觀偏差等）（Scott, 1998）。

霸凌者與受害者都不是「快樂」的小孩（Slee, 1995a, 1995b; Mynard & Joseph, 1997; Scott, 1998），雖然霸凌者與受害者都屬於較不受歡迎的人物（Boulton & Smith, 1994），但是霸凌者比受害者較受到同儕的歡迎（Olweus, 1994）；霸凌者與受害者較一般學童有較多偏差行為（Austin & Joseph, 1996），霸凌者尤其對於他人肢體語言的解讀，呈現較為負面的反應（Dodge & Frame, 1982; cited in Rigby, 1994; Scott, 1998）；受害者從事規則性遊戲較少，通常是獨自遊戲居多。

小博士解說

國內兒福聯盟2016年的調查發現，七成四兒少認為網路霸凌嚴重，其中七成六目睹或遭遇過網路霸凌，而尤其是在社群網站中受到霸凌最多（九成三）。

霸凌行為發生原因

霸凌行為發生原因	說明
遺傳因素	男性賀爾蒙較高、神經傳導問題等生理原因外，類似霸凌行為的侵犯傾向與「過動兒」有關係。
環境因素（含「社會文化」）	霸凌行為是人際之間的一種暴力形式，人與人之間的關係就是環境脈絡（context）的一種。尤其是家庭中不適當的管教與養育方式，或是父母缺乏監控孩子行為的能力。
個人因素	霸凌者本身需要掌控的強烈慾求；藉由霸凌行為可以獲得一個人想要或是缺乏的東西，包括被尊敬、特權、物質上的回饋。

家庭關係與霸凌行為

家庭因素	說明
家庭功能欠佳	缺乏家規，家長鼓勵侵犯行為或是處罰沒有野心的行為，家庭孤立於社區之外，父母管教太不一致或太寬容，雙親常不知孩子去向，父親常不在家，父母親的情緒波動不穩，家長對他人感受不敏銳、冷淡，或是忽視虐待孩子，家庭以看電視為主要娛樂。
家庭氣氛不良	父母親動輒爭吵或是冷戰，父母婚姻不和諧或是常有衝突的家庭，家庭不溫暖或凝聚力低，家庭氣氛僵硬、缺乏彈性；霸凌者家庭屬於「過度干涉」（overinvolved）或保護型態居多，受害者家庭則是傾向於「過度糾結」，即彼此之間關係過於緊密。
家庭結構	Brown大學（1996）的一項調查發現：三分之一的霸凌者住在繼父母家中，將近四成的霸凌者來自單親家庭。

遭受霸凌行為的徵象

● 孩子莫名其妙拒絕上學或是有懼學症，不想獨自上學、擔心上學或放學途中會發生什麼事、有逃學行為、學業成績突然落差很大、上課不專心。

● 有夢魘、身上有不明傷痕、食慾不振、胃痛、頭疼、疲倦、衣物髒亂或遭撕裂、學用品或一些物品遭受破壞，或是常向父母要錢、家中有財物不明損失、孩子有攻擊手足的暴力行為。

● 有強烈或異常倚賴現象，情緒鬱悶、苦惱、退縮、焦慮、情緒失控、行為反常、有自傷或企圖自戕等。

197

（Elliott, 1997/1998; Williams & Chambers, 1996; Zarzour, 1995/1997）

Unit 8-4
如何防治霸凌

圖解親職教育

198

　　成人與師長的觀察發現，傾聽孩子的心聲是防堵霸凌行為的第一步驟；此外，成人的有效介入與處理（Roberts & Coursol, 1996），可以讓霸凌行為明顯減少。

　　就整個霸凌行為的防堵，最有效的還是整個大環境的配合，要把社會環境因素納入考慮，不能視為個人之病態行為（Siann, Callaghan, Lockhart, & Rawson, 1993）；學校本身鼓勵侵犯行為或是競爭的性別刻板文化，也應該著手祛除（Askew, 1989, cited in Rigby & Slee, 1991）。許多研究顯示，對於霸凌行為的定義與認識不清，常常是處理霸凌行為時最大的阻礙（Hazler, 1998）。因此首先要讓所有相關人員，包括師長、家長、學生，都清楚霸凌行為是不被允許的，而一旦發生就必定會受到重視與處置，大家都知道哪些行為是不被允許發生，而且會造成傷害的，自然就容易發現與判定霸凌行為，加上系統有效的申訴管道與步驟，目睹或發現霸凌行為，或霸凌行為受害者，都可以馬上讓主事者或單位注意，採取跟進策略或取得必要協助。研究文獻發現，許多霸凌行為的目睹或受害者之所以不敢聲張，或採取防護制止的行動，除了擔心被報復之外，主要是因為即使告訴大人，處理結果也沒有發揮效果（Boulton & Underwood, 1992; Olweus, 1991, 1993, 1994, cited in Clarke & Kiselica, 1997; Roberts & Coursol, 1996）！

　　學校方面對於霸凌行為的防制可以著力最多，因為霸凌行為發生最多的地方依然是學校。積極的防堵措施應該有：學校單位對於霸凌行為有清楚明白的校規規定及有效處理流程，並不定時做適當教育與宣導；消極的預防包括：校園內多一些開放區域、少些死角、增加成人監控機制。此外，在學校可以有的配套措施包括：合作和善的校風、執行一致的處置機制、親師充分合作、對欺凌者與受害者的諮商治療、運用同儕力量設置的「小霸王法庭」（bully courts）、肯定訓練、同儕教學（peer tutoring or peer teaching）等。

　　家長的介入不是直接衝到霸凌者家裡去找人理論，或是直接教訓霸凌者，而是先傾聽孩子，並檢視他/她受傷沒有，同理其感受、了解事情始末，然後告訴孩子接著要採取的行動，與學校聯繫、與相關單位合作處理。孩子擔心成人知道霸凌事件，最重要的是成人的無效介入，再則需要每天面對霸凌者的是孩子本身，此外孩子會擔心霸凌者的威脅（如「殺你全家」）是真的，也害怕讓家人擔心。

　　目前雖然各級學校有「友善校園」的宣導與執行，但是網路與手機的盛行，加深也拓展了霸凌影響與範疇，我國的防治措施較缺乏統整性（也就是少了整個社區、警政、校園、家庭等的縱貫系統合作），加上媒體不時有街頭暴行的報導與渲染，我們要努力的仍然很多。

小博士解說

　　霸凌行為發展因素（Olweus, 1984）：個人氣質、主要教養人（特別是母親）的教養態度、基因的遺傳、同儕團體的影響（獲得贊同與支持、經濟效益、觀摩仿效），以及傳播媒體的推波助瀾。

父母親可以怎麼做

- 家長要自我檢視對於霸凌行為的觀點。
- 家長在平日要注意孩子的行為舉止有沒有異樣，適時的關心與詢問是必要的；此外，與孩子保持良性、開放的溝通也很重要。
- 孩子與家長之間有很好的信賴關係，會感覺到自己受到關愛與支持，在碰到問題情境時，也就比較容易向成人求助。
- 家長與教師、學校保持良性互動。
- 家長可以結合其他家長、配合學校的策略，利用社區可以獲得的資源，做更有效率的防堵與介入。
- 家長主動充實相關的資訊與知識，也回想一下自己在孩子這個成長階段可能遭遇的困擾，提供孩子先一步的思考與警覺，也與孩子商量對應之策。
- 孩子萬一受到霸凌或者是霸凌他人，家長的了解與立刻介入是很關鍵的。
- 平常就尊重孩子的不同看法，對於孩子有自己的觀點應予以適當鼓勵，也可以跟孩子交換不同的觀點，讓他／她可以培養更多元的想法與更明智的判斷。孩子在這樣的訓練之下，在必須堅持自己的想法時，也不會猶豫。假如受到霸凌，甚至目睹霸凌行為，都會採取應該的行動。
- 家長自己行為的表現就是最好的身教示範，家長的情緒失控，甚或暴力傾向，這些示範舉止都會讓孩子有「以暴養暴」或是「人是無力的」、「這世界是危險的」想法與做法。
- 家長可以教導孩子一些因應霸凌的方式，如離開現場、自信地看著對方、謝謝對方指教等。
- 如果發現霸凌情況嚴重，或是孩子已經受到極大傷害，家長也要知道求助的管道，為孩子與自己，甚或家人做整理、復健與修補的工作。

199

 知識補充站

　　最常遇到的網路霸凌事件是：⑴互相攻擊謾罵（61.1%）；⑵盜用帳號，假借他人名義亂發訊息或po文（47.9%）；⑶隨意散布不實謠言、破壞他人名譽（47.7%）（兒福聯盟，2016）。

Unit 8-5
家庭暴力

　　近來媒體有許多家庭暴力的報導，其中也牽涉到家庭亂倫事件，加害者幾乎都是受害者的親生父親或繼父。許多父母親仍然相信「棒下出孝子」的原則，認為孩子「不打不成器」，但是適當的管教可以讓孩子懂得自律，過度就可能導致孩子失去安全感、信心，以及對他人的信任，變得退縮或是暴力。「家庭性侵害」一直是家庭裡最大的祕密與禁忌，一旦發生，其影響可能持續一生，而通常受害孩子年紀尚幼、受害時間甚長，學齡期的孩童可能會出現許多不適應的行為或徵象，而青少年則會有較多的「宣洩」（acting out）行為出現，包括逃家逃學、嗑藥、酗酒、性行為紊亂，甚至自傷或自殺！

　　家庭中出現暴力行為的多為男性，因此一般人認為可能是因為男性賀爾蒙（睪丸素酮）的緣故，「天生」就較具侵犯性。在《心理疾病診斷與統計手冊》（*Diagnostic and Statistic Manual of Mental Disorders*, 4th ed. or DSM-IV, 1994）裡，有一項「反社會性人格」（anti-social personality），男性人數多於女性，而不少與衝動控制有關的心理疾病，也是以男性所占比率居多，但是攻擊性不能只推給基因或是睪丸素酮等內分泌腺，一個人所生存的大環境也要列入考量。

　　近幾年全球經濟衰退，失業、犯罪率急遽增加，自殺或是暴力行為也呈等比級數上升，尤其是家庭暴力幾乎每天都會出現在社會新聞上。我國內政部106年統計家暴通報有九萬五千多件，其中十分之一受害者未滿十八歲。經濟不景氣的變因，會讓生存其中的個體也受到相對壓力，如果平日家庭的功能已經未能發揮、個人情緒管理欠佳，就很容易引發許多的家暴事件。

　　家庭暴力的普遍性以美國為例，每年受到親密伴侶傷害的就有兩百萬婦女，也就是每十對夫妻或親密伴侶裡，就有一對牽扯到家庭暴力，也因此家庭暴力是造成美國婦女受傷的第一大原因（Kaplan, 2000）。美國醫學學會（American Medical Association）在1992年的估計更高，平均有25%的婦女受到伴侶的暴力虐待或攻擊（cited in Kluft, Bloom, & Kinzie, 2000）。家庭暴力與種族、社經地位、信仰沒有關係，反而是貧窮會增加其發生率，而家庭暴力的再發率很高，不是一次的意外事件而已（Kaplan, 2000）。

　　家庭暴力的種類有許多，夫妻之間、父母親對孩子，或是孩子對父母親、手足之間，甚至祖孫間，或是對家中老年人或無行為能力者的虐待，也就是住在一起有血緣關係的人施予其中一方或是雙方互相的肢體或言語衝突、心理或精神虐待、財務控制、行動限制，甚至性虐待，都可以包括在家庭暴力的範圍之內（Kaplan, 2000）。我們一般比較熟悉的，而大部分也是經由報章媒體的披露得知的，就是夫妻不合、父母打孩子或是性虐待，其實在施行肢體虐待或暴力的同時，語言或精神方面的凌虐常常伴隨出現。

造成家庭暴力的危險因素

➤ 受害者與加害者之間的權力不均關係（包括個子較小、年紀較輕，
　或是較為瘦弱）。
➤ 加害者本身有沮喪情緒或藥物濫用的行為。
➤ 女性成為出氣筒。
➤ 家庭有壓力事件發生。
➤ 家中孩子多於四位，且彼此年齡相距密集。
➤ 年輕或是單親家長。
➤ 社會孤立。
➤ 兒童期曾暴露在家庭暴力的經驗。

（Kaplan, 2000, p. 50）

家庭暴力受害者可能出現的行為徵象

▶ 曾有過濫用藥物歷史，或是最近藥量增加。
▶ 曾有過墮胎或流產紀錄。
▶ 曾有因傷害就醫或是送急診室紀錄。
▶ 一直生病。
▶ 與朋友或家人疏離。
▶ 自殺或自傷企圖。
▶ 曾經有受虐紀錄或曾經是虐待者。
▶ 上過法院或是有警方保護的紀錄。
▶ 不能做決定或選擇。
▶ 藏有可以用來傷害虐待者的武器。

（Gerard, 1991, pp. 104-105）

201

知識補充站

　　家庭暴力牽涉到的主要因素是「親密」與「控制」（Campbell, 1993），
而不是情緒不好而已。家庭暴力有個惡性循環模式：暴力行為→降溫、蜜月期
→壓力與緊張開始累積→引發事件→暴力行為。這樣的模式如果沒有經過中間
介入的處置，會一直循環下去（Gerard, 1991）。

Unit 8-6
家庭暴力的防治

圖解親職教育

202

一、家庭暴力的型態與影響

　　有些家庭暴力到末了會演變成「凶殺案」，也就是受害者或目睹者（如子女）最後採取了積極的手段將加害者消滅，以求一了百了，或加害者一時失控，失手打死人。雖然家庭暴力已經是屬於刑事案件，但是國人普遍的認知上，還是將它視為「家庭問題」，甚至執法單位也會希望以息事寧人方式，要當事人自行協調解決，有時候會延誤適切處理的時機。

　　家庭暴力對於受害者的影響，最明顯的就是身心創傷，不僅對自己的價值感減低，對於人與人之間的關係沒有信任，也可能影響到以後對於親密關係的發展。當然肢體暴力的同時，也伴隨著語言（鄙視、汙衊）與心理或精神的暴力，這些對於受害者的傷害更多。美國有一項針對性犯罪者的統計，發現目前受刑人中，有56.1%是曾經在幼年時期也遭受過性侵害或強迫性行為的受害者（Bloom, 2000），這也暗示了早年的創傷經驗，在沒有加以治療處置的情況下，可能引發成年後性犯罪的動機；而同樣地，也有研究者發現早年受到暴力侵害，有可能發展成反社會性人格（Luntz & Widom, 1994）。

　　基本上，家庭肢體暴力的受害者以女性（妻子）居多，但是也會擴及到孩子，許多女性的家暴受害者選擇繼續待在婚姻裡的原因是「保護孩子不受到傷害」，因為她擔心如果自己這個「出氣筒」不在了，丈夫一定會找無辜孩子洩憤，但是當孩子目睹或聽聞母親受傷害，其實也間接成為暴力受害者。

二、家庭暴力的處理

　　對於家庭暴力的防治，除了讓加害者受到適當處罰與治療之外，主要還是放在受害者身上，也就是保護受害者不再受到傷害，教導受害者如何保護自己的安全，又如何因應可能的暴力危險（Kaplan, 2000）。

　　在家庭裡，家長對於孩子的管理最好少用體罰，也不在自己盛怒之下做任何處罰動作，因為在自己情緒失控的情況下，常常會不小心傷害了孩子。家中有暴力就是不對，未施暴的家長須知道先帶孩子遠離暴力可及的範圍，與自己的原生或延伸家庭有緊密聯繫，這樣在緊急時可以獲得支援與求助。「愛」與「控制」是兩回事，不要為施暴者找理由，這只是姑息養奸，最後的結果反而是更加可怕、坐大。有些孩子被忽略，也會採用這種被處罰的「負向」方式獲得父母親的「認可」，甚至會故意去惹家長生氣，這雖然有點病態、不可思議，但卻是事實。

小博士解說

　　有家暴的家庭常常是孤立的家庭，此時鄰里、親友須特別留意並適時伸出援手，不要到鬧出人命才插手。目前家暴已經是公訴罪，任何人都可以舉報。

在孩子身上觀察到的一些可疑受暴現象

▋ 不明傷痕，孩子會不管天候如何，總是穿長袖、長褲。

▋ 情緒沮喪或是容易動怒。

▋ 表現出退縮、孤立或是侵犯、攻擊行為。

▋ 有嗑藥或是其他危險性行為出現。

▋ 蹺課或逃學、逃家。

▋ 表現出害怕或過度警戒狀態。

▋ 會傷害自己或企圖自殺。

防範家暴的做法

● 家庭規範清楚明白，也將不遵守的後果先行告知與釐清。

● 對於孩子的管教，要父母雙方先協調好規則，如果一方情緒較激動且可能會失控，另一位家長就可以做安撫與替手做管教。

● 親子關係會影響到孩子受處罰時的感受，因此平日溫暖的親子關係比嚴厲的管教更重要。

● 孩子即使做錯事，也要給他解釋申訴的機會，甚至給予第二次修正機會。

● 如果家長一方很容易失控，也容易以暴力處理事情，其他家庭成員要先保護自己避免可能的傷害，並且可以請家中其他較具公信力的長輩來勸說、緩頰。

● 一旦家中有人因為暴力而受傷，就要趕快做處理。首先是保護已受害者的繼續受害（必要時請親友照顧），再則要顧及其他可能遭受池魚之殃的人。安置之後，不管是受害者本身或是目睹暴力者，都要積極尋求相關機構與專家協助，不要以為這只是「偶發事件」而失去警戒心。

 知識補充站 ·······

　　家庭暴力已經不是單純的家庭事件，尤其是連續性、習慣性的暴力事件，社區大眾都應該有道德勇氣主動去做干涉與處理，而相關單位也要設計出一個有效可行的處置流程。警政人員應該要有關於家暴這方面較為完整的訓練，還有社工單位的後續諮商治療與安置作業都要搭配。

第八章 霸凌、家庭暴力與性侵害

203

Unit 8-7
性侵害（一）

圖解親職教育

204

　　性侵害是屬於家庭暴力的範疇，在這裡特別提出來，主要是因為裡面所牽扯的因素很多，也是目前許多媒體披露，卻沒有做全盤或深入了解的。性侵害分為兩個部分，家庭內的性侵害（亂倫）與家庭外性侵害。

　　性虐待，特別是亂倫（incest），在許多社會中是一種「禁忌」，也就是一旦發生了，多半沒有被揭露出來。然而這層神祕的面紗，卻因為近幾十年來的婦女運動、女性主義運動、兒童福利的推廣，以及最重要的是許多受害者紛紛勇敢站出來，而漸漸被掀起面紗，失去其神祕性（Walklate, 1989）。許多研究者把研究焦點放在「家庭內」發生的性虐待事件，或者是父女之間的亂倫事件上（McBroom, 1981），因為這樣的性虐待，被公認是對受虐者傷害最大的（Courtois, 1988; Brown, 1991），且比例甚高（近親亂倫約占了女性性虐待案件的五分之一到三分之一）（Herman, Lewis, & Hirschmann, 1981, cited in Figley, 1985），也就是性虐待所包含的行為包括有強暴、利用孩童拍色情照片、任何牽涉到一個大人與一個小孩的性行為（或是牽涉到一位未成年孩子與年齡差距在五歲以上的人發生性行為）（Fitz-Gerald, 1986）。Brown（1991）指出，任何形式的性虐待都是一種「刻意的創傷」（intentional trauma）。

一、家庭內性侵害

　　根據美國1995年與1996年的統計，全國的父母親有1.9%左右曾遭受性侵害，而女性受到性侵害的比例又比男性多出三倍（Bloom,

2000）。家庭內發生的性侵害案件其實是占比例最高的，而施虐者通常都是與受害者有親密血緣關係的人（Russell, 1988, cited in Brown, 1991; Stiffman, 1989）。國內的情形亦同（約占五成左右），很多人不能想像為什麼應該是充滿關愛、保護、溫暖氣氛的家，竟然可以成為性侵害發生的場所，這也說明了家庭內發生性侵害事件對於一個人的負面影響是更嚴重。

　　性侵害的發生對象可以是夫妻之間（通常是夫對妻）、親子之間（父親或繼父親對子女、母親對子女）或是手足之間（比如兄對妹）。一般說來，性行為的發生應該是兩廂情願的事，但是以父權為主的社會裡，妻子與孩子都是「財產」之一部分，也就是可以「任由宰割」，男主人要有性行為，也採取主動方式，女性就必須「配合」，沒有所謂的自主權。儘管現代的民主社會，基本上還是男權至上，這也造成婚姻中的許多性暴力發生。現在有比較民主人權的做法，認為性行為是兩方的一種協議，也是尊重彼此的一種方式，所謂的「強迫行房」也是性暴力。

　　性虐待的加害者主要目的可能不是因為性，而是一種不安全感所引發的權力慾望，急欲與人有所接觸，而採取了激烈攻擊手段（Gartner, 1999）。家庭內性侵害目前常常在報章媒體上出現，許多都是父親（或母親同居人）加諸子女的案件；家庭內的亂倫事件傷害性更劇，主要就在加害者與受害者間的「關係」。

性虐待的影響

影響面向	說明
性行為方面的問題	性功能失常或停滯，強迫性性行為或逃避性行為，對於屬於性與非性（nonsexual）行為感到迷惑，可能有侵犯性的性行為或誘引的性動作，也有雜交或罹患性病的可能。
情緒上的困擾	無望、焦慮、覺得有罪惡感或羞愧、人格違常或性格上的問題、憂鬱、低自尊、情緒表達失常、不信任、孤立自己或對他人懷有敵意。
行為上的問題	出現逃學或離家的行為、極差的人際關係、自毀的行為、自殺的想法、衝動行為、強迫性的習慣、不切實際的想法或退縮表現、很容易再度淪為受害者、嗑藥，以及過分活躍。
兒童時期的困擾	睡眠的問題、擔心或害怕、學習上的困擾、退化的行為，以及呈現身心症的情況。

（Bolton, Morris, & MacEachron, 1989）

> 註：Courtois與Watts（1982）兩位學者則歸納出生理、自我認同、自尊與性功能四項影響。

性虐待受害者徵狀

▶ 焦慮、生氣、沮喪、麻木等情緒反應。

▶ 解離症狀（dissociation）、出竅經驗。

▶ 知覺感受不正確或簡化環境。

▶ 常感疲憊、身心症的徵狀出現。

▶ 過度使用「合理化」、「小化」（minimization）、戲劇誇張化（dramatization）等防衛機轉，控制或壓抑的情緒表現。

▶ 與人之間界限模糊、對人不信任、與人很難建立良性健康的關係，或選擇有凌虐傾向的人為伴侶。

▶ 自我形象扭曲、低自尊、自責，覺得自己不行或不好。

▶ 對性失去興趣、自傷或性上癮行為、嗑藥、飲食失調、過度肥胖。

▶ 精神崩潰或失常、多重人格違常。

▶ 施虐、受虐的性幻想。

▶ 欠缺擔任親職育兒的技能。

▶ 極少數的受害者會採取行動來對抗這個悲劇事件。

Unit 8-8
性侵害（二）

圖解親職教育

206

二、家庭外性侵害

家庭外性侵害通常指的是強暴案件，其性質是偶發事件，極少像家庭亂倫事件持續很長一段時間，牽涉到的因素有性慾與權力控制。但是不可否認的，即使是家庭外的性侵害案件的加害人，很多都是與受害人熟識的（Driver & Droisen, 1989）。年輕人碰到的「約會強暴」也是其中之一，有計畫性的強暴案件較少。

三、兒童性侵害

不管背景、文化、社經地位或種族的不同，兒童性虐待的情況是普遍存在著（Friesen, 1985; England & Thompson, 1988）。美國的調查統計發現，滿十八歲之前的美國人，每四個人之中就有一位女性曾遭受過性虐待，男性是每十個人之中有一位（Friesen, 1985; Holtgraves, 1986; Dolan, 1991）。根據美國「全國兒童虐待與忽視中心」的估計，約莫有十萬個兒童，在成年之前遭受過性虐待（Ledray, 1986）。兒童性虐待在最近的社會案件中常常出現，根據內政部2016年的統計，所有虐待案件（8,214）中有10.5%是兒童性虐待（864）案件，較之美國的發生率略低。根據許多文獻的報導，許多的性虐待案件是發生在家庭中，而施虐者常常就是家中與受害者有親密血緣關係的人（Russell, 1988, cited in Brown, 1991; Stiffman, 1989）。

雖然男性較女性少受到性侵害，但其影響與女性受害者更甚，加上一般社會對男性性別角色要求自主、獨立，以及「同性戀恐懼」等緣故（Finkelhor, 1984）。若把社會文化列入考量，可以確定男性遭受性虐待的案件應該更多，而且也承受更長期的傷害（Engel, 1989），男性受到性別刻板印象的影響甚於實際的侵害行為（Estrada, 1990）。男性受害者對於性虐待的反應有：在行為表現上有許多的宣洩行為，像破壞公物、自毀與侵犯性的性行為、極力想表現出自我控制的傾向（Kiser, Ackerman, Brown, Edwards, McColgan, Rugh et al., 1988; Hunter, 1990; Meiselman, 1990），甚至是成人之後，更容易涉及同性戀行為（Finkelhor, 1984）。在心理層面上，男性受害者有悵然若失、難與異性建立親密關係或以性來與人建立親密關係、很難表達非性的感受或情緒、自責、對於性喜好（sex preference）或性別角色的困惑、同性戀恐懼、覺得無力、解離現象、不信任、用自我懲罰或是傷害他人的方式來發洩怒氣、PTSD徵狀（Finkelhor & Browne, 1986; Engel, 1989; Hunter, 1990; Meiselman, 1990; Olson, 1990; Isensee, 1991）、壓抑的怒氣與敵意、發展任務上的缺失與「假性成熟」（pseudomaturity）（外表看似一切理性、成熟，但內心卻未長大，有許多害怕）（Froning & Mayman, 1989, cited in Hunter, 1990）。

小博士解說

性虐待對於女性受害者而言，能更加深其身為「弱勢團體」的悲劇與不能掌控的無助感，其人際關係（尤其是與異性的關係），以及對「性」的看法與表現，是受到最嚴重破壞的部分。父女亂倫事件的受害者，會出現一種「忠誠」與「被背叛」的兩難情境，也就是掙扎在對父親的忠誠與被父親的背叛、與對家人的忠誠和背叛家人之間的矛盾衝突，也因此她們對於「愛」與「性」的分野很難釐清、倍感困惑（Friesen, 1985）。

依據重創後遺症（PTSD）的三個向度看兒童期性虐待的影響

向度	說明
侵犯性徵狀	包括一直重複創傷事件的夢魘、性慾化行為（不適合其發展年齡的性行為或動作，或誘引性行為）、擔心或害怕、焦慮、無助無望、（對愛與性、愛與關係、愛與傷害、性與非性行為）迷惑、注意力渙散或不能專心、妄想或不切實際的想法、把周遭環境簡化等。
逃避性徵狀	知覺或感受不正確、記憶空白（或壓抑記憶）、沮喪徵兆、感受或生理上的麻木或無感覺、情緒表現的失常與不適當、對於自己的現況或未來覺得灰色無望、解離與出竅症狀、自戕或自傷行為、嗑藥、宣洩行為、退化行為、逃避性行為、退縮、自我孤立、覺得不行或無能、壓抑、過度使用防衛機制等。
自主神經徵狀	睡眠問題或困擾、脾氣突然發作或不穩、高度警覺（擔心周遭事物）、過度的驚嚇反應、誇張表現或歇斯底里、沮喪、過分活躍、有強迫性行為（例如：雜交、性上癮或強迫性習慣）、容易衝動、身心症等。

容易發生家庭內性侵害的家庭

特色	說明
以男性為尊的父權社會	女性與孩童這些弱勢族群成為當然的受害者，主要原因是父權的情結在作祟，使得在家庭中也呈現「權力不均」的現象。父權的主導操控，也會使家庭內性侵害長久不見天日並且成為家庭祕密。
孩子無權	孩子在相較之下，無論就體能、心理、智慧與角色的發展上都是最無能力、權力最小的，也增加了其受害機率，加上社會對孩子的不信任因素。
性負面社會（sex-negative society）	「性」只有在婚姻關係與繁衍下一代時，才被賦予正面意義，其他情況之下是禁止或是不敢讓「性」浮出檯面。
相信懲罰是解決問題的方式	這在國內的情形尤然。對於犯罪者，我們使用最多的懲罰，認為只要關進監牢與社會隔離就沒事，卻沒有在同時進行治療矯正的工作。

（Rencken, 1989, p. 18）

 知識補充站

男性受虐者共通點是：覺得無意義感、缺乏自我效能、沮喪、對自己的生命不能掌控。一般說來，男性受害者較多「外（顯）化」（externalized，表現出來）的行為，而女性受害者則是「內（隱）化」（internalized，把破壞力朝向自己）的行為較多（Hazzard, 1983; Ledray, 1986; Mayer, 1985）。

Unit 8-9
性侵害（三）

遭受性虐待的孩童，表現出罪惡感、焦慮、害怕、沮喪、氣憤、敵意、覺得被背叛等情緒，經歷了不適合其年齡層的性行為、注意力問題、極差的自我形象、孤離、被迫早熟、壓抑、退化、感受解離、分辨不清「性」與「關係」之間的界限、對於自己生理上的反應有掙扎與迷惑、身心症、失眠、學習困擾、可能有歇斯底里的痙攣產生（hysterical seizures）（Capuzzi & Cross, 1989; Carnes, 1983; Dixen & Jenkins, 1981; Meiselman, 1990; Wittet & Wong, 1987; Yates, 1982）。

在較年長的兒童方面，會有比較公然的宣洩行為表現，未婚懷孕、複雜的性關係或從事性交易、逃學逃家、嗑藥、自毀、自殺或是犯罪行為、否認或壓抑、歇斯底里、易怒、覺得丟臉（Dixen & Jenkins, 1981; Edwall, Hoffmann, & Harrison, 1988; Kempe & Kempe, 1984; Meiselman, 1990）。

Harvey（1996）認為對受害者的治療目標，一般希望可以做到：發現過去對於威權的害怕而阻撓了目前對於創傷經驗的記憶，把記憶與感覺做再度的整合，可以忍受情緒的波動與焦慮，可以控制一些受創徵象，自信心與價值的恢復，可以恢復與維持安全的人際關係，從過去的創傷經驗裡得到重新生活的能源，並轉換成正向的經驗。目前的治療模式有：個別諮商治療〔包括「退化治療」（regression therapy）、催眠治療〕、團體治療、兩人／三人治療與家庭治療。個別治療對於年紀較為幼小的孩童受害者，尤其是對加害人的被背叛、出賣的情緒強烈，是很成功的（Jones, 1986）。

Brown（1991）建議使用「退化治療」的方式，提供受害者有機會重新回到最初受害時的年紀、重新去感受，也把壓抑的完整記憶給恢復起來，同時配合視覺與情感層面的記憶，將會更有助於受害者走出創痛（McCann & Pearlman, 1990），或恢復其自信與掌控的感覺（Friedrich, 1990）。

Friedrich（1990）強調在團體治療模式中，可以把許多處理性侵害的資訊與解決方式提供給受害者，讓當事人在具有支持氣氛的團體中，嘗試新的行為與解決之道。團體治療的優點是：減少孤立與羞恥、對於人的不信任關係的重建希望、滿足同是受害者本身無法滿足的需求、協助她們表達情緒感受，以及提供同儕支持（King, 1983）。兩人／三人治療則是對於涉及家人的性虐待案件，處理父母與孩子之間的互動。對於預防受害者再度受侵害，是最重要的步驟（Burgess & Holmstrom, 1986）。受害者與非加害的母（父）一方，或受害者與加害者的配對治療，對於重新建立或加強親子的連結關係很有幫助（Clark & Hornick, 1988）。

家中有人受害，家庭治療就有其重要性，家庭治療依然是處理兒童期性虐待案件最為有效的治療模式（James & Nasjlet, 1983）。家庭治療緊隨在個人諮商後進行，可能對家庭亂倫的受害者會有較好的效果（Dixen & Jenkins, 1981），但除非受害者家庭成員都接受了個別諮商，否則採用家庭治療就有其危險性（Sgroi, 1984, 1988）。

可能造成孩童性侵害的危險因素

（Rencken, 1989; Kaplan, 2000）

▶ 第一胎生的孩子。

▶ 孩子為女性（長女為最）。

▶ 孩子的父母中有一位不在家或是不能執行家務（如單親家庭、母親長時間在外工作、母親常生病臥床或有精神疾病）。

▶ 孩子（特別是長女）在母親不能視事或是不在的情況下，成為「替代母親」的角色，被迫提早成熟、扛起成人的責任。

▶ 繼親家庭。

▶ 家庭生活亂七八糟或功能失常家庭（家人角色之間缺乏分際、沒有家規或倫理）。

▶ 加害者有酗酒或嗑藥習慣（或是無業、不負責或不成熟的人格）。

▶ 加害者在婚姻或是性生活上有不滿足（加害者在家中的地位可能是比較無力的，夫妻或親密關係有權力不平衡）。

▶ 加害者是威權型的人格，把家人當成其財產的一部分，可以任意使用、操弄。

▶ 加害者在兒童期曾經目睹家庭暴力，或曾是家庭暴力或性侵害的受害者（可能把唯一學會的「問題處理方式」帶到往後成年生活之中）。

家庭治療的目標

（Rencken, 1989）

▶ 了解此類性接觸。

▶ 釐清加害者的責任所在，停止譴責受害者。

▶ 改善家人溝通方式。

▶ 釐清家人角色與職責。

▶ 強調家人間的合作關係，每日家庭責任的分擔。

▶ 享受家人相聚的時光，也減少家人對外的孤立關係。

父母親是防治孩子遭受性侵害的第一道防衛牆

▶ 教導孩子身體保護、自主權觀念。

▶ 與孩子維持親密關係，以及良好溝通。

▶ 親子關係即使再親密，還是有自己的界限。家長有家長的職權、孩子有孩子應該表現的範圍，也就是父父子子、各司所職。

▶ 對孩子尊重，也在日常生活中做很好的示範。

▶ 留意孩子的交往關係，平日觀察也關心孩子的生活作息，發現孩子有異狀，就需要做探問與關心。

▶ 父母親對於平日出入家中的朋友是必須可以信任的，即使很熟悉，也不需要讓對方自由進出孩子房間。朋友來訪時，最好大人都在家。

▶ 如果需要找保母或是他人照顧自己孩子，最好先打探清楚對方背景、他人口碑，值得信任最重要。

▶ 如果性侵害事件發生，要以孩子的福祉為最優先，除配合警調單位之外，也需要慎選諮商師，家長本身與全家也要參與治療。

第 **9** 章

與孩子一起成長

章節體系架構 ▼

Unit 9-1
生命教育之生涯與生活規劃（一）

每個孩子都是父母親的寶貝，相對而言，父母親也是孩子最珍貴的親人，不管一對父母親教養幾個孩子，每個孩子都是很特殊、可愛的，父母親有特權可以看到孩子茁長成熟，的確是很棒的經驗與恩賜。孩子的生命與父母親的生命，在彼此生活互動與關照中都會對彼此有影響。

做父母不容易，要教養出理想中的孩子更難，父母親都是做了父母親之後才開始學做父母，因此犯錯是必然，只要不犯太大錯誤而傷害了孩子，其他情況都可以在嘗試錯誤中，慢慢汲取經驗與智慧。如果知道一般父母容易犯的錯誤，「他山之石可以攻錯」，至少消極方面可以提醒父母親，積極面可以讓父母親去思考如何改善。本章會就親職教育中的生涯生命教育、死亡教育、自傷與自殺等議題做討論。

親職教育最重要的部分不在於教養出傑出孩子，而是讓孩子知道如何過有意義的生活，因此親職教育在許多的面向都是親子共同成長的同義複詞。親子可以有一段共同分享的生命階段，其實就是一種幸福，而可以在生活歷程中體會與歷練生命，也是不可多得的緣分。

生命的現實面，孩子從娘胎出生之時起，就已經開始了解與經歷生命，之前他／她是在母親子宮內安穩生活，一旦脫離了習慣安定的母體環境降臨到這個世界，先是生產時經過產道的痛苦擠壓，然後就必須開始自己呼吸自立更生，同時適應外面的新世界。成長固然是一連串的探險、焦慮、新鮮與害怕的組合，但也有學習成就的驚喜與自豪。

一、生涯選擇

生涯不是只有選擇喜歡及可以適任的工作或職業而已，還要包括工作、生活型態、休閒、不同角色的協調、與同事和家人關係、個人嗜好與興趣、學習與進修教育、退休計畫等。協助孩子自小就開始計畫自己未來生活的型態且做必要的準備，可以讓孩子的生活有目標，也減少了徬徨耽擱與摸索的時間。家長會希望孩子念好書、有發展性工作、有好的生活，但是許多孩子沒有看到這麼多、這麼遠。當然孩子的生命經驗不像成人，會侷限到他們對於生命與自己願景的看法，這也無可厚非。因此父母親的角色就變得很重要，他們可以是孩子「生命的導師」。

家長很早就涉入子女的生涯教導與要求，包括課業的要求與期待，然而孩子不是父母的分身，有他們自己的興趣與能力，因此協助子女找出自己想要過的生活、支持他們從事貢獻社會的工作，就是最佳導師。

小博士解說

諸多生涯理論，第一個考慮的要項就是「了解自我」，接著是了解工作世界，以及工作與自我的速配性（Sharf, 2010）。自我概念（self-concept）在生涯發展上占了極關鍵的因素，個人對於生涯的渴望與選擇就表示個人在生涯上的自我概念（Rojewski, 2005）。

負面父母親類型

- 要求完美的父母。
- 不一致，也沒有設定界限原則的父母。
- 不能給予孩子正向回饋與鼓勵的父母。
- 不會傾聽的父母。
- 拒絕型父母。
- 做了不良示範的父母。
- 不能協助孩子去適應的父母。
- 硬生生將孩子套入某個模式中的父母。
- 允許也支持拖沓的父母。

（Frey & Carlock, 1984, cited in Capuzzi & Gross, 1989, pp. 102-103）

Steede（1998/1999）十個管教方面的錯誤

1 灌輸孩子負面的信念
2 過度注意孩子的不良行為
3 教導孩子前後不一致
4 不和孩子溝通
5 過度保護孩子

6 和孩子對立
7 無效的懲罰
8 沒有以身作則
9 忽略孩子的需求
10 忘了保有童心

（Steede, 1998）

 知識補充站

　　工作是男性自尊極重要的一部分，女性又何嘗不是？工作代表的是自己的能力、興趣、地位，以及自己的「有所用」與貢獻。

Unit 9-2
生命教育之生涯與生活規劃（二）

固然賴以維生的「職業」與生涯發展關係最密切，但是隨著工作而來的家庭生活、家人關係、教育與進修、休閒，以及退休生活都有緊密的關聯，而這種種就構成了一個人的生活型態。一個人希望在這一生成就什麼？成為怎樣的人？對社會有什麼貢獻？希望被人家記得什麼？這些都是一個人「自我實現」的方向。

生涯的選擇包括要考慮自己喜歡的生活方式（如壓力多寡、室內或戶外、升遷機會、經濟收益、可否兼顧家庭與事業、希望得到成就或富裕生活、固定或是彈性上班時間、對社區貢獻或是個人成就等）、在專業知識與技能上的準備、相關技能的學習與獲得、進修管道與機會、市場需求的考量等條件。現在社會與經濟現實，已經不是專才就可以獲得生活的滿足，可能還需要第二專長或是配偶都工作，才能過較為舒適的生活。生涯選擇的最初可能會考慮到自己的興趣（如喜歡資料、數字，還是與人互動）、個性（喜歡獨立作業，還是團隊合作）、潛能（或性向），再則需要把較為現實的因素（經濟現況、市場供需、經濟收益、事業發展升遷可能等）納入思考，而知識與技術的日新月異，在職進修或是更進一步的生涯發展技能都是必要的。

現在許多孩子自高中起就開始打工，進而有接觸職業的經驗，這是很好充實自我生涯能力的方式之一。若以孩子大學畢業算起，要給孩子三至五年時間去摸索、嘗試，慢慢找出最適合自己的工作，不需要要求他們立即打出「全壘打」。

二、生活規劃

生活的規劃包含生活習慣的養成、休閒生活的安排、金錢的使用等，這些早年的習慣對於後來的生活方式及與人相處非常重要。通常孩子在家中，家人對其有最大的包容，然而一旦負笈外地或是租屋住宿，就可能與他人有更貼近的互動。若孩子長久以來的生活習慣不良，不僅彰顯其家教情況，要孩子在短時間內做改變通常不可能，自然也會影響其人際關係與合作能力。現在的工作不僅需要創意，還需要團隊合作，即便是自己有工作室，也需要與他人接洽、協調，要不然何以維持生計？

每個人想要過的生活不同，這當然也與其個性、興趣有關係。家長對於孩子的個性與優缺點應該很清楚，進一步了解孩子的興趣、學習情況，並培養其能力，在日常生活的自律方面多下工夫，並提供其適當的資源與支持，孩子就可以有自信地展翅飛翔、發揮潛能，活出自己想要過的生活樣貌，也貢獻自己的能力給社會。找到自己想投注一生的工作之後，與生活的搭配及安排就更重要。

小博士解說

許多家長只要求孩子要有謀生技能，欠缺對孩子興趣、能力與就業市場的了解及敏銳度，導致孩子未能發揮所長、貢獻社稷，甚至讓親子彼此反目，真是何苦來哉？

與生活型態有關的考慮

面向	說明
財務取向	希望生活舒適、社交生活活躍、有聲望地位的職業。
社區取向	希望可以積極參與社區活動，服務他人。
家庭取向	結婚有家庭、強調孩子的學業成就、提供家人舒適安全的生活。
工作成就取向	挑戰性的工作、與不同的族群接觸，希望對社會有很大貢獻。
工作領導取向	在工作中有其領導地位、聲望與影響力，在工作升遷上有相當潛力。
教育取向	可以經由閱讀與進修或專業上成長，成為家長會一員。
建構工作環境取向	喜歡固定工作時間、壓力小、有足夠休閒、沒有太多工作上的責任。
休閒取向	有許多機會可以渡假、從事自己的嗜好。
流動取向	可以常常去旅遊、可以常常變換工作地點與性質。
中度安全取向	低壓力、工作步調緩慢、可以輕鬆過日子、低財務危險。
戶外工作休閒取向	喜歡在戶外工作或是享受戶外休閒活動。

（Zunker, 1975, cited in Zunker, 1990, pp. 84-86）

215

生涯計畫架構

了解、認清所需技術發展的層面	問題解決、做決定、做計畫等技巧，設定目標的過程，以及生涯資源與利用。
做決定技巧	明白個人特質，遭遇生活挑戰時不同的決定策略。
找出協助系統	公設或私人生涯諮商地點、資源，與教育或職業訓練的提供、社會支持系統。
找出就業市場的需求與如何運用的方式	包含了未來工作角色的了解。
找出與生涯和生活相關的處理技巧	滿足職業的條件、壓力來源、行為的修正配合，與壓力處理技巧。

（Danish & D'Augelli, 1983, cited in Zunker, 1990, pp. 81-82）

Unit 9-3
生命教育從認識死亡開始

圖解親職教育

216

　　我們從出生之日起就開始步向死亡，因為有「死」，生命的意義才突顯（Kierkegaard, 1843, cited in Marrone, 1997）。相關研究也指出。對於會看到「還剩下的時間」（time remaining）的人對生命持比較正向的態度，而只回味過去的人對於死亡會比較害怕與焦慮（Keith, 1981-1982, Pollak, 1979-1980, cited in Marrone, 1997）。

　　存在心理學家Yalom（1980）說得好：「學著好活就是學著好死，反過來說，學著好死就是學著好活」（p. 30）。雖然在親職教育中的生命教育不一定要硬生生自死亡開始，但是家長不避諱死亡的必然，而以學習、了解、珍惜的角度來看，給予孩子正面的生命意義就非常珍貴。生命過程裡，我們有獲得同時有失去，「得」的另一面是「失」，「失」的另一面是「得」。父母親對於死亡的態度，對孩子影響深遠。「死亡」在東西方社會都是禁忌的話題，但是卻是目前親職教育中很需要添加的一環。目前許多的社會現象，都經由媒體與網路的大量披露，許多生命現實都難逃孩子的目光，嗑藥、飆車、縱火、自殺或謀殺、車禍與其他天然災害等，一些兇殘畫面或是消息的湧現，死亡變成一些沒有意義的數據，甚至是家常便飯，不僅容易麻痺觀眾，也間接透露了生命的脆弱、不可預期，甚至不必珍惜。

　　死亡之所以讓人產生恐懼、焦慮，主要是因為死亡是「未知」的、擔心沒有知覺、喪失一切，或是不捨得，畏懼死亡是因為沒有好好活過，有太多未竟事業，怕徒留遺憾。然而也因為死亡之不可測，所以可以：因為「未知」，不知其具體形貌，所以才有新鮮感，增添生命趣味。如果可以清楚了解死亡的面貌，就更容易接受「死亡」只是一個生命必經的程序（邱珍琬，2002d）。

　　生死教育主要是希望「利生」，不僅可以協助個人認清死亡的事實與面貌，知道如何做因應與調適，也希望可以經由自我檢視與體驗，更知道珍惜與創發生命，活出自己想要的人生。而生命教育（包括死亡教育）不一定要靠學校系統來施行，家庭就是最佳的施教環境與場所。

　　存在心理學家（意義治療的先驅）Frankl（1986）就認為，死亡讓生命有了積極意義，而生命意義可以從創造（藝術、服務、培育人才）、經驗（體會生命的真、善、美，給生命不同的意義）與對生命中的有限選擇因應的態度（在生命過程中可以有不同的領悟與參透，甚至受苦也有其意義——知道保護自己的生命、經歷不同感情知覺、會去思考生命給我們的考驗與學習機會）來獲得。

小博士解說

　　對於死亡的觀點會隨著年紀漸長慢慢了解、成熟，兩、三歲的孩子不喜歡看到動物死亡，但是很容易將死亡與睡眠混淆；六歲以下的孩子一般不會認為死亡是生物普遍的最終結果；七、八歲之後孩子對於死亡的「不可逆性」（死了就不會再活過來了）會比較清楚。

Yalom 對臨終病人瀕死經驗的研究，發現病人將死亡視為「危險的轉機」

♥ 重新安排生命中的優先次序，不再去理會一些細枝末節、不重要的事，生活變得有重心、精采。

♥ 解放的感覺，可以選自己想要做的事做，不需要去迎合他人做一些自己不想做的事。

♥ 強烈感受到「活在當下」。

♥ 很能感激與欣賞生命中所發生的事件。

♥ 可以與親密的人做深度溝通，也不需要虛應故事、流於膚淺。

♥ 比較不會害怕人與人的關係，也比較不怕被拒絕，願意去冒險嘗試。

（Yalom, 1980, p. 35）

檢視死亡的益處

● 讓個人更了解、珍惜與尊重生命。

● 藉著有關死亡的事實資訊，釐清個人的價值觀。

● 減少對於死亡的焦慮，甚至更熱情地去努力過生活。

● 協助個人對於死亡的內在情緒得到理解、承認。

● 除了知道死亡為生存的事實之外，也發展出自己的一套生活哲學。

（Eddy & Alles, 1983, p. 9）

知識補充站

　　每個人在世界安身立命的幾個面向是：與自己的關係、與周遭的人、與周遭環境（May, 1983），以及與宇宙（Witmer & Sweeney, 1991）的關係，而這些面向是相互重疊、不可孤立的。

217

Unit 9-4
生命中的現實──失去

　　生命過程中有許多的失落，包括失去童年（長大了）、失戀或分手、被解僱或失業、搬家、遺失貴重物品、截肢、在競賽中失敗、朋友離開或失去友誼、親友或喜愛的寵物或人的死亡、退休等（Corr, Nabe, & Corr, 2000）。中國人對於悲傷教育與先前所提的情緒教育都比較缺乏，連成人自己都不能正常表達或談論悲傷，進而壓抑了孩子的情緒，這些悲傷未解的情緒就可能成為一個「凍結的情緒」（frozen feelings），影響未來的生活（Goldman, 2000a）。

　　「死亡」是一種最大的失去，也是一種「不可逆」的失去。因此，一般人會認為面對「失去」比面對「死亡」容易。對生者而言，死亡就是失去聯繫與見面機會；對死者而言，就是失去人間原來的一切。有些因素會影響到孩子的生命與死亡觀，特別是父母親自己面對死亡時的態度與行為。

　　有些家長認為孩子還不了解死亡是怎麼一回事，或是讓孩子知道死亡是很不人道、殘忍的事實，甚至因為擔心孩子與死者平日關係篤厚，怕孩子承受不了壓力或是做惡夢，於是會將死亡的事實掩飾或加以文飾；但是孩子很聰明，自然會發現到這些不尋常的現象，他們的害怕與焦慮會更深，因為基於父母親的態度，可能得到（或「內化」）的訊息是：死亡是不能說、不能談的，甚至是很可怕的；更有些父母常常有一些鬼神之說，讓孩子心生懼怕。家長這樣的態度，無形中讓孩子對於死亡的面貌產生了不正確的想法，也會將死亡陰影帶到往後的生活中，甚至可能留給他的下一代。

　　教孩子面對死亡真的不容易，除了平常不要刻意避諱失去或是死亡的議題（但也不是故意加強或誇大），態度要鎮靜平穩之外，Goldman（2000b, p. 54）提到幾點家長可以協助孩子面對哀傷與參與喪禮的做法：⑴告訴孩子有關死者死亡的事實；⑵分享你的悲傷；⑶容許孩子表達他的悲傷，或以其他圖畫故事方式表示；⑷描述給孩子知道，喪禮上會發生什麼事；⑸邀請孩子一起參加喪禮，但不必勉強；⑹告訴孩子如果參加喪禮可以說出關於死者特別的故事、可以獻出自己的作品，或是參加讚美詩的行列，但不強迫孩子參加；⑺告訴孩子有哪些他認識的人也會出現在喪禮上；⑻如果孩子覺得不舒服，就要隨時準備帶他離開；⑼告訴孩子參加喪禮的人可能會悲傷、會哭，這是可以接受的；如果有人或他自己沒有感到悲傷或想哭，也沒有關係；⑽與孩子一起閱讀或是念給孩子聽一些哀悼或失落相關的讀物；⑾鼓勵孩子問問題。

小博士解說

　　生命課題包括：知道自己想要成就為怎樣的一個人、不能成為怎樣的一個人、知道自己「能」與「不能」、「潛力」與「限制」、發掘自己的獨特性、欣賞他人的特點。

「死亡」觀念的發展

▶ 三至五歲的孩童不承認死亡的存在。

▶ 六至九歲的孩子知道死亡會發生，但是只發生在若干人身上。

▶ 九歲以上的孩子肯定死亡的確實存在，而且不能回頭（非可逆性）。

（Nagy, 1948, cited in Santrock & Bartlet, 1986）

家長可以協助孩子處理失落的經驗

● 給予適當正確資訊（包括事情是怎麼發生的）。

● 讓孩子表達失去的情緒與可能的反應。

● 讓孩子參與一些儀式或回憶的活動（要先詢問孩子意願）。

● 協助孩子從失落中找尋意義〔包括事後與孩子討論如何記得這個失去的人（物），他（或它）讓我們學到了什麼？在碰到困難或是生活上的挑戰時，會想起這個人（物）的忠告可能是什麼？他（它）在我們的生命中占了一個怎樣的地位？〕。

（Corr, Nabe, & Corr, 2000, pp. 250-254）

面對死亡的幾個階段

階段	說明
否認與孤立	不願意承認死亡是事實，在行為的表現上也是如此，甚至會維持原來死者在世時的生活情況，像是堅持在某一時刻等待已死的對方回家，或是在用餐時擺上碗筷、留特定的座位，假裝一切都沒有發生。
憤怒	很生氣，感受到重大的失落，認為這麼好的人不該死、上天不公平。
討價還價	願意與死神或是上帝交換一些條件讓死者復活。
沮喪	儘管已經這麼努力要做補救，或是有懊悔之心了，但截至目前所做的一切都於事無補，心情非常低落鬱悶。
接受	知道事情可能已經不能挽回，只好接受這個事實，也不希望他人來安慰或打擾。

（Elisabeth Kubler-Ross, 1983）

注：並不是所有的人都經歷這些過程、到達「接受」死亡的階段，甚至同一階段會一直重複。

Unit **9-5**
家長如何進行死亡教育

父母親不要避諱死亡的議題，而且可以進行機會教育。例如：孩子發現死蟑螂，也許會有一場騷動，家長不必驚慌，也許可以與孩子一起為蟑螂舉行葬禮，每個人分配一些工作（像擔任寫祝詞的、找埋葬處所的、埋屍體的、準備鮮花或其他祭祀品等），從頭到尾參與，這就不是逃避的做法；相對地，也會讓孩子「正視」死亡的問題，而葬禮的一些儀式化行為，是可以安撫人或是協助當事人度過悲傷過程很重要的步驟。

與孩子直接談論死亡。家長本身因為害怕，會避免提起這樣的議題，但是這樣要如何來滿足孩子的好奇心呢？孩子可能因為家長的態度而自動接收了「懼怕」的訊息，也會開始逃避，「死亡應該要用清楚、誠實的方式來談」（Rofes, 1985/1997, p. 24），如果家長可以坦誠以對，孩子也不會因此而覺得談論死亡是忌諱或是恐怖的事。

不必刻意美化死亡。雖然家長有宗教信仰，甚至會談到死後的世界，這些都可以跟孩子談論，但是如果是刻意讓死亡變得很不實際（一般人會說「出遠門」、「掛了」或其他代名詞），其實不必要，因為「美化」可能就是迴避死亡的一種表現。

對於突發性或是意外死亡的處理。如果周遭的親友發生意外、突然死亡，開放與明確地與瀕死的人溝通，道出自己對此人的感受、對自己的期許，甚至協助未竟事業的完成，讓孩子參與葬禮，做一個「結束」動作等，都是積極與正面的做法。

了解孩子對於死亡的看法，以及伴隨而來的情緒，做同理的傾聽之外，必要時也釐清一些疑點與迷思。孩子由於生命經驗有限，對於問題的處理也會受到既有經驗的限制，有些孩子會認為「自己造成了某人的死亡」。比如說是不是自己不乖、沒有聽話，或是之前曾經有過的不良行為「造成」親人死亡，就相信自己應該「負起責任」，所以會有自責，甚至傷害自己的情況發生，這一點家長要加以釐清、安慰。由於孩子不擅於表達情緒，特別是哀傷的情緒，不知道如何以語言表現，因此他們極可能會以行為的方式呈現（例如：暴力破壞、退縮、安靜、做惡夢，甚至讓父母覺得不可理喻），家長的敏銳覺察可以幫助孩子度過這段難過時間。

親子溝通生命歷程與尊重生命的理念，與孩子交換意見，也在日常生活中履行。如果剛好碰到生活事件可藉此做機會教育，比如說小貓過世，或者孩子發現葉枯了、春天來了等。

如果孩子常常談死、做惡夢，或是對於死亡有一些執迷，需要特別去深入了解。現在許多資訊流通，孩子常常在同儕的影響下交換一些錯誤資訊或是鬼神之說，如果本身又缺乏適當的判斷力，可能就會大受影響，家長必要時可以請專家協助。

孩子會擔心父母親或是自己的死亡，開放溝通還是最好的方法，詢問她／他擔心或害怕的是什麼，有沒有補救或解決途徑？甚或只是釐清一些迷思。

家長可進行的「生命教育」內容

- 學習接受人生的不完美，也享受這些不完美。
- 活在當下（認真過每一天）。
- 從不同的角度看事情。
- 愛己也愛人。
- 拿起與放下。
- 珍惜與及時。
- 學會感謝與原諒。

哀悼要達成的任務

1	接受失去的事實
2	走過哀傷的痛苦
3	適應沒有那個人（或物）的情境
4	將對逝者（失去物）的情感重新定位、繼續過生活

（Worden, 1991, cited in Corr et al., 2000）

 知識補充站 ••••••••••••

　　一般說來，個人的哀傷在事件發生後一年會慢慢療癒，並且回復到以往的生活。但若是超過一年（可能形成「複雜的哀傷」），也許就需要諮商師或醫師的進一步協助。

Unit 9-6
自傷（自我傷害）與自殺（一）

圖解親職教育

222

一、自傷的目的

研究文獻發現「自傷」（self-mutilation or self-injury）是青少年族群很常發生的行為（大學生是高危險群）（Brumberg, 2006; Favazza, DeRosear, & Conterio, 1989, cited in White et al., 2002; Ross & Heath, 2002），有時還有群聚一起進行的，因此在最近幾年受到極大矚目。自傷治療極具挑戰性的原因之一，也可能是因為其常常伴隨著飲食失調、沮喪或其他因素（Brumberg, 2006; Eells, 2006），而有其他創傷經驗（如性侵害、暴力傷害等）者可能同時有自傷與自殺的狀況出現（Martin, Bergen, Richardson, Roeger, & Allison, 2004; Ystgaard, Hestetun, Loeb, & Mehlum, 2004）。

自傷的目的不是要死亡，因此與「自殺」在目的上有別。自傷是一種「刻意的自我傷害行為，但無自殺意念」（Malikow, 2006, p. 45），也可能造成意外死亡。自傷的形式有許多，只要是刻意地、重複地有自我傷害的舉動（包括切割或燒燙身體、在身體部分穿洞或刺青、拔除身體上的毛髮，嚴重的甚至有切除自己生殖器官的行為），甚至有學者認為酗酒、嗑藥也是。根據調查，在美國至少有兩百萬人曾經或繼續有自傷的行為，但是這個數字可能低估了實際的自傷人數。

二、自傷的功能

自傷者運用自我傷害方式來做「自我療

癒」，其主要目的在於紓解疼痛或從心理疾病中復元。對自傷者來說，切割的動作可以讓自己好過一點，可以從沮喪的想法與情緒中獲得暫時的紓解或放鬆，讓自己重新獲得控制感。自傷的理由有三個：⑴讓自己分心——阻擋一些自己無法忍受的情緒產生；⑵解離——讓自己情緒麻木，或是將情緒做切割、關閉的動作，疼痛的感受可以讓他們確定自己還活著，是人類社會的一分子；⑶象徵性意義——看到血液流出，就好像自己內在不想要的情緒向外釋放的表示（Favazza, cited in Malikow, 2006, pp. 45-47; Froeschle & Moyer, 2004）。當然自傷也可能被用來作為一種獲取注意的方式（Malikow, 2006, p. 47），因此了解自傷者的動機是必要的，但最終目標依然是在如何協助其停止這樣的行為，內心的困擾得以獲得紓解或減緩。

目前對於自傷行為的解釋，較多人的看法是一種「調解痛苦情緒的策略」（Eells, 2006, p. B8; Soloman & Farrand, 1996），其作用一是一種溝通方式——許多自傷者是在避免直接溝通的家庭中成長；二是協助個人將模糊的情緒釐清——成為可以觸及、具體的身體感受。雖然自殺與自傷可以同時存在於當事人身上，其動機與功能是截然不同的，甚至與一般人所想相反的是「自傷可以視為自殺的預防」（Malikow, 2006, p. 47; Soloman & Farrand, 1996）。

小博士解說

自傷基本上是想要「控制情緒」：一是知道自己還會痛、有感覺；二是害怕自己情緒崩潰，因此以自傷方式來掌控感受。

自傷危險群

▌重複遭受虐待	▌遭受性侵	▌受到人際拒絕經驗者
▌有飲食失調問題	▌目睹家人暴力	▌完美主義者
▌濫用藥物或酒精	▌有家人自傷	▌不能忍受或表達情緒
▌有失落（喪親）經驗	▌親密關係問題	▌對身體有負面形象者
▌同儕衝突	▌衝動控制問題	

（Froeschle & Moyer, 2004, p. 231; Cross, 1993, Greenspan & Samuel, 1989, Strong, 1998, cited in White et al., 2002, p. 107）

自傷的迷思

迷思	事實
自傷者運用自傷行為來掌控他人	身體上的疼痛是企圖用來替代心理上的氣憤，也試圖去吻合大眾對於正常行為的期待，因此將憤怒化為沉默。
自傷等同於自殺	自傷是一種儀式，但是其基本動機不是要死亡。
自傷是危險的，而且可能傷及他人	自傷行為通常是在私下獨自祕密進行，不會傷及他人。
自傷者只是想要獲取注意而已	大部分自傷者是在私下進行其儀式與象徵性的自傷行為，通常會刻意隱藏他們的傷痕，不想暴露在他人面前。

（Froeschle & Moyer, 2004, p. 232）

Unit 9-7
自傷（自我傷害）與自殺（二）

三、自傷的處理

對於自傷的原因可能因為當事人不同而有許多差異，因此在治療上也面臨許多的挑戰。目前沒有一個特別有效的治療取向或方式，況且治療也需要較為長期的時間，因此有學者建議暫時以「可替代性的方式」（alternatives）來取代自傷行為，可以減少自傷的嚴重度或所造成的後果，然後再慢慢找尋自傷行為的可能原因並且對症下藥（Wester & Trepal, 2005）。

Wester與Trepal（2005）提到採用的「替代方式」必須要先明白當事人自傷原因（是氣憤、不安，還是不能管理情緒）、自傷的「停損點」（stopping point），也就是評估當事人做自傷動作到哪個狀況（例如：看到血流出來，還是有痛覺之後），在哪裡進行？以及處理自傷的各種不同方案（利用自傷轉移注意力，或是將自傷焦點放在創意的發揮上）。

家長若發現孩子身上有一些不明傷痕（像是手腕上的刀疤、大腿的瘀青或燒燙傷等），就可以懷疑孩子有自傷的可能，不要太驚慌、也不要忙著自責，可以帶孩子去尋求精神醫師的診斷，同時進行心理諮商，不要去追問他／她為什麼這麼做，或是直接斷定孩子是要「引起注意」，或是制止他／她的自傷行為（因為孩子可能會用其他更具致命性的方式來取代原來的自傷方式）（White et al., 2002, p. 108）。

另外，不要將孩子當作唯一的「病人」，以家庭系統的觀點來看，孩子的「問題」行為可能只是反映了家庭目前出現的問題或危機，需要家中成員一起來解決問題。父母親可以仔細聽孩子怎麼說（孩子可能以自傷為一種溝通方式）、尊重孩子、尋求專業人員的協助、全家人參與治療（可能是一個家庭危機），家人可以經由許多管道多了解自傷是怎麼一回事。

有些自傷者本身較為完美主義，或者有較大壓力（例如：關係上的），或是遭遇重大創傷（如PTSD），因此私底下以隱密方式進行自傷動作，這也給家長一些不錯的線索，可藉此了解孩子是否有不正確的紓壓舉動，不要先入為主要替孩子解決，而是聽聽孩子的心聲，進而共商解決之道。家中有類似這種情況的孩子，家長必定很著急，急著想要讓事情立刻緩解下來，此種做法有時候反而會引起孩子更大的反感與壓力，孩子需要陪伴、認可他／她的情緒，因此請家長稍安勿躁，諮詢專業醫師或心理師來協助。

小博士解說

家中有自傷的孩子，立刻會引起家長的關注，無形中忽略了其他孩子，手足的感受也需要去了解與同理。家長若能夠儘量公平地關心每個孩子，家庭功能就可以恢復軌道。

區分自殺與自傷的幾個面向，以利評估

	自殺	自傷
刺激	不可忍受的心理傷痛	間歇性的心理傷痛
用意	尋求解決一個重要的問題	達成暫時的紓解
目的	意識的中止	意識的替代
情緒	無望、無助	隔離
內在態度	矛盾、曖昧	忍受

（Shneidman, 1985, p. 216, cited in Kress, 2003, p. 493）

負面情緒的處理

- 了解自己在哪些情況下容易有負面情緒產生
- 運用問題解決策略
- 觀察與描述自己情緒
- 告訴自己不同的故事（從另一個觀點看事情）
- 做出與自己感受相反的事（如很生氣就唱一首快樂的歌）
- 分散注意

（Hollander, 2008/2010, pp. 46-48）

 知識補充站

　　家長不需要將孩子使用來自傷的工具或家中危險物品收藏起來，也不需要常常檢查孩子的身體是否有新的傷痕，而是要以耐心、毅力，傾聽與確認孩子的感受及想法，讓孩子有機會將自己未能說出口的說出來。

225

Unit 9-8
自殺處理（一）

自殺就是精神分析學派所謂的「自我攻擊」的表現，有些人的攻擊行為是對外，有些人是對內（就是對自己），因此會看到有人在焦慮或是有外在壓力時，會有自殘的行為（用刀割自己、去撞牆，或弄傷自己等）發生，最嚴重的就是毀掉自己的生命——自殺。

一般人對於自殺有許多迷思，在目前社會型態遽變及許多不安因素的影響之下，憂鬱症人口急速增加，相對地許多罹患憂鬱症的人如果沒有適當的治療，也會以自殺為最後出口；再加上經濟不景氣，不少人也會因為覺得過不下去，以自殺為問題的解決方式。雖然青少年到二十四歲這個年齡層以及六十五歲以上的老年人是自殺發生最多的危險群（Curran, 1987, cited in Capuzzi & Gross, 1989），但是小孩子也會自殺。女性企圖自殺率高於男性，但是男性自殺成功率則高於女性，這是因為男性多半使用了致命的手段自殺。

而在青少年族群中，有許多都是因為家庭問題而產生自殺念頭，包括父母離異、家長對孩子不當的期待、親子溝通欠佳、學校壓力與虐待（Zhang & Jin, 1996; Vannatta, 1996）。以孩童或是青少年有限的人生歷練，很容易鑽牛角尖，認為問題沒有出路，而有些青少年會以死亡結束自己的痛苦。

自殺不是突然的一個念頭，通常都孕育了一段時間。根據一些研究，相信有九成以上的青少年在採取致命自殺行動之前，都曾經透露出一些徵兆（Johnson & Maile, 1987; Capuzzi & Golden, 1988），也就是在當事人採取自殺的行為之前，其實有一些出現警訊的行為可以給我們一些提醒，而父母親可以仔細觀察留意且做適時的探詢與了解。某些自殺的徵兆可以觀察留意到，以協助家長注意並採取適當措施。

遇到有人釋出自殺警訊甚至傷害自己時，該怎麼辦？有學者提出以下幾項處理要點（DeSpelder & Strickland, 2005/2006, p. 198）：

1. 嚴肅地看待自殺可能前兆或徵象。
2. 找出自殺意圖與行為線索。
3. 藉著支持、了解與同理，來對企圖自殺者做回應。
4. 藉由問問題，無畏懼地與危機中的人談論自殺來面對問題。
5. 獲得專業的協助以處理危機。
6. 提供自殺以外的其他選項。
7. 維持與鼓勵希望。

家長平日觀察與留意孩子的言行，若發現有異於平常的行徑，就要去了解與關心。若是家長的同理能力足夠，站在孩子立場去思考與感受，可能也會意識到危機，不妨就開誠布公、直接問清楚。自殺意念不是一般人可以接受，因此個人通常會壓抑這個想法而不向他人透露，所以直接詢問可以讓孩子卸下沉重的情緒、感受到家長的了解，接下來的處理就比較容易。若是情況緊急，不妨讓孩子住院治療，一來有專業醫師的協助與藥物治療，二來醫院通常會安排諮商師與孩子晤談（若無，則要自己找諮商師協助）。

自殺徵兆

徵兆	說明
逃避不能忍受的困境	受到性侵害、與他人有衝突、不能忍受失敗、太痛苦了，或是因為經濟狀況無法滿足基本生存需要等。
想要與死去的人團聚	不能忍受獨活，想要原來的親密與情誼，如最近剛失去親人或是偶像死亡。
引起他人注意	希望博得同情與認可，自殺是裝模作樣。
想要藉此掌控某人，達到自己想要的目的	如「你不愛我，我就死給你看」。
企圖逃避懲罰	自己先行了斷，所謂的「畏罪自殺」。
想要被處罰	以死作為自己處置錯誤的負責表現。
想要向死神挑戰	尤以青少年為甚，慢性病患也會如此。
企圖結束不可能解決的衝突	以為「一了百了」。
想要懲罰活著的人	「我是因為你而死的」。
企圖做報復	如中國傳說穿著紅衣、紅鞋自殺，是為了要做厲鬼來復仇。

（Capuzzi & Gross, 1989, p. 288）

有自殺傾向的人格特質

- ▶ 自尊低
- ▶ 感覺無助與無望
- ▶ 孤立沒有朋友
- ▶ 承受很大壓力
- ▶ 表現出逃學、不合作或濫用藥物等宣洩行為
- ▶ 需要以成就來肯定自己

- ▶ 不良溝通
- ▶ 他人導向者（以別人的意見為指標、沒有自己的準則）
- ▶ 有罪惡感的（希望被懲罰）
- ▶ 沮喪或憂鬱（在青少年尤然）
- ▶ 不良的問題解決技巧

（Capuzzi & Gross, 1989, pp. 288-291）

 知識補充站

　　自殺不是一個突然的念頭，通常已經醞釀很久。常有自殺意念、曾企圖自殺過、自殺手段簡單容易者，其自殺危險性更高。

Unit 9-9
自殺處理（二）

情緒問題或憂鬱症常常與自殺連結在一起。憂鬱症是現代人的疾病，也是所謂的文明病。現代人需要承受的壓力有許多，如果只是一味忽視與壓抑，就可能演變成憂鬱症。當我們看到憂鬱症與自殺的緊密關聯，不要以為這只會發生在別人身上，萬一是自己或自己的重要他人罹患憂鬱症，自己會更希望對此心理疾病有足夠的了解，可以做有效因應或處置，以免造成遺憾。

然而，有憂鬱症者卻不一定有病識感（知道自己生病），儘管周遭的人都認為其處於危險情況需要即刻被治療，但是卻無法說服憂鬱患者去就醫或做適當處理，這也是許多關心憂鬱患者家人或親友的切身之痛。家長不要放棄，也不要認為後果病人自己要負責，不妨陪伴在孩子身邊、聽他／她說話或抱怨，等到時機成熟，陪著他／她去就醫。倘若危險性升高，強迫就醫也是明智之舉。

《心理疾病診斷與統計手冊》（*DSM-V*）裡面載明憂鬱症的幾項診斷標準，以下的徵象符合五項，就可能是憂鬱症需要就醫。這些徵狀也影響到個人在社交活動、工作或其他重要生活面向的功能，家長多了解情緒障礙方面的資訊，對自己與家人都是有助益的。

1. 幾乎每天情緒低落；
2. 對於原本感興趣的事物或活動興致缺缺；
3. 體重明顯減少或增加；
4. 幾乎每日失眠或睡不著；
5. 動作不穩或遲緩；
6. 感覺疲累或缺乏精力；
7. 覺得自己無價值或有不當的罪惡感；
8. 不能思考或專心；
9. 會一直想到死亡。

憂鬱症可以發生在任何年齡層，其發作通常與壓力事件有關，也有復發之可能。若有藥物濫用者，其憂鬱情況會更嚴重。對於兒童與青少年族群的憂鬱症徵狀與《心理疾病診斷與統計手冊》中內容或有不同，需要特別留意，因為兒童與青少年可能出現易怒且在行為表現上較為突出（像是退縮、違抗、學業不佳），而不一定只有情緒低落、食慾不振等徵狀。憂鬱症患者會主動與人疏離，而周遭人若不清楚其情況，也可能會認為此人奇異、不願意接近，造成若憂鬱者需要協助，卻找不到可以協助的支持網路，倘若有自殺意念或計畫的憂鬱症患者，就有可能因此自殺成功。

小博士解說

情緒障礙的另一種型態是「躁鬱症」，是有躁症與鬱症兩者輪換，通常是先有鬱症，且持續一段時間。有人誤將「邊緣型人格違常」誤以為是「躁鬱症」，只因為其情緒變幻莫測，這種人格違常情況是一天之內可能就有情緒的大波動，與「躁鬱症」不同。

自殺迷思

- 談論自殺的人，不會真的去做。
- 自殺的人，一心一意求死。
- 只要看看人生光明面，就會好過一點。
- 自殺只是想得到別人的注意。
- 當情緒變好時，危機就結束了。
- 談論自殺會使人產生自殺念頭。
- 兒童不知如何自殺。
- 企圖自殺的人都有心理疾病。
- 父母該為孩子的自殺負責。

- 酗酒、吸毒能發洩憤怒，可降低自殺風險。
- 小孩子只有小問題，很容易調適。
- 自殺未遂者，一輩子都有自殺傾向。
- 自殺通常沒有預警。
- 自殺是遺傳的。
- 來自富裕家庭的人，自殺率較高。

（Shamoo & Patros, 1997/1997, pp. 53-75; Capuzzi & Gross, 1989, pp. 281-283）

自殺警訊

- 以前曾經自殺未遂。
- 威脅要採取自殺行動。
- 情緒低潮。
- 覺得絕望和無助。
- 談論死亡或絕望，或者滿腦子都是和死亡或暴力有關的念頭。
- 焦慮和緊張。
- 變得退縮而不與家人和朋友親近。
- 出現暴力或叛逆的行為。
- 吸毒或酗酒。
- 把珍貴的東西送人或安排後事。

- 行為突然發生改變。
- 在一段情緒低潮之後，突然出現難以解釋的亢奮或旋風般的舉動。
- 蹺家或蹺課。
- 在學業或課業上的表現發生變化。
- 老是覺得無聊。
- 無法集中精神。
- 覺得自己沒有價值。
- 生理上的病痛。
- 睡眠模式或飲食習慣改變。
- 親密的親人、朋友或認同的偶像最近自殺了。

（Shamoo & Patros, 1997/1997, pp. 98-120; Capuzzi & Gross, 1989, pp. 284-287）

第 10 章

親職教育計畫與執行方法

● 章節體系架構 ▼

● ●

Unit 10-1
親職教育計畫實施重點和內容（一）

　　親職教育因為定義不明，所以一般在實施的時候只要扯上家長或是孩子的活動，都可以稱之為「親職教育」，因此可以看到許多紊亂的情況。最常見的施行方式，是以社區型態的相關親職教養的演說或是工作坊形式進行，再過來就是在大專院校開設的親職教育相關課程，還有就是針對特殊族群（如虞犯少年或是少年犯的教養人）強迫親職教育。親職教育執行方式總括來說有演講、座談、研習、讀書會、親子活動或學藝表演與競賽、成長團體、諮詢服務、相關刊物出版發行與參觀活動等，效果不彰的原因主要是參與人少，而且是亟需這方面資訊的家長大都因為忙碌或是活動時間不恰當而不克參加。

　　另外，就是所提供的親職教育內容不符家長所需，許多都僅止於資訊提供的認知層面、少互動或少將成果遷移到實際生活上，也很少有事後的評鑑與改進動作跟進，因此造成「少互動與反省，無法改變原思考架構與行為模式」（施秀玉，2003，p. 7）。而親職教育實施中，除了開課方式為期較長之外（通常以一學期為主），其他都是極為短暫的，工作坊可能為時一週，其他的演說或講座則一個小時到三個小時不等。親職活動相關內容方面也比較通俗一般化，較少針對特殊問題（學習障礙、偷竊、說謊等）或教養族群（如喜憨兒、腦性麻痺、玻璃兒、罕見疾病等）為主題。

一、系統親職教育計畫實施重點

　　有系統的親職教育應該是整體有序的規劃、細部具體的執行與評估，一般說來有幾個重點：

1. 除了認知層次資訊的提供外，應該要提供可以練習與成功的演練，切實將所學運用在實際生活中，並做確實追蹤評估。

2. 親職教育的實施，常常會因亟需要此服務的家長反而無法參加，或得不到相關資訊與訓練，因此必要的配套措施（如不妨礙工作時間，或是給予適當津貼、幼小孩子照顧服務、交通方面的配合等）也要謹慎規劃，效果才可以預期。

3. 依照孩子發展階段的需求與照顧，做系統性連結與策劃。

4. 親職教育施行對象應不限於成年男女，而是在學校體系中（國小、國中、高中、大學、社區）做有系統組織的計畫實施。

5. 課程內容的安排應該兼顧一般正常發展與問題，以及特殊問題。

6. 針對特殊需求孩童的家庭，提供醫療、護理與諮商的團隊協助，並協助這些家庭組成類似互助會的團體。

7. 對於經濟與教育資源較差的家庭與族群，政府應該給予較優厚條件與更積極的協助，特別是孩子教養與照顧的協助（如孩子的教養券、公立與收費低廉的托幼兒所、免費諮商與親職諮詢等）。

8. 社區的社會福利機構除了提供基本生活的協助之外，也應關照到醫療與心理諮商支持等方面的資源，以及到府服務，可以解決家長因為工作或其他因素未克參與的問題。

9. 實施團隊應該是社區與學校的合作，偏遠地區可以採固定巡迴方式舉辦，最重要的是能夠讓「社會不利」（許多資源不足）的家庭，享受到這些資源與協助的積極配套措施。

10.提供切合目前科技發展的資訊系統，家長也可以上網查詢或提問，其他DVD、CD或書籍等資源的流通也很重要。

11.提供長期免費諮詢電話的服務，除了做必要資訊提供支援，也可以做初步情緒安撫工作，以及轉介。

12.將親子兩代或三代也包括在親職教育中，可以因為互動、支持、共學，而讓親職教育更為落實。

13.短期與長期的系統效果評估、修正方案的配合。

二、親職教育實施內容

親職教育的實施可以依據不同對象、學派、內容等做設計，例如：講座、讀書會、團體諮商、個別諮商或是諮詢等方式進行，對象可以是學生、未婚夫妻、計畫要生育的夫妻、需要管教資訊或親職教育的家長、離異或失婚單親家長、隔代教養家長等，依照需求不同，則可以根據親職問題的不同性質，像是教養對象不同（如初生或嬰幼兒教養、學前孩童、學齡孩童、青春期孩子等）、問題與困擾（受創傷、學習困擾、發展遲滯、性傾向問題、逃學或逃家、沉迷網咖、電腦成癮、嗑藥、酗酒等）不同，做設計與實施。

成功的親職教育應該是不限形式、地點，以達到目的最為優先。而在講授親職教育課程與訓練時，應該用簡單、明白、易懂的語言，而不是專業或是艱澀難懂的用語，也要注意到將課堂裡所學的，可以成功運用到實際生活情境中（讓學習可以做正向遷移）。

（一）針對一般家長的親職教育實施內容項目

1.對於親職教育的功能與角色介紹

著重在家長自覺、反省與求助能力的培養。

2.從不同發展階段孩子的需求與訓練著手

孩子從嬰幼兒到青少年與成年期，有不同的發展特色與需求，父母親應如何提供資源來滿足這些成長階段的需求，此為親職教育的重點。

3.協助孩子有效學習

孩子進入學齡前期開始，許多家長就不希望孩子輸在起跑點上，加上學歷與能力幾乎就是同義複詞，因此許多家長不只花錢提供孩子去進修學習，還希望可以善盡親職，讓孩子的學習更有效率，包括如何協助孩子選擇組別與科系。

4.有效的管教方式

父母親大都希望孩子聽話、受教，但是又不能否定孩子有其獨特的人格與發展。適當的管教還是需要的，可以奠定孩子未來行為、與人相處、邁向人生目標的重要訓練。以實際運用的例子做輔助，可以讓學習更為明確。

Unit 10-2
親職教育計畫實施重點和內容（二）

圖解親職教育

234

5.有效的親子溝通

針對一般家庭的有效溝通著手，可以教導家長們有效溝通應遵循的法則與練習，也希望家長可以將這些習得的知識，轉換成有效的日常生活技能之一，達到親子或家庭溝通希望完成的目的。

6.如何與孩子談性

孩子會成長，如何讓孩子自小就接受適時適齡的性教育，讓孩子知道喜愛自己的性別、喜愛自己，也尊重他人的性別，以及在與異性發展親密關係時的過程與注意事項。性教育的範疇依據孩子發展年齡有不同的重點工作，不單限於性生理與性成熟而已。

（二）針對特殊需求家長的親職教育實施內容

親職教育對於特殊背景的族群（孩子或是家長）需求，也有必要關照到。孩子屬於特殊障礙或患有疾病的家長，也應該有醫療諮詢與補助之外的其他服務，而這些是以服務團隊（teamwork）的姿態展現。

針對特殊需求家長的親職教育實施內容，可以包括：

1.發育遲緩或是有其他生理障礙孩子的家長的親職教育

孩子的發展上出現問題，可以在早期發現、做早期的補救，可以依據家長的觀察，還有與一般孩童的比較，如果落後太多，自然會引起家長的關注。孩子如果是因為生產時或是在母胎內就有一些問題，可以藉由早期的發現做適當的了解與處置。最怕的是家長不願意承認有求助的必要，或是認為孩子的與眾不同傷及自己顏面，而不肯讓孩子得到適當的診斷或醫療，白白讓孩子錯失了最佳改善的時機，對孩子的傷害可能就是永久的！

孩子的障礙情況不同、程度亦有異，如何及早發現、診斷與治療是最重要的。接著是根據不同孩子的需求做適當的照顧與治療，配合相關專業人員與社工單位的協助。針對類似長期或是慢性病的情況，可以有地區性特約醫生或是復健醫療的補助，讓家長可以減輕負擔，也相對地得到適當的資源。

2.對家庭功能失常家長的親職教育

目前各級學校會注意到「高風險家庭」的學生，並做適當的通報與處置。對於有家庭暴力或是虐待孩子的家庭，除了適當法律介入（如隔開加害人與受害人、訴訟或監禁）之外，也要針對家中其餘成員做適當的教育、治療與安置。而在相關議題的親職教育課程與訓練之外，還要有社工長期介入，作為後續的觀察協助與評估，並且有個人治療與團體或家庭諮商的強制實施，如此是培養家庭成員的處理問題能力，也是預防同樣情形再度出現。類似這樣的危機家庭，馬上做危機處理、做基本的暴力傷害評估、後續的治療工作是必要的。家長（加害者或非加害者）、孩子都要了解暴力的成因、後果，也分別接受治療與輔導。如果家長一方入獄或是離開這個家庭，其他成員如何恢復家庭系統的運作、互相支持與溝通等，都是可以強調的主題。

家庭功能失常的原因

▶ 指親職功能不能或未能適當發揮（如失業、單親、隔代教養、入獄、家長酗酒或吸毒、家長罹患疾病或精神疾病等）。

▶ 家庭結構出現問題或是有暴力傷害事件發生，對於未達成年的孩子，不管是受害者或非受害家人，影響尤其重大。

孩子有抗拒行為的親職教育方案

▶ 協助父母去認清楚與了解孩子偏差行為的可能原因。

▶ 要父母親注意到孩子（變）好的行為，也不要因為不小心，就增強了孩子的偏差行為。

▶ 有效的傾聽，會讓孩子的順從行為增加，也鼓勵孩子的獨立遊戲或作業，而不會因此一直打斷父母親手邊的工作。

▶ 如果口頭稱讚不夠，改用代幣制度。

▶ 「暫停」（time-out）與其他管教方式的使用。

▶ 把「暫停」技術用在其他偏差行為上。

▶ 處理父母親可以預期的問題（如處理孩子在公共場所的行為）。

▶ 將家裡的進步表現延伸到學校行為上。

▶ 如何處理未來可能發生的問題，有準備計畫就可以做較佳的處置。

▶ 鼓勵參與的家長們繼續將所學運用在實際情況裡，並約定下一次追蹤的會議。

（Barkley, 1997, pp. 85-87）

知識補充站

　　儘管孩子的行為出現偏差或者是家庭發生失功能狀況，並不一定是親職功能發生了問題。許多家長已經費盡心力且很盡責，若孩子仍舊出問題，並且把矛頭指向父母親，其實也有失偏頗。

235

Unit **10-3**
親職教育計畫實施重點和內容（三）

3.單親家庭或是隔代教養的親職教育

　　並不是說單親或是隔代教養家庭，就是親職功能未能發揮完善，而是可依據不同家庭型態的結構與需求，提供一些適當的資源與協助，讓親職工作更得心應手。單親家庭本身因為少了一個家長，因此家中工作與職權的分配或有重整的情況，經濟壓力會增加、相對地也影響到親子關係與管教。隔代教養家庭也相似，隔一代也隔一層，許多的親職功能不能發揮及奏效，甚至會讓祖輩與孫輩在自身需求與情緒滿足上不能配合（邱珍琬，2002a）。因此在親職教育的設計上，有必要讓此類家庭了解到可能出現的問題與挑戰，可以利用的資源又有哪些？也可以協助組織互助協會，彼此學習與支持，必要時進行「到府協助」的服務。

4.針對孩子特殊問題的親職教育

　　針對孩子成長期間可能出現的一些失序行為，如逃學或逃家、偏差行為、學習困擾、說謊、嗑藥或酗酒、網路成癮、未婚懷孕或感染性病、遭遇重創或傷害等，也可設計不同的親職教育方案。

5.針對不同學派所設計的親職教育

　　許多心理學與諮商學派的觀點，經過實徵性效果研究之後，可以適當運用在親職教育上，這種理論與實務的結合方式，可以讓家長比較明白自己在施行親職教育時的脈絡與理念的正當性，發揮更為一致的親職功能。而不同的行為與教育，也可以依據不同學派所研發出來的有效方式作一些參考與運用。

⑴自我心理學派的父母效能訓練

　　Gordon（2000）將自我心理學派的許多理論運用在親職教育上，廣受一般民眾喜愛。他所根據的主旨是「了解孩子的觀點，就是通往孩子內心世界的窗口」。在他所設計的課程——父母效能訓練（Parent Effectiveness Training, PET）裡，很強調親子間建設性、同理的溝通，包括傾聽技巧訓練、「我訊息」（I-message）的使用，利用環境的改變來改善行為，避免與孩子間的權力鬥爭，營造「雙贏」的衝突解決方法。Gordon相信行為變好之前會有變壞的趨勢，因為孩子想要測試父母親的真誠度與執行的決心。「父母效能訓練」之所以成功，主要是搭配著資訊的提供與實際技巧的演練，這其實也指出了一般國內親職教育最為缺乏的一環，就是沒有實地演練，如此很難將所習得的技巧做驗收與修正。另外，還有依據孩子行為背後的不同動機〔「社會目的論」（socio-teleological）〕設計的親職教育，認為孩子需要尋求一個安全地位，所以父母親必須進一步了解孩子在追求社會認可的努力（Knox & Schacht, 1994）。

 小博士解說

　　容易說謊的孩子像是三、四歲與青春期孩子，或適應不佳、較不聰明、父母親也說謊的孩子。要有效處理孩子說謊行為需要：避免嚴厲體罰；釐清因說謊而受到處罰與為了掩飾某些會受到處罰的事而受到懲罰的不同；強調行為對他人的影響，而非行為本身是壞的；讓處罰與犯行對等；不過輕或過重（Ekman, 1989）。

針對孩子特殊問題的親職教育

孩子特殊問題	說明
逃學或逃家	孩子逃學或是有「懼學症」，可能是因為在學校裡與其他相關人物（老師或同學）的關係生變，或是挫敗感太深（學業上、自我價值等），對於學校的許多吸引因素（如好玩的活動、好朋友、喜歡的老師）已經沒有動力，就可能會有逃學的情況，儘管這些因素其來有自，許多的肇因卻是來自家庭，倘若沒有經過安善的關心或處理，甚至是孩子無法承受，都可能會讓孩子不願意待在家裡而選擇離家。
偏差行為	孩子的一些偏差行為（如竊盜、攻擊、說謊、破壞物品等），很讓家長頭痛，有些甚至會演變為成人後的犯罪與反社會行為。家長應注意也獎勵孩子「利社會」（prosocial）的行為，適當使用增強方式、「暫停」與「特權剝奪」的技巧，恢復與強化家長的親職功能。
學習困擾	先做一些觀察與診斷，還有學習情形的相關報告，先確定沒有生理上或是因為外傷造成的學習問題，就可依據學習困難與其特性做適當的矯正，這需要結合學校、家長、專業治療人員或專家的團隊合作。
說謊	說謊有其背後的因素，要孩子百分百誠實不太可能，若說謊情況過於嚴重時，可能就需要針對這個「問題」做處理。先要明白孩子的發展階段與說謊的可能關聯（如對「好行為」的看法與依據不同），了解說謊的可能動機（逃避懲罰、避免出糗、得到自己想要的東西、保護同伴、保護自己避免受傷害等）。
嗑藥或酗酒	藥物或酒精，甚至安眠藥，其藥性都是可以讓人成癮的，而需要達到相同程度的興奮需要增加藥量，最後變成沒有吃藥自己就無法控制行為，或是屢戒不掉，家人的參與治療及支持，是藥物戒癮的最大關鍵。
網路或手機成癮	科技發達及智慧型手機普遍，許多孩子已有網路或手機成癮情況，成癮不僅危害身心、學業、生活與家庭，加上網路陷阱多，利用網路上網援交、誘拐、侵害或犯罪時有所聞。目前可能只針對網路成癮族群的其他偏差行為（如逃學、逃家、偷竊、學業退步等）做治療，在親職教育的執行上還有待努力。
未婚懷孕或感染性病	性成熟與親密關係都是孩子會面臨的課題，家長願意開放討論，孩子也會比較願意溝通。未婚懷孕或感染性病大都是因為沒有準備或難以抗壓拒力而發生。孩子愈知道父母親的關愛，愈不容易做錯誤的決定。
遭遇重創或傷害	面臨自然（地震、洪水）與人為（車禍、謀殺、自殺）災難，受害者與目睹者都需要進一步的協助與治療，不能讓孩子假裝正常或是否認孩子的驚慌痛苦就沒事。家長本身除了關照孩子外，自己也需要做適當的修復與求助。

Unit 10-4
親職教育計畫實施重點和內容（四）

圖解親職教育

238

(2) 認知行為學派的親職教育

　　認知行為學派的許多觀念運用在不少親職課程與訓練中，是成效最佳的（Nicholson, Anderson, Fox, & Brenner, 2002），特別是針對孩子的問題行為與情緒管理（Rogers-Wiese, 1992; Sheeber & Johnson, 1994; Webster-Stratton, 1994）。Kendall與Braswell（1993）就以認知行為的治療來對衝動控制有問題的孩子做處置，裡面含括的內容有問題解決技巧與方式、自我指導訓練、行為結果的關係、示範模仿、情感教育與角色扮演練習等。

　　以Fox與Fox（1992）所設計的一個課程STAR為例，就是融合了認知行為、發展與社會學習理論在裡面，教導家長可以適當對孩子的挑戰行為做回應，而這個課程適用於不同問題與團體的家長（cited in Nicholson et al., 2002）。Nicholson等人（2002）也套用了STAR課程中的理念，用在孩子有行為問題的家長團體，課程中包括了孩子如何影響父母親行為與感受、父母親內心的機制是如何影響其對孩子的反應、父母親如何對不同發展程度的孩子作適度期待、父母親如何對孩子做出正確適當的回應，以及特殊有效的管教祕訣。這個教育性質的課程施行結果相當不錯，參與的家長減少了口頭訓斥與體罰，壓力與氣憤情況有所改善，對孩子行為的看法也有改進。

　　採用認知行為學派的親職教育，主要是改變父母親原來思考的方式，然後加以有效的技巧訓練，雙管齊下的情況下收效最佳。

(3) 行為學派的親職教育

　　行為學派運用的親職技巧，包括制約理論中的增強理念，還有社會學習的一些原理原則，將關注焦點放在父母親的「主動性」、掌控上，因此基本上孩子處於較為被動的立場。行為主義用在嚴重偏差行為的課程設計比較多，而在親職教育上面最有名的要算是「Toughlove」（York & York, cited in Knox & Schacht, 1994）。這是一個社區共同的合作計畫，參與課程的家長互為彼此的支持，除了討論所面臨的子女行為問題之外，還一起找出可能的解決方案，並且付諸實行。因此，這個課程的重點是協助父母親「修正」孩子的偏差或不良行為。

(4) 現實學派的親職教育

　　William Glasser運用現實學派觀點所推行的「父母參與計畫」（Parent Involvement Program）強調的是親子共處時間，父母親的示範影響與社交技巧的學習，認為孩子有權做自己的選擇，同時為選擇負責任（Knox & Schacht, 1994, pp. 583-584）。

　　Glasser堅持「改變」是一種選擇（Corey, 2001），當舊有的方式已經不適用於新的情境或者可以有效解決問題時，個人就可以選擇是否要改變。有其他的許多選項是可能的，但是父母親可能不知道，因此在親職教育課程中，可藉由與其他家長互動的機會，看到更多處理同一問題的可行方式；協助家長去釐清自己到底要的是什麼（要生存、愛與隸屬、權力、自由，還是樂趣）（Glasser, 1998），然後可以在其中做取捨，讓每個人採取更有效的方式滿足自己的需求。

STAR 課程

S 不要立即反應

T 留意自己的感受、取得情緒上的掌控

A 詢問自己對孩子的期待是否合理

R 以適當、深思熟慮過的行動來反應

（Fox & Fox, 1992, cited in Nicholson et al., 2002）

Barkley 以行為主義方式設計一套管教孩子的親職訓練課程施行原則

- 讓行為結果立即呈現，而且結果要具體而明確。
- 注意行為結果的一致性，這樣效果才會出現。
- 在處罰孩子之前必須要先有獎勵正確適當行為的規則，這樣比較容易讓孩子信服。
- 要先預防與計畫可能出現的偏差或不當行為，這樣子在行為出現時，比較知道要如何處理而不會慌亂或做了錯誤的處置。
- 了解家庭中成員彼此之間的互動是互惠的，孩子行為出現偏差不能只責怪孩子，而是將重點放在家庭系統的互動模式之內。

（Barkley, 1997, pp. 81-84）

 知識補充站 ......

　　家長對於親職教育的要求以「有效解決問題」為優先，因此基本上是「認知行為」所能提供的最多，也就是要有想法與做法。然而不可輕忽的是：家長也需要了解孩子的行為動機（心理），才能讓親職發揮竟其功。

Unit 10-5
總結

圖解親職教育

240

親職教育的必須性與必要性是因應時代的需求而更形重要（Nye, 1989），除了雙薪家庭增多、親職工作外放給其他社會機構（如保母、安親班、幼幼班、補習班、才藝訓練班等）的現實之外，一般家庭的結構也面臨重大改變（包括離婚、單親、隔代教養家庭、孩子數減少等），讓親職工作內容與責任有了前所未有的挑戰，加上家庭成員減少（小家庭漸多），許多家庭是遠離延伸家族（人）的範圍而單獨居住的，還有整個大社會的變動，為許多現代親職工作增加了變數（如名牌流行文化、電腦資訊與網咖、政治或社會不安與動亂、經濟衰退等），這些種種因素都突顯了親職教育的不可或缺。

Alfred Adler說：「沒有人是天生的父母，我們都是做了父母之後才學會做父母的。」這也點出了親職工作的必然性與必要性。而「父母效能」專家Thomas Gordon也說過：一般人會因為孩子行為不良或其他問題而怪罪父母親，卻沒有提供適當的父母親訓練與教育，有一點「不教而殺謂之虐」的意味。

生死學大師Elisabeth Kubler-Ross曾說：「人生是治療與經歷情感的歷程。」（1992/1992,

p. 184）親職教育應該就是教導人生的歷程，而不是限於為人父母的職責而已。筆者在參與許多親職講座的現場，不少家長都會提出如何「管教」或「管理」孩子行為的問題，親職教育的主旨應該是在教育下一代過更好、有意義的生活，因此家長、教育體系、社會大眾與國家政策都是環環相扣的關鍵。

在實際施行親職教育課程中，家長若能做到以下幾點，可以讓親職教育課程成果更突顯：父親的參與可以支持母親，也協助管教工作；要做好課程進行中規定的家庭作業，才能讓課程與實務有銜接；課程進行中，講師必須注意複習之前所學與釐清、重述學員可能不明白的地方；依據不同家庭狀況，做處置方式的調整（Barkley, 1997, pp. 73-75）。

親職教育應該慢慢演變成親子共學的模式。親職教育並非家長一方之責，也需要孩子的配合，必要時將相關成員包括在內，效果應該可以加倍，家長的無力感也會減少許多。Maccoby與Martin（1983）強調親子之間互惠的反應關係。現在有「親子共學」親職教育慢慢在推展，希望結合家長與孩子彼此的互動學習與努力，讓親職教育更具意義、效果加倍。

小博士解說

親職教育的目的是提供家長教養孩子方面的知（認知）、情（情感態度）、藝（技巧）三方面的知能（林家興，1997）。

「親子共學」的意義

▶ 親職教育著重的不僅是家長的角色，孩子也影響著親職教育的成功程度。因此把相關人物都囊括進來，可以讓親子在實地學習過程更親密，也容易將習得的一切運用在日常生活中。

▶ 由親子共同參與、學習，可以在專人監督、鼓勵與指導下，做更有效的學習。

▶ 親職教育的許多面向可以經由親子共學，達成「傳承」的目的，也讓親職教育可以提早實施。就如同我們在參加孩子的學校活動中，可以學習一些新的觀念與運作能力，孩子參與親子共同學習的聚會，也同樣可以學習。尤其看到自己父母親願意花時間來讓自己的親職功能發揮更完善，孩子也會受感動，而更願意合作配合。

親職教育的目的

- 提供家長關於個體身心發展與需求的知識。
- 導正家長不適當的教養方式。
- 教導家長有效的親子溝通。
- 協助家長培養孩子良好行為與生活習慣。
- 協助家長讓孩子發揮所長。
- 協助特殊孩童家長的教養問題。

（林家興，2007；黃德祥，1997）

參考書目

1. 丁凡（譯）（2010）。**是躁鬱，不是叛逆：青少年躁鬱症完全手冊**（*The bipolar teen: What you can do to help your child and your family,* by D. J. Miklowitz & E. L. George, 2008）。台北：心靈工坊。

2. 王亦玲等譯（2015）。**兒童心理諮商理論與技巧**（*Counseling children*, by D. A. Henderson & C. L. Thompson, 2011）。台北：禾楓。

3. 王泳貴（2002）。**國小教師人際依附風格、人際溝通能力與人際溝通滿意度之關係研究**。屏東師院心理與教育研究所碩士論文。

4. 王舒芸（2015）。隔代教養家庭生活需求及福利服務研究調查期末報告。取自file:///C:/Users/USER/Downloads/File_165357%20(1).pdf 2017.10.25檢索

5. 王珮玲（1994）。父親角色與兒童發展之探討。**教育研究雙月刊**，**32**，52-57。

6. 王舒芸、余漢儀（1997）。奶爸難為：雙薪家庭之父職角色初探。**婦女與兩性學刊**，**8**，115-149。

7. 王慧玲、連雅慧（譯）（2002）。**家族治療概論**（*Family therapy: Concepts & methods*, by M. P. Nichols & R. C. Schwartz,1998）。台北：洪葉文化。

8. 王鍾和、郭俊豪（1998）。祖孫家庭與親職教育。**學生輔導**，**59**，50-61。

9. 王麗容（1995）。**父母與社會政策**。台北：巨流。

10. 內政部（2016）souf.moigov.tw/stat/gender/list3.html 2017.10.23檢索

11. 伍韋韋（2003）。**繼親家庭父母管教方式與親子互動之質性研究**。中國文化大學生活應用科學研究所碩士論文，未出版。

12. 何雅晴譯（2002）。**複數的性**（*Sexualities: Exploring sexuality as a cultural phenomena*, by E. Centerwall, 2002）。台北：女書。

13. 但唐謨譯（2001）。**猛男情結：男性的美麗與哀愁**（*The Adonis Complex*, by H. G. Pope, K. A. Phillips, & R. Olivardia, 2000）。台北：性林文化。

14. 吳佳蓉（2002）。**隔代教養兒童與非隔代教養兒童學校生活適應之比較研究**。國立花蓮師範學院國民教育研究所碩士論文。

15. 吳虹妮（1999）。**單雙親家庭青少年知覺父母衝突、親子關係與其生活適應之相關研究**。彰化師範大學輔導研究所碩士論文，未出版。

16. 吳嘉瑜、蔡素妙（2006）。父親外派對家庭的影響——從成年前期學生的回溯經驗中探討。**中華輔導學報，19**，137-174。

17. 呂民璿、莊耀嘉（1992）。單親家庭青少年違規犯罪行為。**東海學報，33**，247-284。

18. 李丹編（1989）。**兒童發展**。台北：五南。

19. 李玉冠（2000）。**隔代教養祖孫關係之探討——以台北縣低收入戶為例**。靜宜大學青少年兒童福利研究所碩士論文。

20. 李柏英（2002）。評價歷程的理論與測量：探討價值觀與情境關聯的心取向⑴。**應用心理研究，14**，79-116。

21. 李燕、李浦群譯（2005）。**人際溝通**（修訂版）（*Interpersonal communication*, by S. Trenholm & A. Jensen, 1995）。台北：揚智。

22. 車文博（2001）。**人本主義心理學**。台北：東華。

23. 易之新譯（1999）。**人際溝通分析練習法**（*TA today*, by I. Stewart & V. Joines, 1987）。台北：張老師文化。

24. 林青瑩（1998）。青少年偏差行為的家庭因素分析研究。國立台灣師範大學公民訓育研究所碩士論文，未出版。

25. 林家興（2007）。**親職教育的原理與實務**（二版）。台北：心理。

26. 林煜軒譯（2013）。網路成癮的盛行率估計和致病模式（by K. Young, 岳曉東、應力），收錄於林煜軒等譯，**網路成癮：評估與治療指引手冊**（pp. 3-21）。台北：心理。

27. 林煜軒譯（2013）。網路成癮個案的臨床評估（by K. Young），收錄於林煜軒等譯，**網路成癮：評估與治療指引手冊**（pp. 23-43）。台北：心理。

28. 林煜軒、劉昭郁、陳邵芊、李吉特、陳宣明、張立人譯（2011）。**網路成癮：評估與治療指引手冊**（*Internet addiction: A handbook & guide to evaluation & treatment*, by K. S. Young & C. N. de Abreu, 2013）。台北：心理。

29. 林萬億、吳季芳（1993）。男女單親家長生活適應之比較分析。**中國社會學刊，17**，127-162。

30. 林翠湄譯（1995）。**社會與人格發展**（*Social and personality development*, by D. R. Shaffer, 1994）。台北：心理。

31. 邱珍琬（2001）。**校園欺凌行為實際：師生觀點比較**。發表於台中師院九十年度師範院校論文發表會。

32. 邱珍琬（2002a）。**隔代教養祖孫需求初探**。嘉義大學九十一學年度師範院校學術論文發表會，2057-2085。

33. 邱珍琬（2002b）。台灣南部原住民隔代教養初探。**屏東師院原住民學術研討會論文集**，21-46。

34. 邱珍琬（2002c）。**隔代教養：祖孫需求初探**。手稿，未出版。

35. 邱珍琬（2002d）。**生死學研討會與諮商員的生命態度**。手稿，未出版。

36. 邱珍琬（2002e）。國小教師創意教學實際。**初等教育學刊**，**12**，247-272。

37. 邱珍琬（2003）。**變化中的家庭：隔代教養——親職管教特色與需求**。手稿，未出版。

38. 邱珍琬（2004a）。大學生眼中的父親形象——以一次焦點團體為例。**教育與社會研究**，**6**，69-108。

39. 邱珍琬（2004b）。高中、大學生的父親形象——父親形象初探。性別、媒體與文化研究學術研討會（第六場：性別教育與新聞）。台北：世新大學性別研究所。

40. 邱珍琬（2004c）。高中生眼中的父親形象——初探研究。九十三年度師範學院教育論文發表會。屏東：屏東師範學院。

41. 邱珍琬 （2010）。**協助自傷青少年：瞭解與治療自傷**（*Helping teens who cut: Understanding and ending self-injury, by M. Hollander, 2008*）。台北：五南。

42. 邱珍琬（2013）。大學生生活樣態——以南部一公立大學為例。**中正教育研究**，**12**（1），29-70。

43. 邱溫譯（2000）。**溝通分析學派創始人——伯恩**（Eric Berne, by I. Stewart, 1992）。台北：生命潛能。

44. 兒童福利聯盟文教基金會。2016台灣兒少網路霸凌經驗調查報告。取自http://www.children.org.tw

45. 侯崇文（2001）。家庭結構、家庭關係與青少年偏差行為探討。**應用心理研究**，**11**，25-43。

46. 施秀玉（2003）。「家庭共學——親子團體」親子互動之改變研究。屏東師院教育心理與輔導學系碩士論文，未出版。

47. 柯志鴻（11/6/2014）。**網路遊戲成癮之診斷與評估**。103年度網路成癮繼續教育訓練課程（南區）。台灣精神醫學會。高雄：高雄醫學大學附設醫院啓川大樓6F第一講堂。

圖解親職教育

48. 柯清心譯（1997）。校園暴力：別讓你的孩子成爲沉默的受害者（*Facing the schoolyard bully: How to raise an assertive child in an aggressive world*, by K. Zarzour, 1995）。台北：遠流。

49. 洪瑜堅（1997）。與孩子談死亡：一本由孩子寫給孩子的生死書（*The kids' book about death and dying*, by E. E. Rofes 1985）。台北：遠流。

50. 洪蘭譯（2000）。腦內乾坤中男女有別其來有自（*Brain sex-the real difference between men & women*, by A. Moir & D. Jessel, 2002）。台北：遠流。

51. 洪蘭譯（2002）。大腦的秘密檔案（Mapping the mind, by R. Curtor, 2002）。台北：遠流。

52. 洪蘭譯（2002）。改變（*What you can change and what you can't*, by M. E. P. Seligman, 1993）。台北：遠流。

53. 洪蘭譯（2011）。棉花糖女孩（Girls on the edge, by L. Sax, 2011）。台北：遠流。

54. 徐麗賢（2005）。台商家庭父職實踐需求之研究──以大陸台商爲例。2004兩岸家庭教育學術研討會論文「二十一世紀的親職教育」，439-463。嘉義：嘉義大學。

55. 張立人（11/6/2014）。認識網路成癮的現象。103年度網路成癮繼續教育訓練課程（南區）。台灣精神醫學會。高雄：高雄醫學大學附設醫院啓川大樓6F第一講堂。

56. 張秀如（1998）。親職教育的意義。收錄於蕭淑貞（總校閱）**親職教育**（pp. 1-49）。香港：匯華。

57. 張貝萍（2000）。單親家庭青少年自我分化、情緒穩定與偏差行爲相關之研究。中國文化大學兒童福利研究所碩士論文，未出版。

58. 張春興（1989）。張氏心理學辭典。台北：東華。

59. 張美惠譯（1992）。用心去活（*Life lessons: Two experts on death and dying teach us about the mysteries of life and living*, by E. Kubler-Ross & D. Scribner, 1992）。台北：張老師文化。

60. 莊素芬譯（1999）。**情緒發展與EQ教育**（*The emotional development of young children: Building an emotion-centered curriculum*, by M. C. Hyson, 1993）。台北：桂冠。

61. 郭俊豪（1998）。祖孫家庭相關因素之探討。國立政治大學碩士論文，未出版。

62. 陳邵芊譯（2013）。線上社交互動、心理社會健康與問題性上網（by S. E. Caplan & A. C. High）。收錄於林煜軒等譯，**網路成癮：評估與治療指引手冊**（pp. 45-69）。台北：心理。

63. 陳邵芊譯（2013）。協助網路成癮的青少年（by K. W. Beard）。收錄於林煜軒等譯，**網路成癮：評估與治療指引手冊**（pp. 225-245）。台北：心理。

64. 陳宜明譯（2013）。線上角色扮演遊戲的成癮（by L. Blinka & D. Smahel）。收錄於林煜軒等譯，**網路成癮：評估與治療指引手冊**（pp. 95-120）。台北：心理。

65. 陳信昭、崔秀倩（譯）（2002）。**「渴望父愛」——失去父親及其影響**（*Longing for dad: Father loss and its impact*, by B. M. Erickson, 1998）。台北：五南。

66. 陳建志（1998）。族群及家庭背景對學業成績之影響模式——台東縣原、漢學童做比較。**教育與心理研究，21**，86-106。

67. 陳娟娟譯（1999）。**父母十誡——小心！勿入教養陷阱中**（*Ten most common mistakes good parents make*, by K. Steede, 1998.）。台北：新迪。

68. 陳淑芬、李從業（1998）。產後初期父子依戀行為及其相關因素探討。**護理研究，6**（3），246-258。

69. 陳麗欣、翁福元、許維素、林志忠（2000a）。我國隔代教養家庭現況之分析（上）。成人教育通訊，**2**，37-40。

70. 陳麗欣、翁福元、許維素、林志忠（2000b）。我國隔代教養家庭現況之分析（下）。成人教育通訊，**4**，51-66。

71. 黃佳儀（2003）。**隔代教養家庭學童生活適應之研究——以台灣北區高年級學童為例**。中國文化大學生活應用科學研究所碩士論文。

72. 黃政吉（2000）。社會變遷中隔代教養與少年非行之關係實務調查研究。**警學叢刊，31**（3），97-109。

73. 黃雅文、張乃心、蕭美慧、林泰石、林珊吟、范玉玟、賴彥君譯（2006）。**生命教育**（*The last dance: Encountering death & dying I*, by A. A. DeSpIder & A. L. Strickland, 2005）。台北：五南。

74. 黃偉烈（11/6/2014）。網路成癮之共病研究。103年度網路成癮繼續教育訓練課程（南區）。台灣精神醫學會。高雄：高雄醫學大學附設醫院啓川大樓6F第一講堂。

75. 黃富源、鄧煌發（1998）。單親家庭與少年非行之探討。**警學叢刊，29**（3），117-152。

76. 黃菊珍、吳庶深（2008）。**剝奪的悲傷：新生兒死亡父母親的悲傷與輔導**。台北：心理。

77. 黃德祥（1997）。**親職教育**（二版）。台北：偉華。

圖解親職教育

78. 黃慧眞譯（1994）。兒童發展（*Child development, 5th ed.*, by D. E. Papalia & S. W. Olds, 1992）。台北：桂冠。

79. 新苗編譯（1998）。我不再被恐嚇（*101 ways to deal with bullying*, by M. Eilliott, 1997）。台北：新苗。

80. 楊康臨、鄭維瑄（2004）。家庭衝突處理：家事調解理論與實務（*The handbook of family dispute resolution-mediation theory & practice*, by A. Taylor, 2007）。台北：學富。

81. 溫淑眞譯（1997）。我的孩子想自殺？（*Helping your child cope with depression and suicidal thoughts*, by T. K. Shamoo & P. G. Patros, 1997）。台北：商智文化。

82. 葉光輝、林延叡、王維敏、林倩如（2006）。父女關係與渴望父愛情結。教育與心理研究，**29**，93-193。

83. 詹棟樑（1994）。兒童人類學：兒童發展。台北：五南。

84. 劉文成、王軍（譯）（1998）。父親：神話與角色的變換（*The father mythology and changing roles*, by A. Coleman & L. Colemen, 1988）。北京：東方出版社。

85. 歐陽端端（2013）。情緒競爭力UP！：15個線索，讓你把事情做完、做對、做好（*The brain and emotional intelligence, new insights, 1st ed.*, by D. Goleman, 2011）. 台北：時報文化。

86. 劉燕芬譯（2001）。大性別：人只有一種性別（*Der grosse unterschied*, by A. Schwarzer），台北：商務。

87. 鄭英耀、王文中（2002）。影響科學競賽績優教師創意行為之因素。應用心理研究，**15**，163-189。

88. 鄭雅蓉（2000）。青少年的價值觀與偏差行為之相關研究。靜宜大學青少年兒童福利學系碩士論文。

89. 鄧碧玉譯（2001）。樂享親職生涯：八階段父母角色的檢視與調整（*The 8 seasons of parenthood: How the stages of parenting constantly reshape our adult identities*, by B. C. Unell, & J.L. Wyckoff, 2001）。台北：遠流。

90. 盧娜譯（2002）。你的生命意義，由你決定（*What life could mean to you*, by A. Adler, 2001）。台北：人本自然。

91. 薛惠琪譯（梁培勇總校閱）（2001）。家庭暴力之遊戲治療（A. Jernberg & E. Jernberg), In T. Kottman & C. Schaefer: Play therapy in action: A casebook for practitioners（pp. 53-115）（遊戲治療實務指南）。台北：心理。

92. 鄭文華（2006）。藉由藝術治療融入小團體輔導活動提升繼親家庭子女之親子

關係與人格特質之個案研究。台南女子技術學院生活應用科學研究所碩士論文，未出版。

93. 簡文元（1998）。原住民家庭教育現況探討。**台灣教育，576，**45-49。

94. 賴歆怡（2011）。繼親家庭問題解決介入策略。**家庭教育雙月刊，34，**64-54。

95. 羅皓誠（2012）。**繼親家庭中父母親職經驗之敘說研究。**彰師大輔導與諮商研究所博士論文，未出版。

96. 羅皓誠、洪雅鳳（2011）。重整之路：再婚家庭常見的議題與介入考量。台灣心理諮商季刊，第三卷第一期，29-48。

97. Adams, S., Kuebli, J., Boyle, P., & Fivush, R. (1995). Gender differences in parent-child conversations about past emotions: A longitudinal investigation. *Sex Roles, 33,* 309-323.

98. American Psychiatric Association (1994). *Diagnostic and Statistical Manual of Mental Disorders* (4 ed.) (or DSM-IV). Author.

99. Ambert, A. M. (1994). A qualitative study of peer abuse and its effects: Theoretical and empirical implications. *Journal of Marriage & Family, 56,* 119-130.

100. Austin, S. & Joseph, S. (1996). Assessment of bully/victim problems in 8 to 11 year-olds. *British Journal of Educational Psychology, 66*(4), 447-456.

101. Atlas, R. S. & Pepler, D. J. (1998). Observations of bullying in the classroom. *Journal of Educational Research, 92*(2), 86-99.

102. Atwood, J. D. & Genovese, F. (1993). *Counseling single parents.* Alexandria, VA: American Counseling Association.

103. Backett, K. (1987). The negotiation of fatherhood. In C. Lews & M. O'Brien (Eds.), *Reassessing fatherhood: New observations on fathers and the modern family* (pp. 74-90). London: Sage.

104. Baird, A., John, R. & Hayslip, B. Jr. (2000). Custodial grandparenting among African Americans: A focus group perspective. In B. Hayslip & R. Golberg-Glen, (Ed.), *Grandparents raising grandchildren: Theoretical, empirical, and clinical perspectives* (pp. 125-144). NY: Springer.

105. Ballard, D. (May/10/2001). Adolescent health: For girls, having dad around is preventive medicine. *Women's Health Weekly,* 7-8.

106. Barkley, R. A. & Benton, C. M. (1998). *Your defiant child: 8 steps to better behavior*. New York: The Guilford.

107. Barkley, R. A. (1997). *Defiant children: A clinician's manual for assessment and parent training* (2 ed.). New York: The Guilford.

108. Baruch, G. & Barnett, R. (1981). Fathers' participation in the care of their preschool children. *Sex Roles*, *7*(7), 1043-1055.

109. Basow, S. A. (1983). *Gender stereotypes: Traditions and alternatives* (2 ed.). Pacific Grove, CA: Brooks/Cole.

110. Beaty, L. A. (1995). Effects of paternal absence on male adolescents' peer relations and self-image. *Adolescence, 30*(120), 873-880.

111. Beck, A. T. (1976). *Cognitive therapy and the emotional disorders*. New York: International University.

112. Belsky, J. (1984). The determinants of parenting: A process model. *Child Development*, *55*, 83-96.

113. Belsky, J. (1991). Parental and nonparental child care and children's socioemotional development: A decade in review. In A. Booth (Ed.), *Contemporary families: Looking forward, looking back* (pp.122-140). Minneapolis, MN: National Council on Family Relations.

114. Berg., I. K. & Miller, S. D. (1992). *Working with the problem drinker: A solution-focused approach*. New York: W. W. Norton & Company.

115. Bloom, S. L. (2000). Sexual violence: The victim. In C. C. Bell (Ed.), *Psychiatric aspects of violence: Issues in prevention and treatment* (pp. 63-71). San Francisco, CA: Jossey-Bass.

116. Bolton, F. G. Jr., Morris, L. A. & MacEachron, A. E. (1989). *Males at risk: The other side of child sexual abuse*. Newbury Park, CA: Sage.

117. Boss, P. G. (1980). The relationship of psychological father presence, wife's personal qualities and wife/family dysfunction in families of missing fathers. *Journal of Marriage & the Fami-ly, 42*(3), 541-549.

118. Boulton, M. J. (1995). Playground behaviour and peer interaction patterns of primary school boys classified as bullies, victims and not involved. *British Journal of Educational Psychology, 65*, 165-177.

119. Bowers, B. F. & Myers, B. J. (1999). Grandmothers providing care for grandchildren: Consequences of various levels of caregiving. *Family Relations, 48*(3), 303-311.

120. Bowlby, J. (1969). *Attachment & Loss (Vol. I): Attachment*. New York: Basic Books.

121. Braum, D. (1997). Parenting education programs. In K. N. Dwivedi (Ed.), *Enhancing parenting skills: A guide book for professionals working with parents* (pp. 99-121). Chichester, England: John Wiley & Sons.

122. Brenner, V. & Fox, R. A. (1998). Parental and nonparental child care and children's sociemotional development: A decade in review. *Journal of Marriage & the Family, 52*, 885-903.

123. Bronstein, P. (1988). Father-child interaction: Implications for gender role socialization. In P. Brostein & C. P. Cowan (Eds.), *Fatherhood today: Men's changing role in the family* (pp. 107-124). New York: John Wiley & Sons.

124. Brown, L. S. (1989). Lesbians, gay men and their families: Common clinical issues. *Journal of Gay & Lesbian Psychotherapy, 1*, 65-77.

125. Brown, S. L. (1991). *Counseling victims of violence*. Alexandria, VA: American Association for Counseling & Development.

126. Brown-Cheatham, M. (1993). The Rorschach Mutuality of Autonomy Scale in the assessment of black father-absent male children. *Journal of Personality Assessment, 61*(3), 524-530.

127. Brumberg, J. J. (2006). Are we facing an epidemic of self-injury? *Chronicle of Higher Education, 53*(16), B6.

128. Burgess, A. W. & Holmstrom, L. L. (1986). *Rape: Crisis and recovery*. West Newton, MA: Awab.

129. Burton, L. M. (1992). Black grandparents rearing children of drug-addicted parents: Stressors, outcomes, and social service needs. *Gerontologist, 32*, 744-51.

130. Burton, L. Dilworth-Anderson, P. & Merriwether-de Vries, C. (1995). Context and surrogate parenting among contemporary grandparents. *Marriage & Family Review, 20*(3/3), 349-365.

131. Cancian, F. M. & Gordon, S. L. (1988). Changing emotion norms in marriage: Love and anger in U.S. women's magazines since 1900. *Gender & Society, 2*, 308-341.

132. Caplan, S. E. (2002). Problematic internet use and psychosocial well-being:

Development of a theory-based cognitive-behavioral measurement instrument. *Computers in Human Behavior, 18*, 553-575.

133. Capuzzi, D. & Golden, L. (Eds.) (1988). *Preventing adolescent suicide*. Munic, IN: Accelerated Development.

134. Capuzzi, D. & Gross, D. R. (1989). *Youth at risk: A resource for counselors, teachers, and parents*. American Association for Counseling and Development.

135. Carnes, P. (1983). *Out of the shadow: Understanding sexual addiction*. Minneapolis, MN: CompCare.

136. Carter, B. (1992). Stonewalling feminism. *Family Therapy Network, 16*, 64-69.

137. Cashion, B. G. (1982). Female-headed families: Effects on children and clinical implications. *Journal of Marital & Family Therapy, 8*, 77-85.

138 Cass, V. (1979). Homosexual identity formation: A theoretical model. *Journal of Homosexuality, 4*, 219-235.

139. Cass, V. (1984). Homosexual identity formation: Testing a theoretical model. *Journal of Sex Research, 20*, 143-167.

140. Cass, V. (1996). Sexual orientation identity formation: A Western phenomenon. In R. P. Cabaj & T. S. Stein (Eds.), *Textbook of homosexuality and mental health* (pp. 227-251). Washington, DC: American Psychiatric Press.

141. Cates, J. A. (1987). Adolescent sexuality: Gay and lesbian issues. *Child Welfare, 66*(4), 353-363.

142. Chapman, F. S. (1987, 2/16). Executive guilt: Who's taking care of the children? *Fortune, 115*(4), 30-37.

143. Chess, S. & Thomas, A. (1987). *Know your child: An authoritative guide for today's parents*. N. Y.: Basic.

144. China Post (11/9/07). *Police analyze Finnish gunman's suicide note* (by Peter Dejong). pp.1 & 2.

145. China Post (11/20/07). *Abuse risk may be worse as families change* (by David Crary). p. 6.

146. Chodorow, N. & Contratto, S. (1982). The fantasy of the perfect mother. In B. Thorne & M. Yalom (Eds.), *Rethinking the family: Some feminist questions* (pp. 54-75). New York: Longman.

147. Chodorow, N. J. (1989). *Feminism and psychoanalytic theory*. New Haven, CT: Yale University.

148. Clark, M. E. & Hornick, J. P. (1988). The child sexual abuse victim: Assessment and treatment issues and solutions. *Comtemporary Family Therapy: An International Journal*, *10*(4), 235-242.

149. Clarke, E. & Kiselica, M. (1997). A Systematic counseling approach to the problem of bullying. *Elementary School Guidance and Counseling*, *31*(4), 310-325.

150. Clarkson, P. (1989). *Gestalt counseling in action*. London: SAGE.

151. Clarkson, P. & Mackewn, J. (1993). *Fritz Perls*. London: SAGE.

152. Cole, M. & Cole, S. R. (1993). *The development of children* (2nd ed.). New York: Scientific American Books.

153. Coleman, E. (1989). The development of male prostitution activity among gay and bisexual adolescents. *Journal of Homosexuality*, *17*, 131-149.

154. Conger, R. D., Rueter, M. A., & Conger, K. J. (1994). The family context of adolescent vulnerability and resilience to alcohol use and abuse. *Sociological Studies of Children*, *6*, 55-86.

155. Connealy, M. & DeRoos, Y. (2000). Grandparenting and family preservation. In B. Hayslip & R. Golberg-Glen (Eds.). *Grandparents raising grandchildren: Theoretical, empirical, and clinical perspectives* (pp. 23-34). NY: Springer.

156. Corey, G. (2001). *Theory and practice of counseling and psychotherapy* (6th ed.). Pacific Grove, CA: Brooks/Cole.

157. Corey, G. (2009). *Theory and practice of counseling and psychotherapy* (8th ed.). Pacific Grove, CA: Brooks/Cole.

158. Corr, C. A., Nabe, C. M., & Corr, D. M. (2000). *Death and dying, life and living* (3rd ed.). Belmont, CA: Wadsworth.

159. Courtois, C. A. (1988). Group therapy for female adolescent sexual abuse victims. *Issues in Mental Health Nursing*, *10*(3-4), 261-271.

160 Courtois, C. A. & Watts, D. L. (1982). Counseling adult women who experienced incest in childhood or adolescence. *Personal and Guidance Journal*, *60*(5), 275-279.

161. Creasey, G. L. & Kaliher, G. (1994). Age differences in grandchildren's perceptions of relations with grandparents. *Journal of Adolescence*, *17*, 411-426.

162. Daniels, P. & Weingarten, K. (1988). The fatherhood click: The timing of parenthood in men's lives. In P. Brostein & C. P. Cowan (Eds.). *Fatherhoodtoday: Men's changing role in the family* (pp. 36-52). New York: John Wiley & Sons.

圖解親職教育

163. D'Augelli, A. R. & Hershberger, S. L. (1993), Lesbian, gay, and bisexual youth in community settings: Personal challenges and mental health problems. *American Journal of Community Psychology, 21*, 421-448.

164. Davison, G. C. & Neale, J. M. (1994). *Abnormal psychology* (6 ed.). New York: John Wiley & Sons.

165. Deater-Deckard, K. & Dodge, K. (1997). Externalizing behavior problems and discipline revisited: Nonlinear effects and variation by culture, context, and gender. *Psychological Inquiry, 8*, 161-175.

166. De Leo, J. A., & Wulfert, E. (2013). Problematic internet use and other risky behavior in college students: An application of problem-behavior theory. *Psychology of Addictive Behaviors, 27*(1), 133-141.

167. DeVito, J. A. (1999). *Essentials of human communication* (3rd ed.). New York: Longman.

168. Dickstein, S. & Parke, R. D. (1988). Social referencing in infancy: A glance at fathers and marriage. *Child Development, 59*, 506-511.

169. Dixen, J. & Jenkins, J. O. (1981). Adult males sexually abused as children: Characteristics. *Social Casework, 65*, 465-471.

170. Dolan, Y. M. (1991). *Resolving sexual abuse: Solution-focused therapy and Ericksonia hyposis for adult survivors*. New York: W. W. Norton & Company.

171. Downey, J. (1996). Psychological counseling of children and young people. In R. Woolfe & W. Dryden (Eds.), *Handbook of counseling psychology* (pp. 308-333). Thousand Oaks, CA: SAGE.

172. Dreikurs, R. & Soltz, V. (1964). *Children: The challenge*. New York: Plume.

173. Dreikurs, R. (1973). *Psychodynamics, psychotherapy, and counseling: Collected papers.* Rudolf Dreikurs, M. D. Chicago, IL: Alfred Adler Institute of Chicago.

174. Driver, E. & Droisen, A. (1989). *Child sexual abuse: A feminist reader*. New York: New York University.

175. Duls, S. S., Summers, M., & Summers, C. R. (1997). Parent versus child stress in diverse family types: An ecological approach. *Topics in Early Childhood Special Education, 17*(1), 53-73.

176 Easterbrooks, M. A. & Goldberg, W. A. (1984). Toddler development in the family: Impact of father involvement and parenting characteristics. *Child Development, 55*, 740-752.

参考書目

253

177. Eddy, J. M. & Alles, W. F. (1983). *Death education*. St. Louis, MN: The C. V. Mosby.

178. Edwall, G. E., Hoffmann, N. G. & Harrison, P. A. (1988). *Correlates of sexual abuse reported by adolescents in treatment for substance abuse*. (Report No. CG-021-272). Alexandria, VA: Biennial Meeting of the Society for Research Adolescence. (ERIC Document Reproduction Service No. ED 301 786).

179. Eells, G. T. (2006). Mobilizing the campuses against self-mutilation. *Chronicle of Higher Education, 53*(16), B8.

180 Egan, G. (1998). *The skilled helper: A problem-management approach to helping* (6 ed.). Pacific Grove, CA: Brooks/Cole.

181. Ehrle, G. M. & Day, H. D. (1994). Adjustment and family functioning of grandmothers rearing their grandchildren. *Contemporary Family Therapy, 16*, 67-82.

182. Ekman, P. (1989). *Why kids lie: How parents can encourage truthfulness*. New York: Penguin Books.

183 Emery, R. E., Hetherington, E. M., & DiLalla, L. F. (1984). Divorce, children and social policy. *Child Development Research & Social Policy, 1*, 189-266.

184. Emick, M. A. & Hayslip, B. (1999). Custodial grandparenting: Stresses, coping skills, and relationships with grandchildren. *International Journal of Aging & Human Development, 48*(1), 35-61.

185. Engel, B. (1989). *The right to innocence: Healing the trauma of childhood sexual abuse.* Los Angeles, CA: Jeremy P. Tarcher.

186. England, L. W. & Thompson, C. L. (1988). Counseling child sexual abuse victims: Myths and realities. *Journal of Counseling and Development, 66*(8), 370-373.

187. Erikson, J. M. (1997). *Life cycle completed-Erik H. Erikson* (Extended version). N.Y.: W. W. Norton & Company.

188. Ermish, J. F., & Francesconi, M. (2001). Family structure and children's achievement. *Journal of Population Economics, 14*, 249-270.

189. Esterberg, K. G. (1994). Being a lesbian and being in love: Constructing identity through relationship. *Journal of Gay & Lesbian Social Services, 1*, 57-82.

190. Estrada, H. (1990). *Recovery for male victims of child abuse*. Santa Fe, NM: Red Rabbit Press.

191. Fabes, R. & Martin, C. L. (1991). Gender and age stereotypes of emotionality. *Personality and Social Psychology Bulletin, 17*, 532-540.

圖解親職教育

192. Fauber, R., Forehand, R., McCombs-Thomas, A., & Wierson, M. (1990). A mediational model of the impact of marital conflict on adolescents adjustment in intact and divorced families: The role of disrupted parenting. *Child Development, 61*, 1112-1123.

193. Featherstone, D. R., Cundick, B. P., & Jensen, L. C. (1992). Differences in school behavior and achievement between children from intact, reconstituted, and single-parent families. *Adolescence, 27*(105), 1-12.

194. Figley, C. R. (1985). *Trauma and its wake: The study and treatment of post-traumatic stress disorder.* New York: Brunner/Mazel.

195. Filene, P. (1986). *Him-her-self: Sex roles in modern American.* Baltimore: John Hopkins.

196. Finkelhor, D. (1984). *Child sexual abuse: New theory and research.* New York, NY: The Free Press.

197. Finkelhor, D. & Browne, A. (1986). Initial and long-term effects: A conceptual framework. In D. Finkelhor & Associates (Eds.), *A sourcebook on child sexual abuse* (pp. 180-198). Beverly Hills, CA: Sage.

198. Firestone, R. W., Firestone, L. A., & Catlett, J. (2003). *Creating a life of meaning & compassion: The wisdom of psychotherapy.* Washington, DC: American Psychological Association.

199. Fitz-Gerald, M. (1986). *Information on sexuality for young people and their families.* Washington, DC: Gallaudet College.

200. Fivush, R. & Kuebli, J. (1997). Making everyday events emotional: The construal of emotion in parent-child conversations about the past. In N. Stein, P. A. Ornstein, C. A. Brainerd, & B. Tversky (Eds.), *Memory for everyday and emotional events* (pp. 239-226). Hillsadle, NJ: Erlbaum.

201. Fleming, A. S., Flett, G. L., Ruble, D. N., & Shaul, D. L. (1988). Postpartum adjustment in first-time mothers: Relations between mood, maternal attitudes, and mother-infant interactions. *Developmental Psychology, 24*, 71-81.

202. Frankl, V. E. (1986). *The doctor and the soul: From psychotherapy to logotherapy.* New York: Vintage.

203. Friedberg, R. D. & McClure, J. M. (2002). *Clinical practice of cognitive therapy with children and adolescents: The nuts and bolts.* New York: Guilford.

204. Friedrich, W. N. (1990). *Psychotherapy of sexually abused children and their families*. New York: W. W. Norton & Company.

205. Friesen, J. D. (1985). *Structural-strategic marriage & family therapy*. New York: Gardner Press.

206. Fritsch, T. A. & Burkhead, J. D. (1981). Behavioral reactions of children to parental absence due to imprisonment. *Family Relations, 30*(1), 83-88.

207. Froeschle, J. & Moyer, M. (2004). Just cut it out: Legal and ethical challenges in counseling students who self-mutilate. *Professional School Counseling, 7*(4), 231-235.

208. Frodi, A. M. (1980). Paternal-baby responsiveness and involvement. *Infant Mental Health Journal, 1*, 150-160.

209. Fuller-Thomson, E. & Minkler, M. (2000). America's grandparent caregivers: Who are they? In B. Hayslip, Jr. & R. Goldberg-Glen (Eds.), *Grnadparents raising grandchildren: Theoretical, empirical, & clinical perspectives* (pp. 3-21). N. Y.: Springer.

210. Fuller-Thomson, E., Minkler, M., & Driver, D. (1997). A profile of grandparents raising grandchildren in the United States. *Gerontologist, 37,* 406-411.

211. Galinsky, E. (1987). *The six stages of parenthood*. New York: Addison-Wesley.

212. Gardner, H. (1993). *Multiple intelligence: The theory in practice*. New York: BasicBooks.

213. Gartner, R. B. (1999). *Betrayed as boys: Psychodynamic treatment of sexually abused men*. New York:

214. Guilford Gecas, V. & Seff, M. A. (1991). Families and adolescents: A review of the 1980s. In A. Booth (Ed.), *Contemporary families: Looking forward, looking back* (pp. 208-225). Minneapolis, MN: National Council on Family Relations.

215. Gelles, R. J. (1989). Child abuse and violence in single-parent families: Parent absence and economic deprivation. *American Journal of Orthopsychiatry, 59*, 492-501.

216. Gerard, P. S. (1991). Domestic violence. In S. L. Brown (Ed.), *Counseling victims of violence* (pp. 101-116). Alexandria, VA: American Association for Counseling & Development.

217. Giarrusso, R., Silverstein, M., & Feng, D. (2000). Psychological costs and benefits of raising grandchildren: Evidence from a national survey of grandparents. In C. B. Cox (Ed.), *To grandmother's house we go and stay: Perspectives oncustodial grandparents* (pp.71-90). N. Y.: Springer.

圖解親職教育

218. Gilligan, C. (1982). *In a different voice: Psychological theories & women's development.* Cambridge: Harvard University.

219. Gintner, G. (speaker)(1994). *Anger management.* Alexandria, VA: American Counseling Association.

220. Glasser, W. (1998). *Choice theory: A new psychology of personal freedom.* New York: HarperCollins.

221 Goldenberg, I. & Goldenberg, H. (2000). *Family therapy: An overview* (5th ed.). Belmont, CA: Wadsworth/Thomson.

222. Goldman, L. (2000a). The meltdown process in children's complicated grief: A case study. 收錄於台灣地區兒童生死學教育研討會（pp. 32-34）。國立彰化師範大學通識教育中心。

223. Goldman, L. E. (2000b). We can help children grieve: A child-oriented model formemorializing. 收錄於台灣地區兒童生死學教育研討會（pp. 54-58）。國立彰化師範大學通識教育中心。

224. Goleman, D. (1995). *Emotional intelligence: Why it can matter more than IQ.* New York: Bantam Books.

225. Gonsiorek, J. C., Sell, R. L. & Weinrich, J. D. (1995). Definition and measurement of sexual orientation. *Suicide and Life-Threatening Behavior, 25*, 40-51.

226. Goodwin, K. (2016). *Raising your child in a digital world, finding a healthy balance of time online without techo tantrums and conflict.* Australia, Sydney: Finch Publishing.

227. Gordon, T. (2000). *Parent effectiveness training: The proven program for raising responsible children.* New York: Three Rivers Press.

228. Gringlas, M. & Weinraub, M. (1995). The more things change: Single-parenting revisited. *Journal of Family Issues, 16*(1), 29-52.

229. Haglund, K. (2000). Parenting a second time around: An ethnography of African American grandmothers parenting grandchildren due to parental cocaine abuse. *Journal of Family Nursing, 6*(2), 120-135.

230. Hanson, S. M. H. & & Bozett, F. W. (1985). *Fatherhood: Developmental and contextual perspectives.* (Report No. CG-019-098). Dallas, TX: National Council on Family Relations. (ERIC Document Reproduction Service No. ED 269 711)

231. Harper, J. F. & Marshall, E. (1991). Adolescents' problems and their relationship to self-esteem. *Adolescence, 26*(104), 799-808.

232. Harris, T. A. (1969). *I'm OK-you're OK.* New York: AVON Books.

233. Harry, (1993). Being out: A general model. *Journal of Homosexuality, 26,* 25-39.

234. Harry, J. (1988). Some problems of gay/lesbian families. In C. S. Chilman., E. W. Kubler-Ross, E. (1983). *On children and death.* New York: Collier Books.

235. Hart, B. I. & Thompson, J. M. (1996). Gender role characteristics and depressive symptomatology among adolescents. *Journal of Early Adolescence, 16*(4), 407-426.

236. Harvey, M. (1996). An ecological view of psychological trauma and trauma recovery. *Journal of Traumatic Stress, 9*(1), 3-23.

237. Hazler, R. J. (1998). Promoting personal investment in systemic approaches to school violence. *Education, 1*(119), 222-232.

238. Hazler, R. J. & Carney, J. V. (2002). Empowering peers to prevent youth violence. *Journal of Humanistic Counseling, Education & Development, 41*(2), 129-149.

239. Hazler, R. J., Hoover, J. H., & Oliver, R. (1991). Student perceptions of victimization by bullies in schools. *Journal of Humanistic Education & Development, 29*(4), 143-150.

240. Hazzard, A. (1983). *Clinical issues in group therapy with sexually abused adolescents.* Anaheim, CA: American Psychological Association.

241 Herbert, M. (1988). *Working with children and their families.* London: Routledge.

242. Hetherington, E. M. (1989). Coping with family transitions: Winners, losers, and survivors. *Child Development, 60,* 1-14.

243. Hetherington, E. M., Cox, H., & Cox, R. (1982). Effects of divorce on parents and children. In M. E. Lamb (Ed.), *Nontraditional families: Parenting and child development* (pp. 233-285). Hillsdale, NJ: Erlbaum.

244. Hetherington, E. M. & Parke, R. D. (1999). *Child psychology: A contemporary viewpoint* (5 ed.). Boston, IL: McGraw-Hill.

245. Hilton, J. M., & Haldeman, V. A. (1991). Gender differences in the performnance of household tasks by adults and children in single-parent and tw-parent, two-earner families. *Journal of Family Issues, 12*(1), 114-130.

246. Holtgraves, M. (1986). Help the victims of sexual abuse help themselves. *Elementary School Guidance and Counseling, 21*(2), 155-159.

247. Hoover, J. & Hazler, R. J. (1991). Bullies and victims. *Elementary School Guidance & Counseling, 25,* 212-220.

248. Hudson, J. A., Gebelt, J., & Haviland, J. (1992). Emotion and narrative structure in young children's personal accounts. *Journal of Narrative and Life History, 2*, 129-150.

249. Hunter, M. (1990). *Abused boys: The neglected victims of sexual abuse*. New York: Ballantine Books.

250. Hunter, S., Shannon, C., Knox, J., & Martin, J. (1998). *Lesbian, gay, and bisexual youths and adults: Knowledge for human services practice.* Thousand Oaks, CA: Sage.

251. Isensee, R. (1991). *Growing up gay in a dysfunctional family*. New York: A Prentice Hall/ Parkside Recovery Book.

252. Isensee, R. (1991). *Growing up in a dysfunctional family: A guide for gay men reclaiming their lives*. New York: Prentice Hall.

253. Jaffe, M. L. (1998). *Adolescence.* New York: John Wiley & Sons.

254. James, B. & Nasjlet, M. (1983). *Treating sexually abused children and their families*. Palo Alto, CA: Consulting Psychologist Press.

255 Jensen, L. C. & Kingston, M. (1986). *Parenting*. New York: Holt, Rinehart &Winston.

256. Johnson, C. L. (1988). Active and latent functions of grandparenting during the divorce process. *Gerontologist, 28*(2), 185-191.

257. Johnson, S, W. & Maile, L. J. (1987). *Suicide and the schools: A handbook for prevention, intervention, and rehabilitation*. Springfield, IL: Charles C. Thomas.

258. Joslin, D. (2000). Emotional well-being among grandparents raising children affected and orphaned by HIV disease. In B. Hayslip & R.Goldberg-Glen (Ed.), *Grandparents raising grandchildren: Theoretical, empirical, & clinical perspectives* (pp. 87-106). NY: Springer.

259. Jones, D. P. H. (1986). Individual psychotherapy for the sexually abused child. *Child Abuse & Neglect, 10*, 377-385.

260. Kaplan, S. J. (2000). Family violence. In C. C. Bell (Ed.), *Psychiatric aspects of violence: Issues in prevention and treatment* (pp. 49-62). San Francisco, CA: Jossey-Bass.

261. Kaye, K. (1982,). *The mental and social life of babies*. Chicago, IL: The University of Chicago Press.

262. Kelly, S. & Damato, E. (1995). Grandparents as primary caregivers. *Maternal Child Nursing Journal, 20*, 326-332.

263. Kempe, R. S. & Kempe, C. H. (1984). *The common secret: Sexual abuse of children and adolescents*. New York, NY: Freeman.

264. Kendall, P. C. & Braswell, L. (1993). *Cognitive -behavioral therapy for impulsive children* (2nd ed.). New York: The Guilford.

265. Kielwasser, A. P. & Wolf, M. A. (1992). Mainstream television, adolescent homosexuality, and significant silence. *Clinical Studies in Mass Communication, 9*, 350-373.

266. King, H. E. (1983). *Child sexual abuse: Psychological consequences.* American Psychological Association.

267. Kiser, L. J., Ackerman, B. J., Brown, E., Edwards, N. B., McColgan, E., Rugh, R., & Pruitt, D. B. (1988). Post-traumatic stress disorder in young children: A reaction to purported sexual abuse. *Journal of the American Academy of Child & Adolescent Psychiatry, 27*(5), 645-649.

268. Kivett, V. (1988). Older rural fathers and sons: Patterns of association and helping. *Family Relations, 37*, 62-67.

269. Klein, K. & Forehand, R. (1997). Delinquency during the transition to early adulthood: Family and parenting predictors from early adolescence. *Adolescence, 32*(125), 61-80.

270. Kluft, R. P., Bloom, S. L., & Kinzie, D. (2000). Treating traumatized patients and victims of violence. In C. C. Bell (Ed.). *Psychiatric aspects of violence: Issues in prevention & treatment* (pp.79-102). San Francisco, CA: Jossey-Bass.

271. Knox, D. & Schacht, C. (1994). *Choices in relationships: An introduction to marriage & the family* (4th ed.). St. Paul, MN: West.

272. Korb, M. P., Gorrell, J. & Van De Riet, V. (1989). *Gestalt therapy: Practice & theory* (2nd ed.). New York: Pergamon.

273. Kornhaber, A. & Woodward, K. L. (1981). *Grandparents/grandchildren: The vital connection*. Garden City, NY: Anchor Press.

274. Kress, V. E. W. (2003). Self-injurious behaviors: Assessment and diagnosis. *Journal of Counseling & Development, 81*(4), 490-496.

275. Kroger, J. (2000). *Identity development: Adolescence through adulthood.* Thousand Oaks, CA: Sage.

276. Krohn, F. B. & Bogan, Z. (2001). The effects absent fathers have on female development and college attendance. *College Student Journal, 35*(4), 598-608.

277. Kronenberger, W. G. & Meyer, R. G. (1996). *The child clinician's handbook*. Needham Heights, MA: Allyn & Bacon.

278. Kruk, E. (1994). The disengaged noncustodial father: Implications for social work practice with the divorced family. *Social Work, 39*(1), 15-25.

279. Kubler-Ross, E. (1983). *On children & death*. New York: Collier Books.

280. Kurdek, L. A. & Schmitt, J. P. (1987). Perceived emotional support from family and friends in members of homosexual, married, & heterosexual cohabitating couples. *Journal of Homosexuality, 14*, 57-68.

281. Lamb, M. E. & Elster, A. B. (1985). Adolescent mother-infant-father relationships. *Developmental Psychology, 21*(5), 768-773.

282. Larossa, R. (1983). The transition to parenthood and the social reality of time. *Journal of Marriage & the Family, 45*(3), 579-589.

283. Lawrence, C. M. & Thelen, M. H. (1995). Body image, dieting, and self-concept: Their relation in African-American & Caucasian children. *Journal of Clinical Child Psychology, 24*(1), 41-48.

284. Ledray, L. (1986). *Recovering from rape*. New York, NY: Henry Holt & Company.

285. Lee, J. (1993). *Facing the fireL Experiencing & expressing anger appropriately*. N. Y. : Bantam Books.

286. Lee, P. A. & Brage, D. G. (1989). Family life education & research: Toward a more positive approach. In M. J. Fine (Ed.), *The second handbook on parent education: Contemporary perspectives* (pp. 347-378). San Diego, CA: Academic Press.

287. Lefrancois, G. (1990). *The lifespan* (3th ed.). Belmont, CA: Wadsworth.

288. Levant, R. F. (1980). *A male perspective on parenting & non-parenting*. Paper presented at the 22 Annual Meeting of the International Congress of Psychology (22, Leipzig, West Germany, July, 1980) ED 217 299 CG 015 905 Produced in Massachusetts.

289. Leve, L. D. & Fagot, B. (1997). Gender role socialization & discipline process in one- and two-parent families. *Sex Role, 36*(1/2), 1-21.

290. Lewis, C. (1986). *Becoming a father*. Milton Keynes: Open University Press.

291. Lewis, J. (1979). *How's your family? A guide to identifying your family's strengths & weakness*. N.Y.: Brunner-Mazel.

292. Lewis, J. A., Hayes, B. A. & Bradley, L. J. (1992). *Counseling women: Over the life span*. Denver, CO: Love Publishing.

參考書目

293. Lewis, L. A. (1984). The coming out process for lesbians: Integrating a stable identity. *Social Work, 29*(4), 464-469.

294. Liebert, R. M. & Liebert, L. L. (1994). *Personality: Strategies & issues*. Pacific Grove, CA: Brooks/Cole.

295. Lowe, W. (2000). Detriangulation of absent fathers in single-parent black families: Techniques of imagery. *American Journal of Family Therapy, 28*(1), 29-40.

296. Luntz, B. K. & Widom, C. S. (1994). Antisocial personality disorder in abused & neglected children grow up. *American Journal of Psychiatry, 151*, 670-674.

297. Maccoby, E. E. & Martin, J. A. (1983). Socialization in the context of the family: Parent-child interaction. In E. M. hetherington (Ed.), P. H. Mussen (Series Ed.), *Handbook of child psychology* (Vol.4): *Socialization, personality, & social development* (pp. 1-101). New York: Wiley.

298. Mackey, W. C. (1985). *Fathering behaviors: The dynamics of the man-child bond.* New York: Plenum.

299. MacDonald, K. & Parke, R. D. (1986). Bridging the gap: Parent-child play interaction & peer interactive competence. *Child Development, 55*, 1265-1277.

300. Malikow, M. (2006). When students cut themselves. *Education Digest: Essential readings condensed for quick review, 71*(8), 45-50.

301. Marrone, R. (1997). *Death, mourning, & caring.* Pacific Grove, CA: Brooks/Cole.

302. Martin, G., Bergen, H. A., Richardson, A. S., Roeger, L., & Allison, S. (2004). Sexual abuse & suicidality: Gender differences in a large community sample of adolescents. *Child Abuse & Neglect: The International Journal, 28*(5), 491-503.

303. Maslow, A. (1970). *Motivation & personality* (Rev. ed.). New York: Harper & Row.

304. Matthews, S. H. & Sprey, J. (1984). The impact of divorce on grandparenthood: An exploratory study. *Gerontologist, 24*(1), 41-47.

305. May, R. (1983). *The discovery of being.* New York: W. W. Norton & Company.

306. Mayer, A. (1985). *Sexual abuse: Causes, consequences & treatment of incestuous and pedophic acts.* Holmes Beach, FL: Learning Publications.

307. McBroom, E. (1981). *Family treatment in social work.* Los Angeles, CA: University of Southern California.

308. McCann, I. L. & Pearlman, L. A. (1990). *Psychological trauma & the adult survivor-theory, therapy & transformation.* New York: Brunner/Mazel.

262

309. McDonald, G. W. (1982). Parental power perceptions in the family. *Youth & Soceity, 14*, 3-31.

310. McLendon, J. A. & Davis, B. (2002). The Satir system. In J. Carlson & D. Kjos (Eds.), *Theories & strategies of family therapy* (pp.170-189). Boston, MA: Allyn & Bacon.

311. McMichael, P. & Siann, G. (1997). Gender issues in parenting. In K. N. Dwivedi (Ed.), *Enhancing parenting skills: A guide book for professionals working with parents* (pp. 43-58). Chichester, England: John Wiley & Sons.

312. Meiselman, K. C. (1990). *Resolving the trauma of incest: Reintegration therapy with survivors.* San Francisco, CA: Jossey-Bass.

313. Miller, C. L., Heysek, P. J., Whitman, T. L., & Borkowski, J. G. (1996). Cognitive readiness to parent & intellectual-emotional development in children of adolescent mothers. *Developmental Psychology, 32*, 533-541.

314. Minkler, M., Roe, K. (1993). *Grandmothers as caregivers: Raising children of the crack cocaine epidemic.* Newbury Park, CA: Sage.

315. Minkler, M. & Roe, K. M. & Price, M. (1992). The physical & emotional health of grandmothers raising grandchildren in the crack cocaine epidemic. *Gerontologist, 32*, 752-761.

316. Minton, H. L. & MacDonald, G. J. (1984). Homosexual identity formation as a developmental process. *Journal of Homosexuality, 10*, 91-104.

317. Mosak, H. H. (1971). Lifestyle. In H. H. Mosak (1977), *On purpose: Collected papers.* (pp. 183-187). Chicago, IL: Alfred Adler Institute.

318. Murphy, J. J. (1997). *Solution-focused counseling in middle and high schools.* Alexandria, VA: American Counseling Association.

319. Musil, C. M. (1998). Health, stress, coping, and social support in grandmother caregivers. *Health Care for Women International, 19*(5), 441-455.

320. Musil, C. M., Schrader, S., & Mutikani, J. (2000). Social support, stress, and special coping tasks of grandmother caregivers. In C. B. Cox(Ed.). *To grandmother's house we go and stay: Perspectives on custodial grandparents* (pp. 36-70).N.Y.: Springer.

321. Myers, J. E. & Perrin, N. (1993). Grandparents affected by parental divorce: A population at risk? *Journal of Counseling & Development, 72*(1), 62-66.

322. Mynard, H. & Joseph, S. (1997). Bully/victim problems and their association with

Eysenck's personality dimensions in 8 to 13 year-olds. *British Journal of Educational Psychology, 67*(1), 51-54.

323. Newberger, C. M. (1980). The cognitive structure of parenthood: Designing a descriptive measure. *New Directions for Child Development, 7*, 45-67.

324. Newberger, E. H. (1999). *Bringing up a boy: How to understand and care for boys*. London: Bloomsbury.

325. Newman, B. S. & Muzzonigro, P. G. (1993). The effects of traditional family values on the coming out process of gay male adolescents. *Adolescence, 28*(109), 213-226.

326. Nichols, M. P. & Schwartz, R. C. (1995). *Family therapy concepts and methods* (3th ed.). Boston, MA: Allyn & Bacon.

327. Nicholson, B., Anderson, M., Fox, R. & Brenner, V. (2002). One family at a time: A prevention program for at-risk parents. *Journal of Counseling & Development, 80*(3), pp. 362-371.

328. Nye, B. A. (1989). Effective parent education and involvement models and programs: Contemporary strategies for school implementation. In M. J. Fine (Ed.), *The second handbook on parent education: Contemporary perspectives* (pp. 325-346). San Diego, CA: Academic Press.

329. O'Callaghan, M. F., Borkowski, J. G., Whitman, T. L., Maxwell, S. E. & Keogh, D. (1999). A model of adolescent parenting: The role of cognitive readiness to parent. *Journal of Research on Adolescence, 9*(2), 203-225.

330. Offer, D., Ostrov, E., Howard, K. I., & Atkinson, R. (1988). *The teenage world: Adolescents' self-image in ten countries.* New York: Plenum.

331. Ohlsen, M. M. (1983). *Introduction to counseling.* Itasca, IL: F. E. Peacock.

332. Olson, P. E. (1990). The sexual abuse of boys: A study of the long-term psychological effects. In M. Hunter (Ed.), The sexually abused male, Vol. 1. *Prevalence, impact, & treatment* (pp. 137-152). Lexington, MA, England: Lexington Books/D. C. Heath and Company.

333. Olweus, D. (1984). Development of stable aggressive reaction patterns in males. In R. J. Blanchard & D. C. Blanchard (Eds.), *Advances in the study of aggression.* (pp. 103-138). Orlando, FL: Academic.

334. Olweus, D. (1991). Bully/victim problems among schoolchildren: Basic facts and

effects of a schoolbased intervention program. In D. Pepler & K. Rubin (Eds.), *The development & treatment of childhood aggression* (pp. 411-448). Hillsdale, NJ: Erlbaum.

335. Olweus, D. (1994). Annotation: Bullying at school-Basic facts & effects of a school based intervention program. *Journal of Psychology & Psychiatry, 35*(7), 1171-1190.

336. O'Reilly, E. & Morrison, M. L. (1993). Grandparent-headed families: New therapeutic challenges. *Child Psychiatry & Human Development, 23,* 147-159.

337. Parke, R. D. (1981). *Fathers.* Cambridge, MA: Harvard University.

338. Pasley, K. & Gecas, V. (1984). Stress & satisfactions of the parental role. *Personnel & Guidance Journal, 2,* 400-404.

339. Passons, W. R. (1975). *Gestalt approaches in counseling.* New York: Holt, Rinehart & Winston.

340. Perkins, R. M. (2001). The father-daughter relationship: Familial interactions that impact a daughter's style of life. *College Student Journal, 35*(4), 616-626.

341. Phelps, R. E., Huntley, D. K., Valdes, L. A., & Thompson, M. C. (1989). Parent-child interactions & child social networks in one-parent families. *Advances in Family Intervention, Assessment & Theory, 4,* 143-163.

342. Pinson-Millburn, N. M., Fabian, E. S., Schlossberg, N. K., & Pyle, M. (1996). Grandparents raising grandchildren. *Journal of Counseling & Development, 74,* 548-554.

343. Pollack, W. (1998). *Real boys: Rescuing our sons from the myths of boyhood.* New York: Random House.

344. Proctor, C. D. & Groze, V. K. (1994). Risk factors for suicide among gay, lesbian, & bisexual youth. *Social Work, 39,* 504-513.

345. Pruchno, R. A. & Johnson, K. W. (1996). Research on grandparenting: Review of current studies & future needs. *Generations, 20*(1), 65-71.

346. Reid, J. B. & Patterson, G. R. (1991). Early prevention & intervention with conduct problems: A social interactional model for the integration of research and practice. In G. Stoner, M. R. Shinn, & H. M. Walker (Eds.), *Interventions for achievement & behavior problems* (pp. 715-740). Washington, D. C.: National Association of School Psychologists.

347. Rencken, R. H. (1989). *Intervention strategies for sexual abuse.* Alexandria, VA: American Association for Counseling and Development.

348. Ricks, S. (1985). Father-infant interactions: A review of empirical research. *Family Relations, 34*, 505-511.

349. Rigby, K. & Slee, P. T. (1991). Bullying among Australian school children: Reported behavior & attitudes toward victims. *Journal of Social Psychology, 131*(5), 615-628.

350. Rigby, K. (1994). Psychosocial functioning in families of Australian adolescent school children involved in bully-victim problems. *Journal of Family Therapy, 16*(2), 173-187.

351. Riley, S. (1990). Parentified grandparents in family art therapy. *American Journal of Art Therapy, 28*(4), 98.

352. Risman, B. & Park, K. (1988). Just the two of us: Parent-child relationships in single-parent homes. *Journal of Marriage & the Family, 50*(4), 1049-1062.

353. Roberts, Jr., W. & Coursol, D. H. (1996). Strategies for intervention with childhood & adolescent victims of bullying, teasing, and intimidation in school settings. *Elementary School Guidance & Counseling, 30*(3), 204-213.

354. Roe, K. M., Minkler, M., & Barnwell, R. (1994). The assumption of care-giving: Grandmothers raising the children of the crack cocaine epidemic. *Qualitative Health Research, 4*, 281-303.

355. Rogers-Wiese, M. R. (1992). A critical review of parent training research. *Psychology in the Schools, 29*, 229-236.

356. Rojewski, J. W. (2005). Occupational aspirations: Constructs, meanings, and application. In S. D. Brown & R. W. Lent (Eds.), *Career development & counseling: Putting theory & research to work* (pp. 131-154). NJ, Hoboken: John Wiley & Sons.

357. Romeo, F. (1994). Adolescent boys & anorexia nervosa. *Adolescence, 29*(115), 643-648.

358. Ross, D. M. (1996). *Childhood bullying & teasing: What school personnel, other professionals, and parents can do.* Alexandria, VA: ACA.

359. Ross, J. (1982). Mentorship in middle childhood. In S. Cath, A. R. Gurwitt, & J. Ross (Eds.), *Father & child: Developmental & clinical Perspectives* (pp. 243-252). Boston, MA: Little, Brown.

360. Ross, S. & Heath, N. (2002). A study of the frequency of self-mutilation in a community sample of adolescents. *Journal of Youth & Adolescence, 31*(1), 67-77.

361. Roth, D. (Speaker). (1995). *Eating disorders: Assessment, planning, & effective treatment.* (Cassette Recording No. A010). Silver Spring, MD: American Healthcare Institute.

362. Rotheram-Borus, M. J., Hunter, J., & Rosario, M. (1994). Suicidal behavior & gay-related stress among gay & bisexual male adolescents. *Journal of Adolescent Research, 9*(4), 498-508.

363. Russell, D. E. H. (1986). The incidence and prevalence of intrafamilial & extrafamilial sexual abuse of female children. *Child Abuse & Neglect, 7*, 133-146.

364. Russell, G. (1978). The father role & its relation to masculinity, femininity, and androgyny. *Child Development, 49*(4), 1174-1181.

365. Russell, G. (1986). Primary caretaking & role-sharing fathers. In M. Lamb (Ed.), *The father's role: Applied perspectives* (pp. 233-259). Beverly Hills: Sage.

366 Rust, P. C. (1996). Finding a sexual identity and community: Therapeutic implications & cultural assumptions in scientific models of coming out. In E. D. Rothblum & L. A. Bond (Eds.), *Preventing and homophobia* (pp. 87-123). Thousand Oaks, CA: Sage.

367. Saltzman, G. & Pakan, P. (1996). Feelings...in the grandparenting raising grandchildren triad (or relationship). *Parenting Grandchildren: A voice for grandparents, 2*(1), 4-6.

368. Sands, R. & Nuccio, K. E. (1989). Mother-headed single-parent families: A feminist perspective. *Journal of Women & Social Work, 4*(3), 25-41.

369. Santrock, J. W. & Bartlett, J. C.(1986). *Developmental psychology: A life-cycle perspective.* Dubuque, IA: Wm. C. Brown.

370. Savin-Williams, R. C. (1989). Gay and lesbian youths & their parents. *Empathy, 2*, 41-42.

371. Schneider, S. G., Farberow, N. L., & Kruks, G. N. (1989). Suicidal behavior in adolescent & young adult gay men. *Suicide and Life-Threatening Behavior, 19*(4), 381-394.

372. Schwatz, J. A., Gladstone, T. R. G., & Kaslow, N. J. (1998). Depressive disorders. In T. H. Ollendick & M. Hersen (Eds.), *Handbook of child psychopathology* (3th ed.)(pp. 269-89). New York: Plenum.

373. Scott, S. (1998). Aggressive behavior in childhood. *British Medical Journal, 316*(7126), 202-207.

374. Sears, T. (1989). Challenges for educators: Lesbian, gay, and bisexual families. *High School Journal, 77*, 138-156.

375. Sgroi, S. (1984). *Handbook of clinical intervention in child sexual abuse*. Lexington, MA: D. C. Health & Company.

376. Sharf, R. S. (2010). *Applying career development theory to counseling* (5th ed.). Belmont, CA: Brooks/Cole.

377. Sharp, S. & Smith, P. (1991). Bullying in UK schools: the DES Sheffield bullying project. *Early Child Development & Care, 77*, 47-55.

378. Sheeber, L. B. & Johnson, J. H. (1994). Evaluation of a temperament-focused parent training program. *Journal of Clinical Child Psychology, 23*, 249-259.

379. Shek, D. T. L. (1998). Adolescents' perceptions of paternal & maternal parenting styles in a Chinese context. *Journal of Psychology, 132*(5), 527-537.

380. Siann, G., Callaghan, M., Lockhart, R., & Rawson, L. (1993). Bully: Teachers' views & school effects. *Educational Studies, 19*(3), 307-321.

381. Silverberg, S. B. & Steinberg, L. (1987). Adolescent autonomy, parent-adolescent conflict, & parental well-being. *Journal of Youth & Adolescence, 16*, 293-312.

382. Simmons, J. (Sep./2000). *Oh, baby! Counseling Today,* 8, & 10-11.

383. Slee, P. (1995a). Bullying: Health concerns of Australian secondary school students. *International Journal of Adolescence & Youth, 5*(4), 215-224.

384. Slee, P. (1995b). Peer victimization and its relationship to depression among Australian primary school students. *Personality & Individual Differences, 18*(1), 57-62.

385. Small, S. A. (1988). Parental self-esteem & its relationship to childrearing practice, parent-adolescent interaction, & adolescent behavior. *Journal of Marriage & the Family, 50*, 1063-1072.

386. Smetana, J. G. & Asquith, P. (1994). Adolescents' and parents' conceptions of parental authority & personal autonomy. *Child Development, 65*, 1147-1162.

387. Snarey, J. (1993). *How fathers care for the next generation: A four-decades study*. Cambridge, MA: Harvard University.

388. Soloman, Y. & Farrand, J. (1996). "Why don't you do it properly?" Young women who self-injure. *Journal of Adolescence, 19*(2), 111-119.

389. Sommer, K. S., Whitman, T. L., Borkowski, J. G., Schellenbach, C., Maxwell, S.

圖解親職教育

& Keogh, D. (1993). Cognitive readiness & adolescent parenting. *Developmental Psychology, 29,* 389-398.

390. Sourander, A. (2001). Emotional & behavioral problems in a sample of Finnish three-year-olds. *European Child & Adolescent Psychiatry, 10,* 98-104.

391. Stearns, P. N. (1990). *Be a man! Males in modern society.* New York: Holmes & Meier.

392. Stearns, P. N. (1991). Fatherhood in historical perspective: The role of social change. In F. W. Bozett & S. M. H. Hanson (Eds.), *Fatherhood & families incultural context* (pp. 28-52). New York: Springer.

393. Steinberg, L. (1987). Impact of puberty on family relations: Effects of pubertal status & pubertal timing. *Developmental Psychology, 23,* 451-460.

394. Stern, E. E. (1981). Single mothers' perceptions of the father role & of the effects of father absence on boys. *Journal of divorce, 4*(2), 77-84.

395. Sternberg, R. J. (1997). *Thinking styles.* Cambridge: Cambridge University.

396. Sternberg, R. J. (1998). *In search of the human mind* (2th ed.). Orlando, FL: Harcourt Brace & Company.

397. Stiffman, A. R. (1989). Physical & sexual abuse in runaway youth. *Child Abuse & Neglect, 13*(3), 417-426.

398. Stinnett, N. & DeFrain, J. (1989). The healthy family: Is it possible? In M. J. Fine(Ed.). *The second handbook on parent education: Contemporary Perspectives* (pp. 53-74). San Diego, CA: Academic Press.

399. Stolberg, A. L. & Garrison, K. M. (1985). Evaluating a primary prevention program for children of divorce. *American Journal of Community Psychology, 13*(2), 111-124.

400. Striegel-Moore, R. H., McAvay, G. & Rodin, J. (1986). Toward an understanding of risk factors for bulimia. *American Psychologist, 41*(3), 246-263.

401. Strom, R. D. & Strom, S. K. (2000). Meeting the challenge of raising grandchildren. *International Journal of Aging & Human Development, 51*(3), 183-198.

402. Sweeney, T. J. (1989). *Adlerian counseling: A practical approach for a new decade* (3th ed.). Muncie, IN: Accelerated Development.

403. Takeucki, D. T., Williams, D. R., & Adair, R. K. (1991). Economic stress in the family & children's emotional & behavioral problems. *Journal of Marriage & the Family, 53,* 1031-1041.

參考書目

404. Tannen, D. (1990). *You just don't understand: Women & men in conversation.* London: Virago.

405. Teachman, J., Day, R., Paasch, K., Carver, K., & Call, V. (1998). Sibling resemblance in behavioral & cognitive outcomes: The role of father presence. *Journal of Marriage & the Family, 60*(4), 835-848.

406. Thompson, C. L. & Rudolph, L. B. (1992). *Counseling children* (3rd ed.). Pacific Grove, CA: Brooks/Cole.

407. Thompson, L. & Walker, A. J. (1991). Gender in families: Women & men in marriage, work, and parenthood. In A. Booth (Ed.), *Contemporary families: Looking forward, looking back* (pp. 76-102). Minneapolis, MN: The National Council on Family Relations.

408. Thomson, E., McLannahan, S. S., & Curtin, R. B. (1992). Family structure, gender, & parental socialization. *Journal of Marriage & the Family, 54*(2), 368-378.

409. Toronto, E. (2009). Time out of mind: Dissociation in the virtual world. *Psychoanalytic Psychology, 26*(2), 117-133.

410. Tripp-Reimer, T. & Wilson, S. E. (1991). Cross-cultural perspectives on fatherhood. In F. W. Bozett & S. M. H. Hanson (Eds.), *Fatherhood and families in cultural context.* (pp. 1-27). N. Y. : Springer.

411. Troiden, R. R. (1989). The formation of homosexual identities. *Journal of Homosexuality, 17*(1/2), 43-73.

412. Trower, P., Casey, A., & Dryden, W. (1988). *Cognitive-behavioral counseling in action.* London: SAGE.

413. Umberson, D. (1989). Relationships with children: Explaining parents' psychological well-being. *Journal of Marriage & the Family, 51*, 999-1012.

414. Utz, S., Jonas, K. J., & Tonkens, E. (2012). Effects of passion for massively multiplayer online role-playing games on interpersonal relationships. *Journal of Media Psychology, 24*(2), 77-86.

415. Vaillant, G. E. (1977). *Adaptation to life*. Boston: Little Brown.

416. van den Eijnden, R. J. J. M., Meerkerk, G-J., Vermulst, A. A., Spijkeman, R., & Engles, R. C. M. E. (2008). Online communication, compulsive internet use, and psychological well-being among adolescents: A longitudinal study. *Developmental Psychology, 44*(3), 655-665.

417. Vannatta, R. A. (1996). Risk factors related to suicidal behavior among male & female adolescents. *Journal of Youth & Adolescence, 25* (2), 149-160.

418. Velez, C. T., Johnson, J. & Cohen, P. (1989). A longitudinal analysis of selected risk factors for childhood psychopathology. *Journal of the American Academy of Child & Adolescent Psychiatry, 28*, 861-864.

419. Walklate, S. (1989). *Victimology: The victim & the criminal justice process*. London: Unwin Hyman.

420. Wallerstein, J. S. & Kelly, J. B. (1980). Children & divorce: A review. *Social Work, 24*, 468-475.

421. Walsh, F. (1998). *Strengthening family resilience*. New York: The Guilfrod.

422. Walton, F. X. & Powers, R. L. (1974). *Winning children over: A manual for teachers, counselors, principals & parents*. Chicago, IL: North American Society of Adlerian Psychology.

423. Walton, F. X. (1980). *Winning teenagers over-in home & school: A manual for parents, teachers, counselors, & principals*. Columbia, SC: Adlerian Child Care Books.

424. Watson, J. A. & Koblinsky, S. A. (1997). Strengths & needs of working-class African-American & Anglo-American grandparents. *International Journal of Aging & Human Development, 44*(2), 149-165.

425. Webster-Stratton, C. (1994). Advancing videotape parent training: A comparison study. *Journal of Consulting & Clinical Psychology, 62*, 583-593.

426. Weiss, R. S. (1979). Growing up a little faster: The experience of growing up in a single-parent household. *Journal of Social Issues, 35*(4), 97-111.

427. Wells, J. W. & Kline, W. B. (1987). Self-disclosure of homosexual orientation. *Journal of Social Psychology, 127*, 191-197.

428. Wester, K. L. & Trepal, H. C. (2005). Working with clients who self-injure: Providing alternatives. *Journal of College Counseling, 8*(2), 180-189.

429. Westergaard, J. (2011). Understanding adolescent development (pp.7-22). In H. Reid & J. Westergaard, *Effective counseling with young people*. Exeter, UK: Learning Matters Ltd.

430. White, V. E., Trepal-Wollenzier, H., & Nolan, J. M. (2002). College students & self-injury: Intervention strategies for counselors. *Journal of College Counseling, 5*(2), 105-113.

431. Whitney, I. & Smith, P. (1993). A survey of the nature and extent of bullying in junior/middle & secondary schools. *Educational Research, 35*(1), 3-25.

432. Williams, K. & Chambers, M. (1996). Association of common health symptoms with bullying primary school children. *British Medical Journal, 313*(7048), 17-20.

433. Wilson, M. N. (1986). The black extended family: An analytical consideration. *Developmental Psychology, 22*, 246-258.

434. Wilson, M. N., Tolson, T. F. J., Hinton, I. D., & Kiernan, M. (1990). Flexibility & sharing of childcare duties in black families. *Sex Roles, 22*, 409-425.

435. Witmer, J. M. & Sweeney, T. J. (1991). *Wellness & prevention as a holistic model for counseling & human development over the lifespan.* Athens, OH: Author.

436. Woodworth, R. S. (1996). You're not alone...you're one in a million. *Child Welfare, 75*, 619-635.

437. Yalom, I. D. (1980). *Existential psychotherapy.* New York: BasicBooks.Young, K. S. (1998). *Caught in the net: How to recognize the signs of internet addiction & a winning strategy for recovery.* New York: John Wiley & Sons.

438. Young, K. S. (1999). Internet addiction: Symptoms, evaluation, & treatment. In L. Vande-Creek & T. Jackson (Eds.), *Innovations in clinical practice: A source book* (Vol. 17, pp.19-31). Sarasota, FL: Professional Resource Press.

439. Yoshikawa, H. (1994). Prevention as cumulative protection: Effects of early family support & education on chronic delinquency & its risks. *Psychological Bulletin, 115*, 28-54.

440. Ystgaard, M., Hestetun, I., Loeb, M., & Mehlum, L. (2004). Is there a specific relationship between childhood sexual & physical abuse & repeated suicidal behavior? *Child Abuse & Neglect, 28*(8), 863-875.

441. Zhang, J. & Jin, S. (1996). Determinants of suicide ideation: A comparison of Chinese & American college students. *Adolescence, 31*(122), 451-467.

442. Zunker, V. G. (1990). *Career counseling applied concepts of life planning* (3th ed.). Pacific Grove, CA: Brooks/ Cole.

圖解親職教育

國家圖書館出版品預行編目資料

圖解親職教育/邱珍琬著. -- 二版. -- 臺北
市：五南圖書出版股份有限公司，2023.11
　　面；　公分
ISBN 978-626-366-677-1 (平裝)

1.CST：親職教育

528.2　　　　　　　　　　112016536

1I7A

圖解親職教育

作　　者－邱珍琬

編輯主編－黃文瓊

責任編輯－李敏華

封面設計－姚孝慈

出　版　者－五南圖書出版股份有限公司

發　行　人－楊榮川

總　經　理－楊士清

總　編　輯－楊秀麗

地　　　址：106臺北市大安區和平東路二段339號4樓

電　　　話：(02) 2705-5066　傳　　　真：(02) 2706-6100

網　　　址：https://www.wunan.com.tw

電子郵件：wunan@wunan.com.tw

劃撥帳號：01068953

戶　　　名：五南圖書出版股份有限公司

法律顧問　林勝安律師

出版日期：2018年12月初版一刷
　　　　　2023年11月二版一刷
　　　　　2025年 3月二版二刷

定　　　價　新臺幣380元

經典永恆・名著常在

五十週年的獻禮 —— 經典名著文庫

五南，五十年了，半個世紀，人生旅程的一大半，走過來了。
思索著，邁向百年的未來歷程，能為知識界、文化學術界作些什麼？
在速食文化的生態下，有什麼值得讓人雋永品味的？

歷代經典・當今名著，經過時間的洗禮，千錘百鍊，流傳至今，光芒耀人；
不僅使我們能領悟前人的智慧，同時也增深加廣我們思考的深度與視野。
我們決心投入巨資，有計畫的系統梳選，成立「經典名著文庫」，
希望收入古今中外思想性的、充滿睿智與獨見的經典、名著。
這是一項理想性的、永續性的巨大出版工程。
不在意讀者的眾寡，只考慮它的學術價值，力求完整展現先哲思想的軌跡；
為知識界開啟一片智慧之窗，營造一座百花綻放的世界文明公園，
任君遨遊、取菁吸蜜、嘉惠學子！